교실 밖의 정치학
우리가 만든 참여예산

강우창, 김수민, 정종락 편

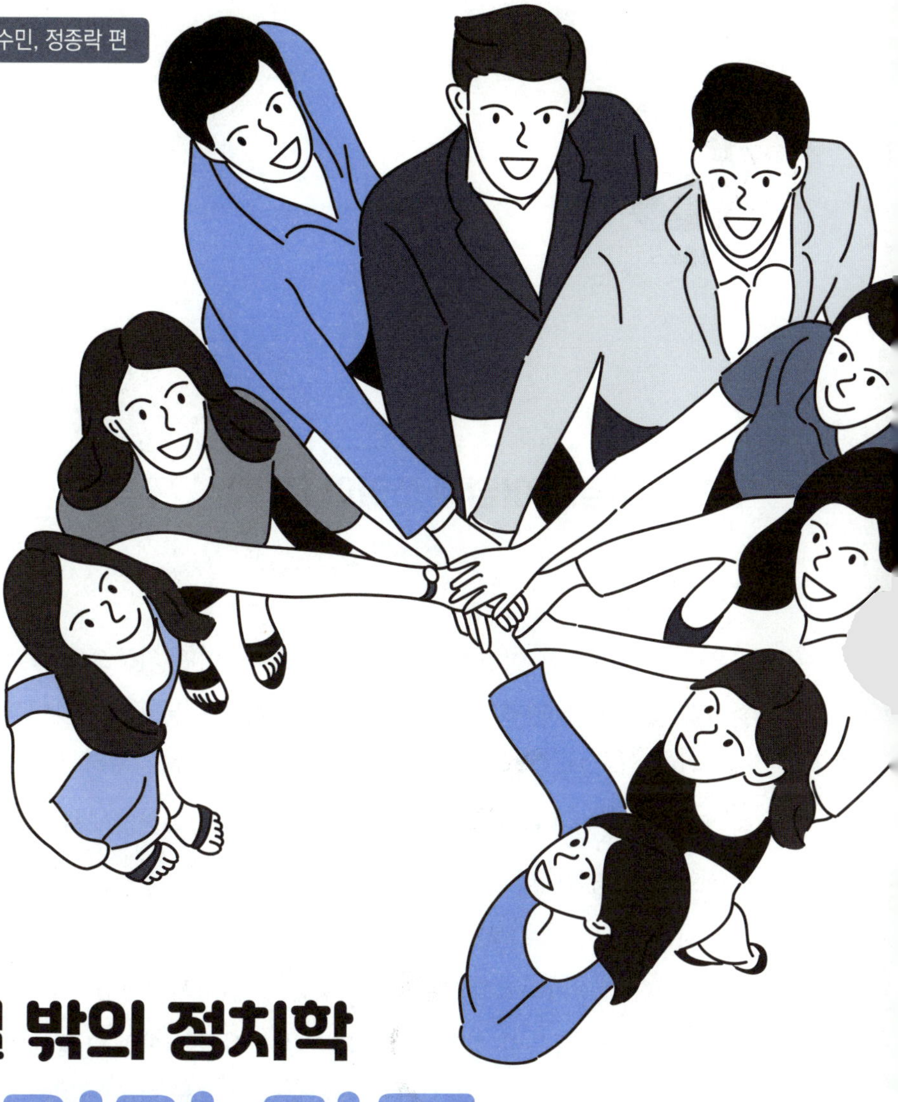

교실 밖의 정치학
우리가 만든 참여예산

프롤로그

우리의 세금은 어떻게 쓰여야 할까?

　우리가 낸 세금은 어떻게 쓰여야 할까? 누가, 어떤 기준으로 그 우선순위를 정해야 할까? 이 질문은 민주주의 사회에 사는 시민이라면 누구나 한 번쯤 던져보았을 법한, 가장 근본적이면서도 현실적인 질문이다. 이 책은 그 질문에 대한 답을 교실이 아닌 우리 삶의 현장에서 찾아 나선 학생들의 기록이다.

　고려대학교 정치외교학과에서 개설하는 '시민정치리빙랩'은 이론 중심 강의를 통해 습득한 정치학 이론과 지식들이 현실에서 어떻게 구체화되는지를 경험하고, 이를 토대로 사회문제 해결을 위한 정치학의 쓸모와 한계에 대해 스스로 생각해보는 기회를 제공하는 것을 목적으로 한다. 2022년부터 시작된 이 특별한 여정은 매번 그 결과물을 '교실 밖의 정치학' 시리즈로 엮어 학생들의 생생한 배움과 경험을 더 많은 독자와 공유하고 있다.

시리즈 첫 번째 편인 『교실 밖의 정치학: 대학생들은 어떻게 시민이 되었나?』에서는 학생들이 일상을 살아가고 있는 시민의 관점에서 문제를 발굴하고 해결책을 모색하는 데 초점을 맞추었다. 두 번째 편인 『교실 밖의 정치학: 우리가 만든 조례』에서는 정치학에 대한 학생들의 고민과 배움을 조례를 통해 담아내고자 했다. 이번 『교실 밖의 정치학: 우리가 만든 참여예산』에서는 민주주의의 핵심인 시민 참여를 예산 과정을 통해 구현하는 경험을 담아내고자 했다.

참여예산 제도는 시민들이 직접 공공예산의 편성과 사용에 참여하는 제도로, 단순한 의견 수렴을 넘어서 실질적인 의사결정 권한을 시민에게 부여한다는 점에서 참여민주주의의 구체적 실현 방식이라고 할 수 있다. 한정된 예산을 둘러싼 다양한 이해관계와 우선순위를 조정하는 과정은 필연적으로 갈등과 협상을 수반한다. 어떤 사업에 예산을 배정할 것인가, 누구의 목소리를 얼마나 반영할 것인가, 효율성과 공공성을 어떻게 조화시킬 것인가와 같은 문제들은 정치학의 핵심 주제들과 직결된다. 학생들이 참여예산안을 기획하고 제안하는 과정에서 이러한 정치적 딜레마들을 직접 마주하고, 현실적 제약 속에서 최적의 해결책을 모색하는 경험은 교실에서 배운 이론적 지식을 생생한 현실 감각으로 전환시키는 계기가 되었다.

 '시민정치리빙랩' 수업은 이론 학습에서 그치지 않고 현장의 목소리를 직접 듣고 경험하는 것을 중시한다. 참여예산의 기본 개념과 운영 원리를 이해한 후, 학생들은 참여예산을 통해 해결하고자 하는 문제를 발굴하고 지방의회 의원, 지방자치단체의 공무원, 지역 주민들 등 다양한 이해 당사자와의 인터뷰를 통해 참여예산의 현실적 작동 방식과 한계를 파악하고자 했다. 이러한 현장 경험은 학생들이 좀 더 현실적이고 실현 가능한 참여예산안을 제안하는 토대가 되었다.

 이 책에는 교실 밖의 문제들을 학생들이 직접 부딪히고 해결해 나가는 7개의 생생한 기록이 담겨 있다.
 버려지는 폐현수막에 업사이클링으로 새 생명을 불어넣었던 'Making Change', 교통약자의 이동권을 위해 지하철역에 '안전 길'을 손수 설치한 'Into the Unknown', 공유 모빌리티의 안전 수칙을 지키도록 앱의 사용자 경험(UX)을 개선한 'SafeRide', AI 자막과 수어 통역을 통해 청각장애 학우도 대학 축제를 온전히 즐길 권리가 있음을 이야기한 '우리의 손짓은 신화가 되리라', 어르신을 위해 복잡한 마을버스 노선도를 명료하게 디자인한 '같이 탑시다', 교통체증에 갇힌 구급차의 '골든타임'을 확보하기 위해 성북구 전체의 신호 시스템과 차선분리대 개선을 제안한 '고대로 병원으로', 마지막으로 빗길과 눈길의 보행자 안전을 지키고자 도로 경계석의 마찰계수를 직접 측정하는 과학적 실험에 나섰던 '도미솔' 등 학생들의 다채로운 시도를 통해 독자들은 '참여예산'이라는 제도가 우리 삶의 문제를 해결하는 얼마나 강력하고 현실적인 도구가 될 수 있는지 발견하게 될 것이다.

이 한 권의 책이 나오기까지 수많은 분이 도와주셨다. 마을버스 노선도의 작은 글씨가 답답하다고 말씀해주신 어르신부터, 구급차의 '골든타임'을 위해 현장에서 분투하는 성북소방서 구급대원 여러분까지, 이들의 생생한 목소리는 학생들 프로젝트의 출발점이 되었다. 학생들의 막막한 질문에 길을 열어주신 전문가들의 도움 덕분에 설익은 아이디어가 구체적인 해결책으로 발전할 수 있었다. 마을버스 노선도 개선을 위해 기꺼이 디자인 노하우를 전수해주신 pxd의 한상택 디자이너님,

국내 최초로 '긴급차량 우선신호 시스템'을 도입한 경험을 아낌없이 나눠주신 수원시 이병호 주무관님, 그리고 기술 특허가 담긴 차선분리대 정보를 제공해준 세이프라인㈜ 관계자분들의 전문성이 프로젝트의 깊이를 한층 더했다. 무엇보다 학생들의 제안을 현실로 만들기 위해 문을 열어주신 분들께 깊이 감사드린다. 지하철역 바닥에 '세이프 로드'를 부착할 수 있도록 과감히 허락해주신 태릉입구역장님, AI 자막 지원에 흔쾌히 협력 의사를 밝혀주신 한국AI속기사협회, 그리고 학생들의 제안이 주민참여예산으로 발전될 수 있는 가능성을 모색하도록 도와주신 성북구청과 구의회 관계자 여러분의 지지가 없었다면 이 책은 결코 완성될 수 없었을 것이다.

고려대학교 안암동 캠퍼스타운에도 감사의 말씀을 전한다. '대학지역 연계수업' 프로그램을 통한 재정지원은 초청강사와 외부 심사자 초청, 학생들의 현장학습, 발표회, 책 출간 등에 필요한 경비 마련에 큰 도움이 되었다. 부족한 예산에도 불구하고 흔쾌히 출판을 맡아주신 버니온더문 출판사 대표님, 시민정치리빙랩과 같은 참여형 수업 개설과 운영을 적극적으로 지원해주신 정재관 학과장님께도 감사 말씀을 전한다.

또한 초청 강연자로 참여해주신 신상범 교수님(연세대학교), 이만수 대표님(레인메이커협동조합), 고대권 대표님(이노소셜랩), 손혜영 구의원님(서울시 도봉구 의회)께도 감사드린다. 일상에서의 문제를 발굴하고, 이를 다양한 각도에서 해결하기 위해 노력해온 강연자들의 경험과 노하우는 학생들이 현실적이고 실현 가능한 참여예산안을 기획하는 데 큰 도움이 되었다.

마지막으로 이 책은 학생들의 노력과 적극적인 참여가 있었기에 출판될 수 있었다. 바쁜 시간을 쪼개어 서울 전역을 누비는 수고를 마다하지 않은 학생들의 열정에 감사를 표한다. 이 책을 통해 더 많은 시민이 참여예산의 가능성을 발견하고, 우리 사회의 작은 변화에 동참하는 계기가 되기를 바란다.

고려대학교 정치외교학과 교수
강우창

CONTENTS

프롤로그 4

PART 01. 12
Mak-ing Change
지속가능한 환경을 위한 성북구 내 폐현수막 재활용 및
친환경 현수막 확대 방안

최락헌 | 정예림 | 유시은 | 김경민 | 권밀루

PART 02. 60
Into The Unknown
서울 성북구 교통약자 이동권 확충을 위한 프로젝트

김지원 | 이남경 | 박진휘 | 박정훈 | 김도윤

PART 03. 106
SafeRide
안전한 공유 모빌리티 사용을 위한 앱 UX 개선:
서울특별시 공공자전거 '따릉이'를 중심으로

박용준 | 박성민 | 김유환 | 천위 | 안석주

PART 04.
우리의 손짓은 신화가 되리라
고려대학교 청각장애인 학우를 위한 가수 공연 AI 수어 통역/자막 지원사업

김시온 | 박세진 | 신유성 | 이채현

146

PART 05.
같이 탑시다
성북구 마을버스 노선도 개선 프로젝트

박지하 | 김석규 | 김지호 | 박상민

186

PART 06.
고대로 병원으로
고려대로 일대 구급차 운행 환경 개선 프로젝트

고영민 | 박재한 | 양경준 | 강서현 | 정하은

224

PART 07.
도미솔
성북구 도로 경계석 미끄럼 방지 솔루션

홍성호 | 양민주 | 김도경 | 김동현 | 김교현

272

참고문헌   304

PART 01

Mak-ing Change

지속가능한 환경을 위한 성북구 내 폐현수막 재활용 및 친환경 현수막 확대 방안

최락헌 | 정예림 | 유시은 | 김경민 | 권밀루

I. 프로젝트 개요

1. 프로젝트 문제 설정

정기 고연전과 가을 축제 기간, 학교와 주변 거리는 다양한 아이디어로 제작된 현수막으로 가득하다. '이 많은 현수막은 행사가 끝나면 어디로 가서, 어떻게 처리될까?'라는 질문에서 우리의 프로젝트가 시작되었다.

자료 1-1. 정기 고연전 기간 현수막의 예시

2022년 12월, 정당 정책 홍보를 이유로 옥외광고물법이 개정되면서 정당이 정책이나 정치적 현안에 대해 표시한 현수막은 설치 신고나 허가가 필요 없게 되었다. 현수막의 수량과 규격 제한 또한 사라지면서 설치되는 현수막의 양은 더욱 증가하고 있다.

폐현수막은 대개 지자체가 수거해 보관하지만, 현수막의 주원료인 플라스틱 합성섬유, 특히 폴리에스터는 매립해도 잘 분해되지 않는다. 이로 인해 연간 약 6,000톤에 달하는 폐현수막 중 대부분이 소각되고 있으며, 소각 과정에서 발생하는 온실가스와 1급 발암물질인 다이옥신은 환경오염의 주범으로 이 물질들을 처리하기 위한 비용 또한 상당하다. 현수막 1장을 소각 처리할 때 약 4.03kg의 온실가스와 약 6.28kg의 온실가스가 발생한다(윤수영 2023, 108-109).

정부와 지자체는 폐현수막 문제의 심각성을 인식하고, 폐현수막 재활용 방안을 홍보해 실행하려 시도하고 있다. 이들과 협력해 폐현수막을 업사이클링해 우산, 파라솔, 마대 등을 제작하는 신생 기업들의 움직임도 활발하다. 그러나 행정안전부와 환경부가 공개한 정보에 따르면, 제22대 총선(2024년 상반기)을 기준으로 폐현수막 2,574톤 중 재활용된 양은 769톤으로 재활용률이 29.9%에 불과하며, 이는 전년과 대비해 소폭 증가했지만, 여전히 개선이 필요한 수준이다.

이와 관련된 재활용 정책은 사회적으로 주목을 받으며 이슈화되었지만, 경제적 수익성이 낮아 실질적으로 지자체가 적극적으로 관심을 가지고 주도하지 않으면 지속적인 시행이 어렵다. 경기도 파주시는 2023년 12월, 전국 최초로 '친환경 현수막 조례'를 제정해 폐현수막 처리의 환경 영향을 최소화하고, 친환경 소재 현수막의 사용을 촉진할 수 있는 법적 근거를 마련했다. 해당 조례는 시장 및 사업자에게 친환경 현수막 사용과 폐기물 감축을 위한 책임을 명확히 규정한 점에서 큰 의의가 있다. 반면, 성북구는 폐현수막 문제 해결을 위해 폐건전지 및 폐휴대폰 수거함 제작, 수방용 모래주머니와 마대 활용 등 일회성 업사이클링 사업에 그쳤다. 이는 문제 해결의 방향성을 제시하기는 하지만, 지속가능성과 체계적인 추진 측면에서 한계를 드러내고 있다.

폐현수막 재활용과 친환경 현수막 사용 문제는 다양한 이해관계자 간 갈등으로 인해 해결이 쉽지 않다. 이 문제에는 현수막 제작 업체, 지자체, 친환경 현수막 업체, 폐현수막을 재활용해 새로운 물건을 만드는 그린디자인 제품 업체, 그 제품을 사용하는 소비자, 정치인을 포함해 수많은 당사자가 얽혀 있다. 현수막은 저렴하고 효율적인 광고 수단으로 인식되지만, 친환경 현수막 도입은 초기비용이 더 들어 확산이 더디다. 또한, 폐현수막을 재활용해 만든 제품의 경우, 제작비 상승으로 소비자들로부터 "왜 폐기물을 활용한 제품이 더 비싸냐?"라는 지적을 받는 등 환경생태적 윤리와 경제적 합리성 사이의 갈등도 존재한다.

이를 바탕으로 본 프로젝트는 폐현수막 문제의 심각성을 알리고, 환경생태적 윤리를 바탕으로 이해관계의 충돌을 최소화하는 해결책을 모색하며, 지자체가 이를 주도적으로 시행해 지속가능한 정책으로 정착시키는 것을 목표로 한다.

2. 프로젝트 구성 및 방향성

본 프로젝트는 폐현수막 문제 해결을 통해 환경오염을 줄이고, 지속가능한 변화를 촉진하고자 하는 데 초점을 맞추었다. 사전 조사 과정에서 시민들이 현수막 폐기물이 초래하는 환경적 영향을 인식하고, 이를 해결하기 위한 의지를 갖는 것이 문제 해결에 중요하다는 점을 확인했다. 더불어, 해결방안이 일회성 사업이 아닌 지속가능한 정책으로 자리잡기 위해 제도적 변화가 반드시 수반되어야 한다는 인식을 기반으로, 해결방안을 다음 3가지 갈래로 구체화했다.

첫째, 폐현수막 재활용에 대한 교내 인식 제고와 업사이클링 제품 활용을 중심으로 활동을 전개했다. 지속가능주간 부스를 운영해 학내 구성원들에게 현수막 재활용의 가능성을 알렸다. 후속 프로젝트로 교내에서 발생한 폐현수막을 이용해 업사이클링 우산을 제작했으며, 이를 이용해 교내에서 공유우산 시범사업을 시행하기로 했다. 이를 통해 폐현수막 문제를 일상적으로 인식하고 해결책을 체감할 수 있도록 유도하고자 했다.

둘째, 친환경 소재 현수막 제작 활성화를 위한 제도적 해법을 모색했다. 성북구의회 양순임 의원과의 면담을 통해 성북구가 현재 폐현수막을 단순히 매립하거나 소각하는 상황을 확인하고, 친환경 소재 사용 및 재활용을 촉진하기 위한 조례 제정의 필요성을 논의했다. 이를 기반으로 우리는 성북구 주민참여예산을 활용한 친환경 현수막 지원 정책 제안을 준비했다. 인센티브 제공을 통해 친환경 소재 사용을 촉진하고, 정책의 안정적 운영을 위해 구청과 도시관리공단 등 관련 기관과 지속적으로 협력할 계획이다. 이러한 노력은 지자체의 정책적 기반을 강화하고, 다른 지역으로 확산할 수 있는 사례로 자리 잡을 가능성을 보여준다.

셋째, 정당 현수막 난립 문제에 대한 제도적 해결 가능성을 검토했다. 자료조사와 김영배 국회의원과의 인터뷰를 통해 정당들이 현수막 문제의 심각성을 인지하고 있음에도, 제작비용과 시의성 있는 홍보의 필요성 등 현실적 제약으로 친환경적인 접근을 주저하고 있음을 확인했다. 또한, 이 문제는 상위법인 옥외광고물법 개정이 필요하다는 점에서 구 차원에서의 해결이 어렵다는 결론에 이르렀다. 이에 따라 프로젝트의 범위를 구체적이고 실행할 수 있는 2가지 영역으로 좁혀 현실적인 방안에 집중하기로 했다.

3. 프로젝트 진행 및 결과 요약

먼저, 폐현수막 재활용과 업사이클링 제품의 활용 가능성을 알리기 위해 교내 지속가능주간 행사에서 부스를 운영했다. 학생들에게 현수막 처리 문제와 환경오염의 연관성을 설명하면서 업사이클링 제품을 소개했다. 이와 동시에 진행한 '가장 사용해보고 싶은 업사이클링 제품'에 관한 설문조사 결과 우산, 에코백, 돗자리, 곱창머리끈, 파우치 5가지 제품 중에서 가장 수요가 높은 제품으로 우산이 선정되었다. 이를 바탕으로 폐현수막을 재활용한 공유우산 프로젝트를 기획했다. 이에 따라 교내에서 발생한 현수막을 이용해 공유우산을 제작했고, 고려대학교 정치외교학과 학생회와 협력해 2026년 봄 학기 시범사업을 진행할 예정이다. 사업 피드백이 긍정적일 경우 총학생회 및 안암동 차원으로 활동 범위를 확대하려고 한다.

또한, 친환경 현수막 제작을 활성화하기 위해 성북구의회 양순임 의원과 면담을 진행해서 현수막 처리 실태와 정책적 한계를 파악했다. 이를 기반으로 친환경 소재 현수막 사용을 장려하는 주민참여예산안을 작성했다. 주민참여예산안은 시민들의 직접적인 관심과 참여가 필요하므로, 공유우산 프로젝트와 연계해 폐현수막 문제와 친환경 소재 사용의 중요성을 지속적으로 알리고자 한다. 더불어, 구청장과의 면담을 통해 최근 가결된 「서울특별시 성북구 현수막의 친환경 소재 사용 및 재활용 활성화 조례안」을 구체적인 정책으로 발전시키는 방안을 논의하고 있다. 이러한 정책은 예산 부족 문제를 해결하고, 친환경 현수막 사용을 확산하는 데 중요한 기반이 될 것이다.

우리의 프로젝트는 시민들에게 폐현수막 문제의 심각성을 알리고, 이를 해결하기 위한 구체적이고 실행할 방안을 제시하는 데 중점을 두었다. 특히, 공유우산 프로젝트와 주민참여예산안을 통해 실질적 변화를 도모하면서 정책적 기반을 마련했다. 앞으로는 교내에서 진행한 시범사업의 결과를 바탕으로 공유우산 프로젝트를 안암동으로 확대하고, 주민참여예산안을 통해 친환경 현수막 지원 정책을 더욱 구체화할 예정이다.

II. 문제 발굴

1. 문제 현황 및 해결의 필요성
1) 현수막 관련 법률 및 정책

현수막은 천, 종이, 비닐 등의 재질에 문자와 도형 등을 표시해 건물 벽면, 지주, 게시시설 또는 기타 시설물에 매달아 광고 목적으로 설치하는 광고물로 정의되며, 「옥외광고물 등의 관리와 옥외광고산업 진흥에 관한 법률」에 의해 규제된다. 일반적으로 현수막을 설치하려는 자는 대통령령으로 정해진 절차에 따라 특별자치시장, 특별자치도지사, 시장, 군수 또는 자치구의 구청장에게 허가를 받거나 신고해야 한다.

다만, 정당 현수막은 예외 조항에 해당한다. 선거기간 외에 설치 기간이 30일 이내인 정당 현수막은 정당법에서 보장하는 통상적 정당활동으로 간주되어 허가나 신고 없이 설치가 가능하다. 이 경우, 정당 현수막은 읍·면·동별 2개 이내로 설치할 수 있도록 규정되어 있다. 반면, 선거기간 중에는 이러한 현수막이 「공직선거법」의 적용을 받으며, 후보자는 해당 선거구 내 읍·면·동 총수의 2배 이내의 선거운동용 현수막을 게시할 수 있다. 선거운동을 목적으로 한 현수막은 선거일 이후 즉시 철거해야 한다는 의무가 부과된다.

2002년 환경부는 "친환경 선거문화를 조성하기 위해 관련 법률 및 규정의 개정이 필요하다"라고 제안했지만, 이후 관련 법은 오히려 쓰레기 발생을 증가시키는 방향으로 완화되었다. 2005년에는 후보자 선거사무소에 부착하는 현수막의 규격과 재질 제한이 삭제되어 초대형 현수막 제작이 가능해졌고, 2010년에는 선거사무소에 걸 수 있는 현수막의 개수 제한이 폐지되었다. 2018년에는 선거구 읍·면·동에 현수막을 각 1개씩만 게시할 수 있던 규정도 완화되어 현수막 난립이 심화되었다(『인천일보』, 2024. 4. 23).

2023년 12월, 정당 현수막이 허가 및 신고 없이, 장소와 개수 제한 없이 설치하도록 법이 개정되면서 정당 현수막의 난립으로 인한 안전 문제, 환경오염, 도시 미관 훼손 등 시민들의 민원이 급증했다. 이에 따라 관련 법이 다시 개정되어 정당 현수막의 개수 제한이 강화되는 결과를 낳았다.

2) 폐현수막 발생 현황

제22대 총선이 치러진 2024년 상반기 동안 지방자치단체가 수거해 처리한 폐현수막의 총량은 2,574톤에 달한다. 이 집계는 지자체에서 관리하지 않은 합법 현수막과 설치자가 직접 철거한 현수막을 포함하지 않아 실제 폐현수막 발생량은 더 많을 것으로 추정된다. 수거된 폐현수막 중 재활용된 양은 769톤으로, 재활용률은 29.9%를 기록했다(환경부 2024. 9. 25). 이는 2023년 상반기 폐현수막 발생량 2,733톤, 재활용량 676톤(재활용률 24.7%)과 비교했을 때 발생량은 감소하고 재활용률은 증가한 긍정적인 변화로 볼 수 있다.

그러나 2024년 상반기 총선이라는 특수한 상황을 감안할 때, 현수막이 덜 제작된 결과라기보다는 지자체가 수거한 양이 줄었을 가능성이 높다. 선거 후 후보자 측은 현수막을 즉시 철거해야 하며, 이를 위반할 경우 100만 원 이하의 과태료가 부과된다. 따라서 대부분의 선거 현수막은 후보자 측에서 직접 수거하며, 지자체가 수거한 현수막은 철거가 제대로 이루어지지 않은 경우에만 포함되었기 때문이다.

한편, 한국과 달리 미국, 유럽 등 주요 국가에서는 거리 현수막이나 벽보를 거의 찾아볼 수 없다. 이러한 국가들에서는 우리나라처럼 선거 현수막의 게시 기간, 규격, 수량 등을 제한하는 규정이 없는 경우가 많다. 현수막이 없는 이유는 규제가 아니라 이를 필요로 하지 않는 것이 사회적으로 통용되는 상식이기 때문이다(『이코리아』, 2024. 4. 9).

이에 대해 일부 선거 캠프 관계자는 "해외에서는 후보자 외 지정된 사람만이 공식적으로 공개 연설을 할 수 있는 등 거리 홍보가 엄격히 제한된다. 반면, 우리나라는 현수막이 주요 홍보 수단으로 자리 잡았으며, 선거 예산이 허락하는 한 최대한 많은 현수막을 제작하려는 경향이 있다"라고 설명했다.

3) 폐현수막 재활용 및 친환경 현수막 제작 현황

2024년 환경부와 행정안전부는 제22대 총선을 앞두고 현수막 수요 증가를 예상해, 지방자치단체가 현수막을 재활용하거나 친환경 소재로 제작할 수 있도록 총 15억 원을 지원했다. 이 지원사업의 결과로, 재활용된 폐현수막으로 마대 약 28만 개, 장바구니 3만 개, 모래주머니 1만 4,000개, 우산, 돗자리, 앞치마 등 약 4,000개의 물품이 제작되었으며, 친환경 소재로 만들어진 현수막도 약 9,000개에 달했다. 유사한 지원은 2022년에도 이루어져 1.5억 원이 투입된 바 있으며, 당시에는 마대, 장바구니, 모래주머니 등 15만 2,709개와 고체연료 225톤을 제작했다.

환경부는 폐현수막 재활용 기업의 현황과 폐현수막으로 제작할 수 있는 물품 목록, 생산 일정 등을 지방자치단체에 안내해 기업과 지자체 간의 연계를 돕고자 한다. 그러나 실제로 폐현수막을 활용하는 기업들은 이러한 계획에 회의적인 반응을 보인다. 특히 정당 현수막의 경우, 인물 얼굴이나 비방 문구가 포함되어 재활용할 수 있는 범위가 제한적이기 때문이다. 국내 대표 업사이클링 기업인 '터치포굿'의 박미현 대표는 "정치 현수막은 재활용 가능성이 적으며, 현수막을 꼭 사용해야 하는 상황도 있지만, 마치 현수막이 재활용 가능하니 아낌없이 써도 된다는 듯 무분별하게 사용하는 부분들을 자제해야 한다"라고 지적했다.

실제로 환경부 자료에 따르면, 2018년 지방선거 당시 발생한 9,220톤의 폐현수막 중 33.5%인 3,093톤만 재활용되었으며, 2020년 총선에서는 재활용률이 23.4%, 2022년 대선에서는 24.5%로 점차 낮아졌다(『문화일보』, 2024. 6. 14). 이는 약 70% 이상의 폐현수막이 소각 및 매립되고 있음을 의미하며, 후보자 얼굴 등이 포함된 현수막은 장바구니나 에코백 등으로 재활용하기 어렵다는 현실을 보여준다. 특히, 폐현수막의 소각 비용은 톤당 약 40만 원에 달하며, 소각 시 배출되는 온실가스와 유해물질로 환경오염 문제가 심화되고 있다.

정당들의 기후위기 대응 선언에도 불구하고, 선거 현수막에서 발생하는 폐기물 문제는 여전히 외면되고 있다. 제22대 총선을 앞두고 국민의힘과 더불어민주당은 각각 기후전문가를 영입했으며, 녹색정의당은 기후위기 해소를 주요 강령으로 내세웠지만, 세 정당 모두 중앙당 차원에서의 친환경 현수막 도입이나 폐현수막 업사이클링과 관련한 구체적인 계획은 없었다(『뉴스펭귄』, 2024. 2. 15). 즉, 생분해 원단으로 제작한 친환경 현수막이나 폐현수막 업사이클링 모두 염두에 두지 않았다는 것이다.

더불어민주당 홍보팀 관계자는 "필요성을 느끼지만, 현실적으로 어려움이 많다"라며, "정당 현수막은 빨리 제작해서 내걸어야 하는데, 지역마다 친환경 현수막 제작 업체가 부족해 신속한 제작이 어렵다"라고 설명했다. 또한, "중앙당이 지역위원회에 친환경 현수막 사용을 권고할 수는 있지만 강제할 수는 없다"라고 덧붙였다. 정의당 홍보팀 관계자는

"친환경적이지는 않지만, 그래도 정치할 때 현수막을 걸지 않을 수는 없다"라고 말했고, 국민의힘 홍보팀 관계자는 "당 차원에서 친환경 현수막을 사용할 계획이 없다"라고 밝혔다.

한편, 중앙당과는 달리 일부 정당 지역위원회에서는 친환경적 접근을 시도한 사례도 있다. 정의당 마포구 위원회는 위원장인 장혜원 의원의 주도로, 설 명절에 내건 현수막에 '업사이클 예정'이라는 문구를 삽입했으며, 업사이클링 전문업체인 '터치포굿'과 협약을 맺고 폐현수막을 재활용하는 계획을 추진한 바 있다.

2. 구체적인 조사 내용

1) 성북구청의 재활용 사업 현황 조사

프로젝트 대상 지역인 성북구에서는 폐현수막 재활용과 관련된 지속적인 사업 사례를 거의 찾아볼 수 없었다. 과거 약 10년 전에는 현수막을 활용한 폐건전지 수거 주머니를 제작·배포한 사업이 있었으나, 이는 일회성 사업에 그쳤다. 이를 확인하기 위해 성북구청의 광고물 관리와 관련된 부서에 유선 문의를 통해 폐현수막 재활용 사업의 추진 여부를 조사했다.

성북구청 건설관리과 광고물팀의 홍보물 및 옥외광고물 관리 담당 주무관 측에 문의한 결과, 해당 부서는 주로 불법 현수막 단속과 제거에만 초점을 맞추고 있으며, 단속 후 수거한 현수막은 별도의 보관 없이 일괄 폐기 처분하고 있다고 밝혔다. 또한, 불법 광고물 단속은 사유 재산 관련 법률과 연관되기 때문에 수거한 현수막을 제삼자에게 양도하거나 활용하는 것도 불가능하다는 소극적인 입장을 전했다.

구청 내에서 폐현수막의 처리나 재활용을 전담하는 부서는 존재하지 않으며, 각 부서에서 현수막을 개별적으로 사용하고 처리한다고 답변했다. 결국, 성북구에서 발생하는 모든 폐현수막은 재활용이나 업사이클링 없이 단순 폐기 처분되고 있으며, 이는 쓰레기 매립지로 보내지는 실정이다.

2) 유관 기업 조사

(1) 낙동이앤씨

낙동이앤씨는 2013년 설립된 친환경 현수막 제작 기업이다. 친환경 소재인 리앤생을 활용해 현수막을 제작하며 폐현수막을 업사이클링해 우산, 파라솔, 마대 등 다양한 제품을 생산하고 있다. 특히 폐현수막을 업사이클링한 우산은 주요 제품으로, 관공서를 주요 수요처로 한다.

(2) 녹색발전소

녹색발전소는 1993년 8월에 환경보전을 위한 예방활동 및 환경오염 감시와 개선을 목적으로 설립된 비영리 민간단체. 2003년 10월부터는 폐현수막과 폐목재를 활용해 장바구니, 마대, 훼손된 등산로 복구사업, 수방용 및 제설대책용 모래주머니 등으로 재활용하는 활동을 시작했다. 이후 2011년 3월에는 행정안전부 지정 서울시 마을기업으로 선정되어, 현재까지도 폐현수막을 활용한 재활용 사업과 지역의 환경 감시 및 보호활동, 지역 환경 교육을 꾸준히 이어나가고 있다.

(3) '보트포어스(Vote for Earth, Vote for Us)'

'보트포어스(Vote for Earth, Vote for Us)'는 2023년 칸 광고제 수상자인 황

재연 디렉터가 주도한 기후 위기 및 환경보호 메시지를 전하는 프로젝트다. 이 프로젝트는 버려진 정당 현수막을 수거해 '선거 점퍼'로 재탄생시키는 활동을 진행했다. 총 6명의 아트디렉터와 디자이너가 참여해, 각자의 재능을 기후 캠페인에 기여했다. 제작된 선거 점퍼는 다시 정치인들에게 전달되어, 현수막의 환경 파괴 문제를 알리고 기후 공약의 중요성을 강조하는 데 목적을 둔다. 또한, 2024년 4월 22일 서울 코엑스에서 열린 기후변화주간 행사에서 보트포어스의 활동이 소개되었으며, 이 자리에서 환경부 장관과 대중들에게 폐현수막을 활용한 재킷을 선보였다. 이러한 활동을 통해 보트포어스는 폐현수막의 재활용 가능성을 보여주며, 환경보호에 대한 사회적 관심을 높이고자 노력하고 있다.

3) 폐현수막 재활용 주요 사례 조사

폐현수막으로 인한 폐기물 문제를 해결하기 위해 정부와 지방자치단체는 '폐현수막 재활용 지원사업'을 적극적으로 추진하고 있다. 특히, 행정안전부는 2024년에도 각 지자체에서 수거한 폐현수막을 장바구니, 마대 등으로 재활용하거나 친환경 소재 현수막 제작을 확대할 수 있도록 총 15억 원의 사업비를 지원할 계획임을 밝혔다.

다음 표는 2023년 지자체별로 시행된 폐현수막 재활용 주요 사례를 정리한 것이다.

지역	폐현수막 재활용 주요 사례
서울	• (서울도서관) 도서대출용 가방을 폐현수막으로 제작(1인 1회 3주간 1개 대여) • (중구) 공유우산 430개 제작, 15개 동주민센터, 복지관 등 비치(『대한민국 정책브리핑』, 2024. 4. 8) • (송파구) 폐현수막 장바구니 2,130개 제작, 1,275개 주민센터 보급 • 자원순환 기술을 가진 기업(SK 지오센트릭)과 업무협약 체결
부산	• 기초 지자체 폐현수막 재활용 사업을 12개 구·군으로 확대 • 장바구니 위주에서 재해방지용 모래주머니 등 다양한 제품 제작
대구	• 청소용 마대, 장바구니, 신발주머니 제작(8,200장), 친환경 소재 현수막 사용(700장) • 전자게시대 운영(4개소 신설)으로 현수막 연간 2,400장 억제 효과
대전	• 폐현수막으로 마대, 장바구니, 앞치마, 에코백 등 제작(40,650개) • 행정복지센터 플로깅 시 재활용 Waste Bag 사용, 주민들 장바구니와 앞치마 무료 배부
세종	• 공공 목적 현수막 제작 시 친환경 현수막 우선 제작(56개), 플로깅백 제작 및 배포(340개) • 노인일자리와 연계, 폐현수막 재활용 마대 등 제작해 플로깅 등 활용(3,000매)
경기	• (파주) 전국 최초, 친환경 현수막 재활용 활성화 조례 제정(『대한민국 정책브리핑』, 2024. 4. 8) • (성남) 50개 행정복지센터에 폐현수막 수거함 설치, 전량 재활용(마대 3,882개 제작) • (하남) 폐현수막 활용, 모자이크 놀이키트 자원순환 교육 프로그램 실시 * 어린이(4~6세) 대상 자원순환 교육 15회(놀이키트 337개 제작) 실시
강원	• 친환경 소재 현수막 최초 활용 500건, 마대 생산 6,000건
충북	• (진천) 수거 현수막을 지역 업사이클링 업체에 전달, 건축자재로 활용 • (증평) 친환경 공공용 현수막 제작(130장) • (청주) 소재 순환가게 운영, 새활용 미싱클래스 운영, 친환경 굿즈 생산 및 판매, 제로웨이스트 캠페인 등 지역사회와 상생 노력 • 친환경 디지털 전자게시대 활용, 현수막 연간 2,900장 억제 효과

전북	• 행정기관 친환경 현수막 사용(355장) • 폐현수막 43,000장 재활용, 시멘트 소성용 연료, 에코백, 마대 등 제작
전남	• (담양) 공유우산 제작 후 읍·면사무소 등에 비치(250개) • 푸른바다 큰물고기 프로젝트: 현수막 재활용 자루 제작 및 해안가 등 쓰레기 수거 사업 추진(자루 1,090개 제작)(『대한민국 정책브리핑』, 2024. 4. 8)
경북	• (구미) 수거 현수막을 장바구니로 제작(5,000개, 지역자활센터)해 초등학생 환경 미술교육 활용 • (김천) 폐현수막 활용 재봉틀 수업 운영, 주민대상 마대, 파우치 등 제작 교육
경남	• 현수막 재활용 지원사업 도내 전 시군 확대 추진 • 친환경 소재 현수막 제작 확대(535건)
제주	• 현수막 재활용을 통한 우산 제작(100개), 제주도청 민원실 및 청년센터 등 공유우산 도민 무료대여 서비스 실시 • 도내 각종 행사 현수막 수거 후 재활용 필통 제작(400개), 어린이집 배부

자료 1-2. 지자체별로 시행된 폐현수막 재활용 주요 사례(2023년)

그러나 전국 지방자치단체들이 폐현수막 재활용과 같은 친환경 정책을 추진하는 과정에서 이상과는 다른 현실적 한계에 부딪히며 사업을 중단하는 사례가 잇따르고 있다. 주요 원인으로는 정부의 예산 지원 부족, 지자체의 의지 결여, 정책 시행 부서 간의 분산 등으로 인해 사업의 지속성을 위한 동력을 확보하지 못한 점이 지적되고 있다.

예를 들어, 전남 담양군은 지난해 폐현수막을 활용해 공유우산 250개를 제작해 학교와 읍·면사무소 등에 비치했으나, 올해는 사업을 중단했다. 공유우산 1개 제작에 필요한 방염처리와 특수코팅 등의 비용이 약 3만 원에 달해 일반 우산보다 2배 이상 비쌌으며, 제작된 우산 대부분이 회수되지 않아 실효성 논란이 제기되었기 때문이다.

또한, 지난해 인천시는 폐현수막 2,550장을 활용해 동물원 조형물 등을 제작·설치하는 사업을 진행했으나, 참여를 희망하는 업체가 없었고, 수익성이 낮아 사업을 지속하지 못한 사례도 있다. 이처럼 경제적 부담과 낮은 수익성은 친환경 사업 확산의 주요 걸림돌로 작용하고 있다.

4) 이해 당사자 인터뷰

좀 더 구체적으로 각 이해 당사자의 입장을 파악하기 위해 다양한 유관 기업체, 지자체, 공공기관 등과 인터뷰를 진행했다.

(1) 유관 기업(낙동이앤씨) 현장 방문

부산광역시에 있는 낙동이앤씨에 연락을 취해 현장 방문 후 인터뷰를 진행했다. 다음은 인터뷰 내용을 재구성한 것이다.

① 친환경 현수막

현수막에 친환경 소재를 사용하게 되는 첫 번째 목적은 재활용이다. PLA는 멀칭 필름 등으로 재가공될 수 있으며, 리앤생은 자동차 커버나 내장재로 활용될 수 있는 잠재력이 있다. 하지만 이러한 재활용 기술이 존재함에도 불구하고 시설의 보급이 부족하고, 생산 및 처리 비용이 높다는 현실적 한계가 있다. 일반 현수막도 리사이클 섬유로 재활용될 수 있지만, 재처리 과정에 더 큰 비용이 소요되므로, 기술 개발과 보급에 시간이 걸릴 것으로 예상된다.

현수막 재활용이 여의찮을 시 소각이나 매립이 불가피한데, 이 과정에서 배출되는 유해물질을 감축하는 것이 친환경 소재 사용의 두 번째 목적이다. 매립 시, 친환경 소재는 알려진 것과는 달리 특정 분해 조건이 충족되지 않으면 일반 현수막에 비해 분해 시간이 크게 단축되지는 않지만, 여전히 일반 현수막보다는 분해 속도가 빠르다. 또한, 소각 과정에서 발생하는 다이옥신과 같은 유해물질의 양을 일반 현수막에 비해 약 70~80%까지 절감할 수 있다는 점에서 환경적 이점이 크다.

② 폐현수막 수거 방식

폐현수막은 주로 관공서에서 별도로 마련된 수거 장소에 모아두고 관리되며, 이를 통해 필요한 경우 폐현수막을 받아올 수 있다. 낙동이앤씨와 같은 기업은 제품 제작을 요청한 지자체에서 직접 수거한 폐현수막을 제공받아 활용하고 있다. 폐현수막 재활용 과정에서 정당 현수막은 제외되며, 주로 행정용 현수막이 가장 많이 사용된다. 일반 현수막의 경우에도 특정 기준을 적용해 활용되는데, 인물이 명확하게 드러나는 현수막은 제외 대상이 되며, 종교적 메시지나 상징이 포함된 현수막 또한 가급적 제외하는 것이 일반적이다. 이러한 기준은 업사이클링 제품의 목적성과 수요처의 요구를 고려한 것으로, 최종적으로 제작된 제품이 사회적으로 중립적이고 실용적으로 활용될 수 있도록 하기 위함이다.

③ 업사이클링 제품

우산 제작 사업은 2022년 행정안전부의 폐현수막 재활용 지원사업을 통해 시작되었다. 당시 경남 통영시가 폐현수막을 활용해 우산을 제작하겠다고 신청했으며, 낙동이앤씨가 협력하면서 본격적으로 우산 제작이 시작되었다. 선례가 만들어진 후, 2023년에는 약 10개 지자체가 우산 제작을 신청했고, 2024년에도 비슷한 규모로 사업이 지속되고 있다. 우산 제작에 대한 전반적인 반응은 긍정적이다.

파라솔은 주로 지자체 행사나 어린이 물놀이장 등에 설치된 사례가 있다. 그러나 예산 문제로 인해 수요가 높지는 않으며, 해운대 해수욕장에도 파라솔 설치를 논의한 적은 있으나 실행으로 이어지지는 않았다.

에코백이나 마대는 제작이 상대적으로 쉬워 보급량이 많지만, 실용성 부족으로 인해 수요가 저조하다. 특히 마대의 경우, 폐현수막으로 제작한 제품은 중국산 마대보다 가격이 비싸 관공서나 지자체에서 수요가 적은 실정이다. 이는 폐현수막 마대 제작 시 인건비가 포함되기 때문으로 분석된다.

지자체의 지원이 전제된다면, 폐현수막을 활용해 등산로나 가로 조경용 로프를 제작할 의지도 있는 상황이다. 로프는 폐현수막을 활용한 제품 중에서 가장 많은 양의 현수막을 소비할 수 있는 품목이다. 100m 로프를 제작하는 데는 최소 20장의 현수막이 필요하며, 굵기에 따라 소요량은 더욱 증가할 수 있다. 일반적인 200m 로프 제작에는 약 40~50장의 현수막이 사용된다. 이와 비교해 우산은 5m 현수막 한 장으로 2개밖에 제작할 수 없어, 300개 발주 기준으로 150장의 현수막만 소비할 수 있다. 이는 폐현수막 양을 줄이는 데는 큰 효과가 없고, 친환경 정책의 홍보 효과에 초점이 맞춰져 있다. 그러나 로프 제작의 경우, 고가의 설비가 필요한 것이 현실적인 걸림돌이다. 한 대당 약 8,000만 원에서 1억 원에 이르는 설비 비용은 기업 입장에서 수익성을 담보하기 어려운 상황이다. 따라서 로프 제작과 같은 대량 재활용 사업이 활성화되기 위해서는 정부와 지자체의 지속적인 지원과 투자가 필수적이다.

④ 기업 관점에서의 폐현수막 재활용 사업

최근 몇 년간 폐현수막 재활용 지원사업에 관한 관심이 높아지면서 참여하는 업체들이 간혹 등장하고 있지만, 인건비 지원 기간인 3년이 종료되면 대부분 사업을 중단하는 실정이다. 이로 인해 폐현수막 재활용 분야에서 기업 간 네트워크나 협업 체계는 미비한 상황이며, 사업이 활성화되지 않아 실질적인 협력의 여지도 부족하다.

폐현수막을 활용해 에코백이나 마대 등을 제작하는 사례는 전국적으로 많이 존재하지만, 이는 주로 지방자치단체의 지원을 받는 자활센터나 부녀회를 중심으로 이루어지고 있다. 이들 기관은 인건비와 운영비를 지자체로부터 지원받고 있으며, 생산 단가에 대한 부담이 적기 때문에 사업을 지속할 수 있는 것이다.

그러나 폐현수막을 업사이클링하는 우산이나 파라솔과 같은 공정이 복잡한 제품의 경우, 자활센터나 부녀회 차원에서는 생산이 어려워 지자체의 직접적인 요청이 있어야만 사업이 가능하다. 문제는 이러한 제품들이 사업성을 확보하지 못하고 있다는 점이다. 폐현수막 재활용은 환경적 가치를 고려할 때 의미가 있지만, 시장성 부족과 비용 문제로 인해 기업이 투자를 지속하기는 현실적으로 어려운 상황이다.

따라서 폐현수막 재활용을 경제적으로 지속가능한 사업으로 발전시키기 위해서는 기술 개발, 정부의 적극적인 지원, 그리고 시장 확대를 위한 정책적 노력이 뒷받침되어야 할 것이다.

⑤ 조례에 관해

정부와 지방자치단체는 현수막 문제 해결을 위해 대안으로 전자 광고판 도입을 시도하고 있지만, 이는 현수막에 비해 홍보 효과가 낮다는 한계가 있다. 이에 따라 행정용 현수막에 대한 대안으로 저단 게시대를 늘리거나, 행정용 현수막을 친환경 소재로 제작·사용하도록 하는 조례를 제정하는 움직임이 나타나고 있다. 그러나 예산 문제가 가장 큰 걸림돌로 작용하면서 이러한 정책들은 점진적이고 더디게 추진되는 실정이다. 일부 지방자치단체에서는 '현수막 재활용'을 명시한 조례를 도 단위에서 제정하고 있지만, 실제로 집행되는 경우는 드문 상황이다. 이러한 제도적 접근보다 중요한 것은 지자체장들의 관심과 적극적인 의지다.

대표적인 사례로, 경기도 파주시는 전국 최초로 행정 현수막에 친환경 현수막을 사용하도록 조례를 제정하고 이를 시범 운영했다. 그러나 내부적인 예산 문제와 실효성 한계 등으로 인해 사업이 중단되었다. 반면, 경남 김해시는 시장의 적극적인 관심과 의지를 바탕으로 친환경 현수막 사용에 다양한 인센티브를 제공했다. 예를 들어, 친환경 현수막을 사용할 경우 게재 기간을 2배로 연장하거나, 게시 우선순위를 부여하는 방식으로 유인을 제공했다. 김해시의 이러한 정책은 관련 조례 없이도 큰 성과를 이루어냈으며, 결과적으로 친환경 현수막 사용이 활성화되면서 대통령 우수 표창을 받는 성과를 거두었다. 이 사례는 지자체장들의 관심과 정책적 유인책이 친환경 현수막 도입과 확산에 얼마나 중요한 역할을 하는지를 보여주는 대표적인 사례다.

⑥ 인식 문제

폐현수막은 부산에서만 연간 약 200톤이 발생하며, 선거철에는 약 300톤까지 급증한다. 전국적으로는 그 10배 수준의 폐현수막이 발생하는 것으로 추산된다. 뉴스 등에서 폐현수막의 20~30%가 재활용된다고 보도되지만, 실제 재활용률은 10% 미만에 불과하며, 이마저도 정부의 예산 지원이 전제되지 않으면 재활용이 추진되지 않는 실정이다. 지방자치단체의 경우, 폐현수막 재활용 사업에 대해 행정안전부의 예산 지원이 없다면 자체적으로 시행할 여건이 부족하다. 지자체의 예산 상황은 환경 정책에 큰 영향을 미치기 때문에, 비용이 많이 들고 관리가 번거롭다는 이유로 친환경 사업 추진을 꺼리는 경향이 나타난다.

친환경 현수막은 원단 가격이 일반 현수막에 비해 4배 정도 비싸다. 그러나 제품 제작비용에 가장 큰 비중을 차지하는 것은 인건비로, 원단 값의 차이가 전체 비용에 미치는 영향은 상대적으로 크지 않다. 그런데도 이러한 부분이 간과되면서 지자체나 기관들이 친환경 현수막 사용을 비용 부담으로 인식하고 잘 도입하지 않으려는 경향이 있다. 따라서 친환경 현수막의 활성화를 위해서는 정부 차원의 안정적인 예산 지원과 더불어 지자체의 의지 강화, 그리고 친환경 소재에 대한 인식 개선이 필수적이다. 이를 통해 비용과 번거로움에 대한 우려를 해소하고 친환경 사업이 지속가능한 정책으로 자리 잡을 수 있을 것이다.

⑦ 요약 및 시사점

현수막 업사이클링에서 가장 중요한 점은 실용성 있는 제품을 제작하는 것이다. 현수막을 활용해 제품을 만든다고 하더라도 그것이 실제로 사용되지 않고 버려진다면 무의미하기 때문이다. 현재 폐현수막 업사이클링 제품의 주요 수요처는 대부분 관공서에 한정되어 있다. 그러나 비용 문제와 업사이클링 제품에 대한 인식 부족으로 인해 원활한 업사이클링이 이루어지지 못하는 실정이다.

환경 문제 해결은 비용을 감수해야 하는 과정이다. 따라서 일반 제품에 비해 다소 비용이 더 들더라도 지방자치단체가 업사이클링 제품 사용에 적극적으로 나서려는 노력이 필요하다. 이를 위해 관련 조례 제정도 일정 부분 도움이 되지만, 무엇보다 강력한 정책적 추진력을 갖춘 지자체장의 관심과 의지가 필수적이다. 결국, 지자체의 정책적 의지와 지속적인 관심이 뒷받침될 때, 폐현수막 업사이클링이 실질적인 환경 문제 해결방안으로 자리 잡을 수 있을 것이다.

(2) 유관 기업 수요처 문의

낙동이앤씨 등의 폐현수막 재활용 제품 및 친환경 현수막 제작 업체들과 협약을 맺거나 발주를 맡기는 것으로 파악된 지자체들과 유선상으로 인터뷰를 진행했다. 다음은 인터뷰 내용을 재구성한 것이다.

① 경상남도 통영시청

통영시는 폐현수막으로 공산품을 제작할 때 방수처리까지 하는 업체를 찾아보다가 낙동이앤씨를 알게 되었다. 매년 업체 측에 의뢰해서 파라솔과 우산을 약 500개 정도 납품받고 있다. 특히 우산은 시청의 각 부서와 읍면동사무소, 공공기관 등에 배부해 민원인이나 공무원이 자유롭게 사용할 수 있는 공유물품의 형태로 활용하고 있다. 물론 폐현수막으로 우산을 제작하는 것은 시중 우산에 비해 큰 비용이 들지만, 탄소중립 실천을 가능하게 하고 공유우산에 대해 시민들이 긍정적인 반응을 보이기 때문에 사업을 지속하고 있다. 이와 함께 현수막을 제작할 때부터 생분해 소재를 사용하도록 지원하는 사업을 진행 중이며, 시에서 발생하는 폐현수막을 최대한 재활용하고 불가피한 경우에만 소각한다.

② 전라남도 담양군청

담양군청은 2023년에 낙동이앤씨와 협업했지만, 부족한 예산과 미비한 효과로 인해 단기적 사업에 그쳤다. 현재(2024년 10월 29일 기준)까지 집계된 2024년 담양군 내 폐현수막의 배출량은 1,200kg이다. 작년까지만 해도 폐현수막을 전량 소각하거나 매립했지만, 현재는 일단 매립지에 모아두고 친환경적인 처리 방법을 고안하는 중이다. 폐현수막으로 어떤 제품을 만들어야 하는지 뚜렷하지 않고, 제작에 필요한 비용이 일반적인 제품보다 높으므로 군청 입장에서는 사업을 장기적으로 지속할 동기가 부족하다. 행정안전부는 지자체의 재활용 결과에 대해서만 궁금해할 뿐, 그 과정에 대한 지원이 일절 없으므로 오로지 실적을 보여주기 위한 단기적인 사업밖에 시행할 수 없다.

③ 충청북도 증평군청

폐현수막 재활용 사업을 구상하면서 통영시의 사례를 통해 현수막 재활용을 알게 되었다. 이에 통영시에도 자문을 구했으며, 당시에는 관련 사업을 하는 업체가 낙동이앤씨뿐이었기 때문에 낙동이앤씨과 협업을 시작했다. 정기적으로 업체에 폐현수막을 전달하고 납품받은 우산을 각 실무과에 배부하고, 방문한 민원인이 자유롭게 이용할 수 있도록 했다. 이러한 사업을 통해 현수막을 폐기할 때 발생하는 오염물질을 줄일 수 있었다. 수익성이 없는 사업임에도 불구하고 지속적으로 협업할 수 있는 까닭은, 일회성을 띠는 에코백이나 마대자루 등과 달리 우산은 활용성이 높고, 군민들이 직접 사용할 수 있기 때문에 장기적인 관점에서 경제적 이득이라고 판단했기 때문이다. 증평군청은 현수막을 재활용하는 것보다 폐현수막을 줄이는 것이 먼저라고 생각해 불법광고물에 대한 단속을 철저히 하고, 현수막 제작 과정에서 생분해 소재를 사용하도록 지원하고 있다. 관내에서 제작하는 현수막은 대체로 생분해 소재를 사용하고자 하지만, 예산이 부족해 매년 230장 정도만 가능하다.

④ 제주도청

제주도청은 낙동이앤씨와 협업하고 있지는 않지만, 제주시새활용센터를 직접 운영하며 희망나래라는 업체와 협력하고 있다. 희망나래를 통해 폐현수막을 파라솔이나 공유우산으로 재탄생시켜 민원인들이 자유롭게 쓸 수 있도록 하고 있다.

⑤ 경상남도 밀양시청

밀양시청도 경상도에서 주도한 사업에 일시적으로 참여했다. 제작된 우산은 읍면동에서 공유우산으로 활용할 수 있도록 했다. 그러나 폐현수막을 소각하거나 매립하는 것보다 우산을 제작하는 것이 더 큰 비용이 들기 때문에 회의적인 입장이다. 또한 예산이 책정되어 있기는 하지만, 경상남도 행정부에서 예고 없이 예산을 내려주기 때문에 지속적으로 사업을 유지하기 어렵다는 것이 밀양시의 입장이다.

⑥ 경상남도 거제시청

거제시는 수거된 현수막을 매립하거나 소각하면 환경오염 물질이 배출되기 때문에 이를 줄이기 위해서 재활용 사업을 시작했다. 올해 편성된 사업비는 전부 소진했기 때문에 내년에 새로운 예산으로 다시 진행할 예정이다. 수익을 기대할 수 없는 사업임에도 불구하고 장기적으로 진행하는 이유로는 '환경오염 물질을 줄이기 위한 공공기관의 가시적인 활동'과 '거제시의 이미지 제고'를 언급했다. 다른 시군과 동일하게 우산을 제작해 읍면동 사무소를 통해 시민들이 사용할 수 있도록 하며, 내년에는 사업의 품목을 확대할 생각이다. 2023년부터 1,000만 원 정도의 예산으로 현수막을 제작할 때 생분해 소재를 사용하도록 지원하고 있으며, 관내에서 제작하는 현수막 중 일부(100여 장)를 친환경 소재를 통해 만들고 있다.

(3) 기타 지자체 및 공공기관 문의

이 외에 관련 사업을 진행한 바가 있는 것으로 파악된 지자체나 공공기관에도 문의를 진행했다.

① 서울시청 기후환경본부 자원순환과 재활용기획팀

서울시청 자원순환과의 재활용기획팀은 매년 발생하는 폐현수막에 관해 자치구별 재활용 계획을 세워 처리하는 업무를 맡고 있다. 수거되는 폐현수막의 규모는 190톤 정도로, 이 중 37%가량이 재활용 사업에 활용되고 있다. 자치구별로 재활용 계획 수립을 요청하고 있지만, 관련된 시 예산이 확보되어 있지 않아 구마다의 재정 여건에 따라 다르게 시행되고 있다. 내년에는 서울시 차원에서 주도적으로 현수막 창고를 확보해 재활용을 확대하는 방안을 구상하고 있다.

문의 과정에서 얻게 된 시사점은 다음과 같다. 첫 번째, 정당 현수막은 지자체 차원에서 수거가 되지 않아 시청이나 구청 단위에서 조사되는 현수막 수거율에 포함되지 않는다는 것이다. 정당에 협조 요청을 하기는 하지만, 잘 이루어지지 않아 어떻게 처리되고 있는지 파악이 어렵고 단순하게 소각되는 것으로 파악한다고 답변해주셨다. 두 번째, 친환경 현수막으로 추진되는 사업은 따로 없으며 현재 친환경 현수막과 일반 현수막을 구분해서 수거하는 시스템이 체계적으로 나뉘어 있지 않아 사업을 진행하기에 어려운 부분이 있다는 점이다.

② 서대문구청 도시경관과 광고물관리팀

서대문구청 도시경관과 광고물관리팀 차원에서 수거한 폐현수막을 희망자들에게 간단한 신청 절차를 거친 후 나눠주는 사업을 상시 진행 중이라는 점을 발견해 담당자와 유선으로 문의를 진행했다. 다음은 문의 내용을 정리한 것이다.

해당 사업은 원래 폐기 처분 대상인 폐현수막들을 환경보호 차원에서 필요한 사람들이 있다면 재활용할 수 있도록 나눠주는 취지로 진행되고 있다. 이렇게 제공되는 폐현수막은 주로 학교 사업용, 미술용품, 농사 덮개 등으로 사용된다. 서울시에서 구청이 주도하는 재활용 관련 사업을 진행하려는 권고가 오기도 하는데, 오염이 있는 현수막을 구청에서 직접 재활용해 장바구니 등의 제품을 제작하고 배포하는 사업은 사업 비용도 이중으로 지출될 뿐만 아니라 실효성이 떨어져 폐현수막을 그대로 나눠주는 방식으로 사업을 진행 중이다. 사업 대상이 되는 현수막은 지정된 현수막 게시대에 허가 및 비용을 받은 현수막뿐만 아니라 일부 허용되는 길거리 현수막들, 상업적 용도로 걸린 불법 현수막 역시 포함되고 있다. 기상 환경이나 설치된 환경으로 인해 수거된 현수막이 오염되어 있는 경우도 있지만, 주민들은 필요에 따라 세척해 활용하고 있다고 한다.

③ 서울도서관

폐현수막으로 제작한 도서 대출용 가방을 대출 도서와 함께 빌려준다. 이를 반납하지 않으면 도서 연체로 처리되는 시스템이다. 수거율은 높은 편이며 시범용으로 100개를 제작해 사용 중이다. 현재는 수량이 모자라지는 않으나 부족하면 추가로 제작할 예정이다. 시민들은 가방이 없어 급하게 필요할 때 사용할 수 있다는 점에서 만족도가 높다. 가끔 더러운 가방에 대해 교환 요청이 들어오나 큰 불만은 없다.

④ 군포중앙도서관

폐현수막으로 제작한 도서 대출용 가방을 시민이 요청할 경우 나눠주었다. 시민들은 고마움과 더불어 폐현수막으로 가방을 제작했다는 것에 대한 신기함 등의 긍정적 반응을 보였다. 현재 제작된 가방은 모두 소진되었으나 당시 가방을 제작해주시던 자원봉사자분들이 연로해 활동을 지속하기 힘들어지셨기 때문에 새로 제작하지는 않는다.

(4) 체인지메이커스 멘토와의 면담

고려대학교 지속가능원에서 진행하는 '체인지메이커스'는 학생들이 직접 지역 문제를 이해하고, 지역공동체와 협력해 지속가능한 해결책을 실행에 옮김으로써 지속적인 변화를 만들어내는 프로그램이다. 우리 팀은 수업에서와 같은 주제로 해당 프로그램에 참여해 멘토로 케이피한석유화㈜ 합성수지부문의 이서환 대리님을 만나 관련 전문가의 시선으로 문제를 고민해볼 수 있었다.

① 현수막 재활용의 현황과 기술적 한계

국내에서 현수막 재활용 및 업사이클링이 활성화되지 못하는 이유는 주로 정책적 문제와 분류체계의 부재에 기인한다. 폐현수막은 일반적으로 매각이나 소각으로 처리되며, 분류체계가 미비해 친환경 현수막과 일반 현수막이 구분되지 않는 것이 문제다. 미국과 유럽은 재활용 및 생분해 관련 기술과 인프라가 점차 완비되고 있으며, 정기적으로 세미나를 개최해 정책 및 기술 개발을 논의하고 있다. 국내에서는 인천이 친환경 생분해 및 바이오 소재 관련 논의를 가장 활발히 진행 중이며, 연 1회 산업부, 환경부, 리사이클링 업체 등이 참여하는 세미나가 열리고 있다. 그러나 구체적인 실행력은 부족하다.

② 재활용 방식과 기술적 과제

현수막을 재활용하는 방식은 크게 물리적, 화학적 리사이클링으로 나뉜다.

- 물리적 리사이클링(MR): 플라스틱을 수거 → 세척 → 분쇄해 원래의 상태로 복구하는 방식.
- 화학적 리사이클링(CR): 플라스틱을 용광로에서 녹여 원료로 분해하는 방식.

현재 이 2가지 방식이 모두 적용되고 있는 것은 페트병에 한정된다. 페트병은 깨끗하게 수거되기 쉬운 특성이 있기 때문이다. 반면, PP 소재의 현수막은 잉크 인쇄와 컬러 문제가 있어 재활용이 어렵다. 컬러를 제거해 내추럴 컬러만 남기는 기술이 개발되었으나, 상용화되지는 않았다.

③ 친환경 현수막 소재와 비용 문제

생분해 소재로 PLA(옥수수 기반) 및 해양 생분해 원료 등이 사용되지만, 매립 환경과 같은 특정 조건에서만 분해가 가능하다. 이러한 조건을 충족시키기 어려운 국내 환경에서는 상용화가 제한적이다. 또한, 생분해 제품은 일반 플라스틱 대비 4배 이상의 가격이 책정되며, 이는 환경오염 측면에서 오히려 논란이 될 수 있다. 업사이클링 제품 역시 운반비와 부대비용이 추가되며, 결과적으로 1.5~2배의 비용 증가를 초래한다. 상용화된 제품으로 농업용 멀칭 필름이 있지만, 농민들은 가격에 대한 부담으로 인해 구입을 꺼리기 때문에 지자체에서 약 80% 정도의 금액을 지원하고 있다.

④ 정책적 접근과 실행 과제

폐현수막 업사이클링 활성화에는 정부 부처 간의 협력과 조율이 필수적이다. 환경부는 폐기물 분리수거 및 분류체계의 어려움을 지적하는 반면, 산업통상자원부는 리사이클링 기술의 상용화와 수출 산업화를 통한 경제적 가치 창출에 초점을 맞추고 있다. 이러한 입장 차이를 극복하고 시너지를 창출하기 위해서는 부처 간의 긴밀한 협력이 중요하다. 현재 성공적인 업사이클링 사례는 대부분 정부 지원이나 대기업의 홍보성 사업의 일환으로 진행되고 있다. 예를 들어, 오뚜기는 일부 소스 제품에 리사이클링 용기를 사용해 이를 홍보한다. 이러한 단발성 사례를 넘어 지속가능한 시스템 구축을 위해서는 정부의 적극적인 정책적 지원이 필요하다.

⑤ 현수막 업사이클링의 실용성과 가능성

업사이클링의 핵심은 단순히 폐기물을 재활용하는 것이 아닌, 실용적인 가치를 지닌 제품을 만드는 데 있다. 버려지는 제품 생산은 오히려 자원 낭비를 초래하므로, 업사이클링 제품의 활용성은 매우 중요한 고려 사항이다. 폐현수막은 다양한 제품으로 업사이클링될 수 있는 잠재력을 가지고 있다. 하지만 기술적인 과제도 존재한다. 폐현수막의 컬러 제거 및 친환경 잉크 사용과 같은 기술은 이미 개발되었으나, 높은 비용으로 인해 상용화에 어려움을 겪고 있다. 이러한 기술적 난제를 해결하고 경제성을 확보하기 위한 연구 개발 및 지원이 필요하다.

⑥ 시사점 및 제안

폐현수막 문제 해결 및 업사이클링 활성화를 위해서는 다음과 같은 노력이 필요하다. 첫째, 시민들의 인식 제고가 중요하다. 무분별한 현수막 사용을 줄이기 위해 환경 단체와 협력해 문제점을 지속적으로 제기하고, 시민들의 자발적인 참여를 유도해야 한다. 둘째, 창의적인 업사이클링 아이템 발굴을 위한 노력이 필요하다. 학생과 지역 주민이 참여하는 공모전을 통해 참신한 아이디어를 발굴하고, 발굴된 아이템은 기업과의 협력을 통해 상용화를 추진할 수 있다. 셋째, 정책적 지원 강화를 통해 업사이클링 산업의 기반을 다져야 한다. 업사이클링 제품이 친환경 인증을 받을 수 있는 제도적 뒷받침과 함께, 지자체 주도의 경제적 인센티브 제공이 필수적이다. 이러한 제안들을 통해 폐현수막 업사이클링이 단순한 환경 운동을 넘어 지속가능한 산업으로 성장할 수 있도록 노력해야 할 것이다.

III. 해결방안 모색

1. 전체 방향성 기획

우리는 체인지메이커스 멘토와의 면담 내용에 근거해서 통해 문제해결을 위한 전체적인 방향성을 수립했다. 멘토는 시민들이 현수막 폐기물이 초래하는 환경오염의 심각성을 인식하고 이에 대한 해결 의지를 갖도록 하는 것이 더 중요하다고 조언했다. 또한, 일회성 사업이 아닌 지속가능한 정책으로 자리 잡기 위해서는 제도적 변화가 반드시 수반되어야 한다는 점을 강조했다. 이러한 조언을 바탕으로 우리는 해결 영역을 다음과 같은 3가지 갈래로 구체화했다.

1) 폐현수막 재활용에 관한 교내 인식 제고 및 업사이클링 제품 활용

현수막 폐기물로 인한 환경 문제의 심각성에 대한 시민들의 인식이 부족하고, 업사이클링 제품에 대한 낮은 접근성과 실용성 인식이 재활용 확대의 걸림돌이 되고 있다. 특히 대학가의 경우 축제, 학생회 선거 등으로 인해 현수막 사용량이 많음에도 불구하고 이에 대한 문제의식이 부족한 실정이다. 이에 우리는 고려대학교 지속가능원에서 주관하는 지속가능주간 행사 부스 운영에 참여해 인식 제고 캠페인을 진행하기로 했다. 이와 동시에 설문조사를 통해 업사이클링 제품에 대한 수요를 파악하고, 그 결과를 바탕으로 업사이클링 제품을 제작해 실제 교내에서 공유자원으로 활용함으로써 현수막 문제와 업사이클링에 관한 관심과 흥미를 유도하기로 계획했다.

2) 친환경 소재 현수막 제작 활성화를 위한 제도적 해법 모색

제작 업체 및 지자체와의 면담을 통해 명확해졌듯이, 친환경 소재 현수막의 제작비용이 일반 현수막보다 2~3배 높고 제작 업체도 부족해 확산이 더딘 상황이다. 또한, 친환경 현수막 사용을 장려하는 제도적 지원책이 미비하다. 성북구청의 경우 폐현수막을 대부분 단순 폐기하고 있으며, 재활용이나 친환경 소재 사용 촉진을 위한 정책이 전무한 상황이다. 일부 지자체에서 친환경 현수막 지원 정책을 시행하고 있으나, 예산 부족과 실효성 논란으로 지속되지 못하는 경우가 많다. 이에 우리는 성북구 의회에 친환경 현수막 제작의 지원 근거가 될 수 있는 조례 제정을 건의하고, 주민참여예산제를 통해 친환경 현수막 게시 지원 정책을 제안하기로 했다. 구체적으로는 파주시의 친환경 현수막 조례와 김해시의 인센티브 정책을 성공적인 선례로 참고해, 친환경 소재 현수막 사용 시 게시대 수수료 면제 및 우선 게시권 부여 등의 인센티브 제도 도입을 추진하고자 했다.

3) 정당 현수막 난립에 대한 제도적 해법 모색

자료조사 결과 정당 현수막의 난립에 대한 제도적 견제 수준이 부족하다는 문제가 크다는 점을 확인했지만, 결론적으로 해당 문제는 우리 조의 프로젝트에서 제외하기로 했다. 여기에는 성북구 국회의원인 김영배 의원과의 서면 인터뷰 내용이 큰 역할을 했다. 인터뷰 결과, 정당들이 친환경 현수막 사용이나 폐현수막 재활용에 대한 필요성은 인식하고 있으나, 제작비용과 시의성 있는 홍보의 필요성 등 현실적 제약으로 인해 적극적 도입을 주저하고 있음을 확인했다. 또한, 정당 현수막 규제는 상위법인 옥외광고물법 개정이 필요한 사안으로, 구 차원의 해결이 어렵다는 한계가 있다. 이에 따라 이 방면에서의 해결 노력은 잠정 중단하고 나머지 2가지 방안, 특히 지자체 차원에서 실행할 수 있는 정책적 해결에 집중하기로 했다.

2. 실제 해결방안 이행

1) 폐현수막 재활용에 관한 교내 인식 제고 및 업사이클링 제품 활용

(1) 지속가능주간 부스 운영

① 목적 및 구상

부스 운영이 고려대학교 학우들로 하여금 폐현수막 문제의 심각성을 인지하는 동시에 업사이클링 제품에 대한 거부감을 줄이고, 그 가능성을 인식하도록 도와줄 것을 기대하며 해당 프로젝트를 시작하게 되었다. 폐현수막 문제에 대한 시민들의 인식을 제고할 필요가 있었고, 목적 달성을 위해서는 인터넷 매체 등을 통한 정보 전달보다는 직접 체험하고 소통할 수 있는 형태의 이벤트가 적합할 것으로 판단한 것이 그 이유였다. 따라서 고려대학교 지속가능원에서 주관하는 지속가능주간 행사의 부스 운영에 참여해 우선 우리와 가장 가까이에 있는 고려대학교 학우들에게 사용되고 버려지는 현수막이 업사이클링될 수 있음을 알리고자 했다.

다양한 폐현수막 업사이클링 제품을 부스 참여자들에게 소개하고, SNS 참여 이벤트를 통해 이를 널리 홍보하는 것이 기본 골자였다. 멘토링 이후에는 일반 시민들은 폐현수막이 환경에 가져오는 악영향 자체도 인식하지 못하고 있을 가능성이 높다는 조언에 따라 관련 정보를 제공하는 간략한 프레젠테이션과 퀴즈 프로그램을 추가해 내용을 구성했다.

② 활동 과정

부스 운영 참가를 결정하고 가장 먼저 정해야 했던 것은 사용할 수 있는 폐현수막을 확보하는 일이었다. 서울시 서대문구에 요청하면 폐현수막을 받아올 수 있으나 고려대학교 학우들에게 폐현수막 문제를 알리는 이벤트인 만큼, 교내에서 발생한 폐현수막으로 제작하는 것이 더욱 의미 있다고 판단했다. 고려대학교 총학생회를 통해 고려대학교 인권주간 행사에서 사용했던 현수막을 확보할 수 있었다. 그다음으로 결정할 것은 '어떤 제품을 소개할 것인가'였다. 자료조사 과정에서 가장 많이 언급되었고, 현장 인터뷰를 진행하며 샘플을 확보한 우산을 첫 번째 품목으로 선정했다. 그 외에 현수막을 소비할 수 있는 품목 중 활용도를 최우선으로 고려해 에코백, 파우치, 돗자리, 곱창머리끈, 총 4가지 품목을 추가로 선정했다. 해당 품목들은 현수막을 이용해 전문적으로 제작하는 업체를 찾지 못한 관계로 직접 재봉틀을 구입해 샘플을 제작했다.

자료 1-3. 수제작한 업사이클링 제품들

부스 운영에 있어서는 앞선 활동에서 조사한 내용을 바탕으로 폐현수막 문제의 심각성에 대한 간략한 프레젠테이션을 진행한 후, 폐현수막 업사이클링 제품을 소개하며 '가장 사용해보고 싶은 업사이클링 제품' 투표를 받았다. SNS 업로드와 퀴즈 풀기는 선택적으로 참여할 수 있도록 했다. 해당 내용으로 부스 운영을 진행하는 동안 참여자들로부터 '신선하다', '정말 사용해보고 싶다', '어디서 살 수 있는가' 등의 업사이클링 제품에 대한 긍정적 반응을 확인할 수 있었다. 또한 참여자들은 프레젠테이션 및 퀴즈 프로그램을 진행하는 동안 '(폐현수막 배출량이) 이만큼 많은 줄 몰랐다', '생각보다 (폐현수막이) 훨씬 많이 나온다', '현수막이 정말 많이 걸려 있기는 하더라' 등의 반응을 보였다. 이를 바탕으로 해당 프로그램이 시민들의 새로운 문제 인식 및 발굴, 이에 대한 공감대 형성 등의 효과를 지님을 확인할 수 있었다. '가장 사용해보고 싶은 업사이클링 제품'에 대해서는 우산(60표)이 가장 많은 수요를 기록했다. 특히, 나머지 품목들(돗자리(23표), 파우치(32표), 에코백(34표), 곱창머리끈(36표))이 비슷한 결과를 나타낸 것에 비해 약 2배가량으로 많은 표를 획득했음을 알 수 있었다.

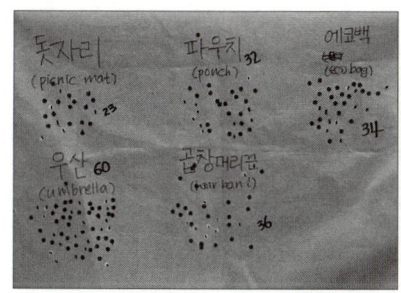
자료 1-4. 현장에서 실시한 설문조사

자료 1-5. 부스 운영 종료 후 촬영한 단체 사진

(2) 폐현수막 공유우산 프로젝트

① 목적 및 구상

더 많은 학우가 폐현수막 문제를 인지하고 업사이클링 제품에 대한 긍정적 인식을 가질 수 있도록 하기 위해서는 업사이클링 제품을 직접 사용해볼 기회를 제공하는 것이 중요하다는 결론을 내렸다. 따라서 앞서 언급한 설문조사 결과를 바탕으로 가장 많은 수요를 기록한 우산을 공유물품으로 제작해 교내에서 시범사업을 진행할 것을 계획했다. 우산 제작에 걸리는 시간을 고려해 겨울방학 중 계절학기 및 국제동계대학 수강생을 사업 대상으로 선정했다. 방학 중에는 학기 중보다 교내 학생 수가 적으며, 겨울 중이라 눈이나 비가 오는 날이 많지 않다는 점을 고려해 15개 소량 발주를 결정했다.

② 사업 현황 및 확장 계획

학생들에게 일상적 현수막 문제를 자각하도록 하려고 교내에서 발생한 현수막을 이용해 우산을 제작하기로 했다. 이에 고려대학교 지속가능원을 통해 폐현수막을 확보했고, 업체(나동이앤씨)를 통해 우산을 제작했다.

공유우산 사업은 겨울학기 및 국제동계대학 진행 기간을 시범사업 기간으로 선정했으나, 해당 기간 중 눈이나 비 예보가 일절 없어 실질적 운영이 불가능했다. 따라서 시범사업 기간을 봄 학기로 보류하고, 시범사업을 고려대학교 정치외교학과 학생회와 협업해 진행하기로 했다. 학생회 측과의 협업은 공유우산 사업 진행에 있어 가장 큰 문제였던 회수율과 우산 관리 문제를 다소 완화할 수 있을 것이다.

공유우산 시범사업 후에는 고려대학교 총학생회를 통해 고려대학교 내에서 자체적이고 지속적인 공유우산 사업이 진행될 수 있도록 건의

자료 1-6. 폐현수막으로 제작한 공유우산

할 예정이다. 고려대학교 내에서 공유우산 사업을 지속했을 때, 긍정적인 결과가 발견된다면 이것을 안암동 사업으로까지 더욱 확장하기 위해 안암동장과의 면담을 고려 중이다. 서울특별시 성북구 현수막의 친환경 소재 사용 및 재활용 활성화 조례안, 서울특별시 옥외광고물 등의 관리와 옥외광고산업 진흥에 관한 조례 제28조 제6항 등을 법적 근거로 삼아 추진 가능성을 타진할 계획이다.

임팩트 측정 방안은 다음과 같다. 공유우산을 1회 사용하면 탄소 배출 629g을 감축하는 효과가 있다(『한국일보』, 2021. 8. 31). 따라서 교내에서 진행한 공유우산 사업으로 감축된 탄소 배출량은 공유우산 대여 횟수에 692g을 곱한 값과 같다. 더 나아가 공유우산을 1회 사용할 때 일회용 우산 1개의 판매를 대체할 수 있다고 가정한다면, 공유우산 사업을 안암동으로 확장했을 경우의 임팩트 측정이 가능하다. 안암동에 있는 대형 마트 및 편의점 등에서 판매된 일회용 우산의 양을 집계해 이에 629g을 곱하면, 안암동에서 공유우산 사업으로 감축한 탄소 배출량을 구할 수 있다. 그러나 공유우산이 개당 30,000원으로 단가가 높다는 점, 그런데도 사업을 확장할수록 우산의 회수율이 낮아진다는 점을 고려했을 때, 사업 비용 대비 기대효과가 비교적 낮아진다는 한계가 있다. 이를 해결하기 위해 추가로 우산 무인 반납함 등의 설치를 고려할 필요가 있다.

2) 친환경 소재 현수막 제작 활성화를 위한 제도적 해법 마련
(1) 조례 제정 관련 성북구의회 양순임 의원 면담

프로젝트 진행 과정에서 성북구청이 폐현수막을 대부분 단순 매립 또는 소각 처리하고 있으며, 현시점 재활용이나 친환경 소재 사용 촉진을 위한 정책이 거의 없다는 점을 확인했다. 이러한 상황에서 성북구의회의 양순임 의원이 2024년 11월 6일 「서울특별시 성북구 현수막의 친환경 소재 사용 및 재활용 활성화 조례안」을 발의했다는 소식은 우리의 문제의식과 정확히 부합하는 제도적 해결의 단초였다.

조례안의 주요 내용을 살펴보면 다음과 같다. 제1조에서는 "현수막의 친환경 소재 사용과 재활용 활성화에 필요한 사항을 규정함으로써 탄소중립을 실천하고 환경보전에 이바지함"을 목적으로 명시하고 있다. 제3조는 구청장의 책무를 규정해 현수막의 친환경 소재 사용 및 재활용 활성화 실행계획 수립·시행을 의무화했다. 제4조(친환경 소재 현수막의 운영)에서는 구청장이 공공 목적의 현수막에 대해 단계별로 친환경 소재 사용을 확대할 수 있도록 하고, 현수막 지정게시대 운영에서 친환경 소재 현수막을 우선적으로 게시할 수 있도록 규정했다. 제5조(재정지원)는 친환경 소재 현수막의 사용 및 폐현수막 재활용 사업에 필요한 경비를 예산 범위 내에서 지원할 수 있는 근거를 마련했다.

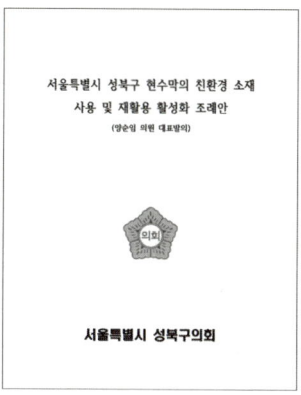

자료 1-7. 양순임 구의원이 대표발의한 조례안의 표지 (출처: 서울특별시 성북구의회)

양순임 의원과의 면담을 통해 해당 조례안이 발의되기까지의 배경과 추진 과정을 상세히 청취할 수 있었다. 양 의원님은 환경 문제에 관한 관심이 높았으며, 특히 폐현수막으로 인한 환경오염이 심각한 수준임에도 이에 대한 제도적 대응이 미비했다는 점을 지적했다. 조례 발의 전 파주시의 '친환경 현수막 조례'와 같은 타 지자체의 선례들을 면밀히 검토했으며, 성북구의 현실에 맞는 실효성 있는 정책이 될 수 있도록 구성했다고 한다.

특히 고무적인 것은 조례안이 단순한 선언적 의미를 넘어 실질적인 정책 추진의 기반이 될 것이라는 점이다.

양 의원님은 2024년 12월 13일 본회의 통과가 확실시된다고 밝혔으며(2025년 3월 기준 확인 결과 본회의 가결 및 성북구청 유관부서로의 이관이 완료된 상태다), 이미 2025년 옥외광고정비기금으로 폐현수막 재활용 공유우산 제작에 1,500만 원의 예산 집행이 예정되어 있다고 했다. 이미 현재 폐현수막 관련 사업 담당 주체인 광고물팀과 관련 논의가 진행 중이며, 타 지자체의 사례와 같이 사업 진행에 더 적합한 주체인 환경팀으로 업무분장이 이관될 가능성도 존재한다는 현황에 대해서도 들었다. 또한, 양 의원님은 향후 친환경 소재 현수막 사용 확대를 위한 추가적인 지원 방안도 검토 중이라고 설명했다.

면담 과정에서 우리가 구상 중인 주민참여예산안에 대해서도 논의했다. 의원님은 조례 제정과 주민참여예산이 시너지를 낼 수 있을 것이라며, 특히 지정게시대 수수료 면제와 우선 게시권 부여 같은 인센티브 제도가 친환경 현수막 사용 확대에 실질적인 도움이 될 것이라고 평가했다. 더불어 구의회 차원에서도 이러한 정책이 안정적으로 추진될 수 있도록 지원하겠다는 의지를 표명했으며, 해당 구상에 대해 성북구청장이나 안암동장과의 면담을 통해 설득 및 협의 과정을 거쳐볼 것을 권하면서 요청 시 우리를 연결해주겠다고 제안해주셨다.

자료 1-8. 양순임 구의원과의 면담 현장 사진

이러한 면담 결과를 통해 우리가 준비하고 있는 주민참여예산안을 비롯해 폐현수막 문제의 해결을 위한 현실적인 정책들이 실현될 가능성을 확인할 수 있었다. 구의회의 조례 제정이라는 제도적 기반과 우리의 구체적인 실행 방안이 결합된다면, 성북구의 친환경 현수막 정책이 다른 지자체의 모범이 될 수 있을 것으로 기대된다.

(2) 주민참여예산을 통한 친환경 현수막 지원 정책 제안

조례 제정이라는 제도적 기반이 마련됨에 따라, 우리는 이를 실질적인 정책으로 구현하기 위해 2025년도 성북구 주민참여예산 제안을 준비했다. 정책의 핵심은 친환경 소재 현수막 사용자에 대한 실질적 인센티브 제공을 통해 자발적인 참여를 유도하는 것이다. 지원 방안은 ① 성북구 소재의 지정게시대에 게시를 신청할 시 친환경 소재로 제작된 현수막임을 인증할 경우 게시 수수료 전액(49,600원)을 면제해주고, ② 선착순으로 결정되는 게시 여부에 대해 친환경 현수막에 우선권을 부여해주며, ③ 친환경 현수막 인증 마크 부착을 통해 홍보 효과를 제공하는 것이다.

우리는 먼저 성북구 도시관리공단이 관리하는 지정게시대 현황을 파악했다. 성북구에는 총 22개의 지정게시대가 있으며, 1개소를 제외한 모든 게시대에 6면씩 현수막을 게시할 수 있어 총 131면(21개소×6면+1개소×5면)의 게시면을 보유하고 있다. 해당 지정게시대들은 성북구청에서 직접 관리하는 것이 아닌, 성북구 내의 여러 시설들을 관리하기 위해 세워진 도시관리공단이라는 법인을 통해서 위탁관리되고 있다. 2024년 기준으로 49,600원의 게시 수수료를 받고 있으며, 공단 홈페이지(https://gongdan.uriad.com)를 통해 신청을 받고 있다. 현수막은 700×90cm라는 지정 규격에 부합해야 하며, 월별로 전반기(1~15일)와 후반기(16~30/31일)로 나눠서 한 회기당 15일씩 신청이 가능하다. 신청은 선착순으로 이루어진다.

도시관리공단 홈페이지에는 2024년 월별 신청 및 게시현황이 전부 공시되어 있었다. 이를 일일이 세고 합산한 결과 연간 총 2,227면(월평균 약 185면)의 현수막이 게재되었음을 파악했다. 이는 게시면 당 연평균 17회 정도 교체가 이루어졌음을 의미한다. 이러한 데이터를 바탕으로, 연

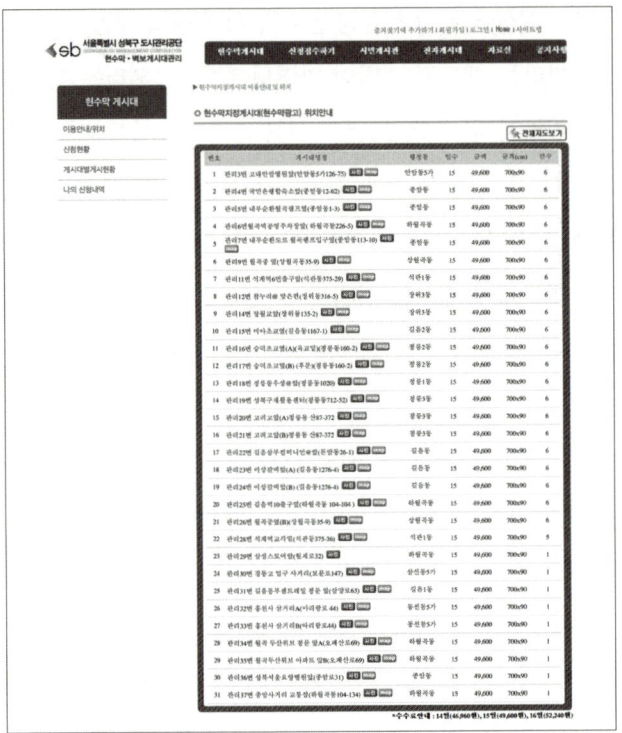

자료 1-9. 성북구 도시관리공단 홈페이지에 안내된 현수막지정게시대 위치
(출처: 성북구 도시관리공단 홈페이지)

간 약 2,000면의 현수막이 친환경 소재로 대체될 수 있도록 지원 규모를 설정했다.

이에 근거해 지정게시대 수수료 지원, 신청 홈페이지 리뉴얼, 홍보 및 관리, 만족도 조사 및 평가 등을 위해 총 109,200,000원의 예산을 책정했다. 특히 홈페이지 리뉴얼의 경우, 현재 도시관리공단이 운영 중인 게시대 신청 시스템에 친환경 현수막 우선 게시 신청 기능을 추가하고, 친환경 인증 마크 발급 시스템을 구축하는 내용을 포함한다. 이를 통해 신청자들이 편리하게 제도를 이용하고, 인증 절차를 거칠 수 있도록 한다.

이 정책이 시행될 경우 다음과 같은 효과를 기대할 수 있다. 우선, 게시 비용 면제와 우선 게시권이라는 실질적 혜택을 통해 친환경 현수막 사용에 대한 자발적 참여를 유도할 수 있다. 높은 제작비용으로 인해 친환경 소재 현수막 사용을 주저하던 게시자들에게 경제적 부담을 덜어줌으로써, 연간 약 2,000면의 일반 현수막이 친환경 소재로 대체되는 효과를 기대할 수 있다. 이는 현수막 소각 시 발생하는 온실가스와 유해물질을 저감하고 폐기 과정에서의 환경 부담을 크게 줄일 수 있다. 또한 친환경 인증 마크를 통해 시민들의 인식을 제고하고, 성북구의 선도적인 환경 정책이 타 지자체로 확산하는 계기가 될 것으로 기대된다. 특히

자료 1-10. 성북구 도시관리공단 홈페이지에 공시된 월별 지정게시대 신청현황의 예시
(출처 : 성북구 도시관리공단 홈페이지)

이미 제정된 조례를 통해 제도적 기반이 마련되어 있어, 시범사업이 아닌 지속가능한 정책으로 자리 잡을 수 있을 것이다.

  우리는 이 정책이 안정적으로 운용될 수 있도록 성북구의회, 구청 관련 부서, 도시관리공단과 지속적으로 소통하며 정책을 보완해나갈 계획이다. 특히 첫해의 실행 결과를 면밀히 분석해 보다 효과적인 지원 방안을 도출하고, 장기적으로는 지원 대상을 민간 게시대까지 확대하는 방안도 검토할 예정이다.

IV. 총평

1. 폐현수막 재활용에 관한 인식 제고 및 업사이클링 공유우산 프로젝트

  앞서 발굴한 문제 인식을 바탕으로 시민들이 끊임없이 발생하고 있는 폐현수막 문제의 심각성을 인식하고, 문제 해결에 대한 공감대를 형성할 수 있도록 지속가능주간 부스를 운영했다. 이 과정에서 학생들의 문제상황에 대한 공감 및 업사이클링 제품에 대한 긍정적 반응을 끌어낼 수 있었다. 이를 바탕으로 추진할 폐현수막으로 제작한 공유우산 프로젝트는 일차적으로는 교내에서, 더 나아가서 안암동에서 진행하려고 한다. 실행 과정에서 학생들의 참여율이 예상한 만큼 나오지 않을 수 있다는 한계점을 고려하기 위해서 교내 온오프라인 홍보를 고민해볼 필요가 있다.

2. 친환경 현수막 제작 활성화를 위한 주민참여예산안 작성

　인터넷 조사와 인터뷰를 통해 각종 지자체와 공공기관에서 해당 문제를 인식하고 여러 사업을 진행하고 있음을 확인했지만, 공통적으로 예산 부족 문제를 언급했다. 또한, 현수막의 사용량 자체가 줄어드는 것이 좋지만, 많은 사람들이 홍보 및 선전의 수단으로 현수막을 사용하는 만큼 과도하게 제한하는 것은 바람직하지 않다고 생각했다. 이에 따라 문제 해결의 실마리가 될 수 있는 친환경 현수막 사용의 활성화를 위해 주민참여예산안을 작성했다.

　주민참여예산안은 주민들이 직접 참여하고 투표하는 것인 만큼 주민들의 관심이 중요하다. 이를 위해 1번의 공유우산 프로젝트를 병행하며 인식 제고를 위해 노력할 것이다. 또한, 인터뷰 내용을 통해 알 수 있듯 환경 문제는 가시적인 효과가 없더라도 비용을 감수해야 하는 과정이므로 구청장의 적극성도 중요하다. 구청장님과의 면담을 통해 최근 가결된 '서울특별시 성북구 현수막의 친환경 소재 사용 및 재활용 활성화 조례안'을 근거로 해당 사업이 실현 가능한지, 계획 중인 다른 사업이 있는지 등을 여쭈어볼 예정이다.

　프로젝트 진행 과정에서 예상치 못한 한계나 어려움이 나타날 수 있지만, 환경 문제에 긍정적인 변화를 끌어내기 위해 꾸준히 노력할 것이다. 이 프로젝트가 폐현수막의 소각으로 인한 환경 문제를 더 많은 사람들이 인식하도록 돕고, 일반 현수막만을 생각하던 사람들이 일반 현수막 외에 친환경 현수막이라는 새로운 대안을 알고 선택할 수 있는 계기를 만들 수 있기를 바란다.

참여예산 제안서

시정 분야	☐ 경제/노동 ☐ 교통/안전 ☐ 주거/생활 ■ 환경 ☐ 문화/체육/관광
사업명	지속가능한 환경을 위한 성북구 내 친환경 현수막 제작 활성화 사업
사업 위치	서울시 성북구
소요예산	사업비: 109,200,000원
사업 기간	2026. 1. 1 ~ 2026. 12. 31
사업 목적 (제안 배경)	〈제안 배경〉 폐현수막은 대개 지자체가 수거해 보관하지만, 현수막의 주원료인 플라스틱 합성섬유, 특히 폴리에스터는 매립해도 분해가 잘되지 않는다. 이에 따라 연간 약 6,000톤에 달하는 폐현수막 중 대부분이 소각되고 있으며, 소각 과정에서 발생하는 온실가스와 1급 발암물질인 다이옥신은 환경오염의 주범으로 이 물질들을 처리하기 위한 비용 또한 상당하다. 기후변화행동연구소에 따르면, 현수막 1장을 소각 처리할 때 약 4.03kg의 온실가스와 약 6.28kg의 이산화탄소가 발생한다. 이러한 문제 인식을 바탕으로 관련 업체들은 친환경 소재의 현수막을 제작하고 있다. 친환경 소재인 PLA는 멀칭 필름 등으로 재가공될 수 있으며, 리앤생은 자동차 커버나 내장재로 활용될 수 있는 잠재력이 있다. 또한, 일반 현수막에 비해 분해 속도가 빠르고 소각 과정에서 다이옥신과 같은 유해물질의 양이 70~80%까지 절감할 수 있다. 그러나, 인식의 부족 및 가격의 부담으로 친환경 현수막이 보편적으로 쓰이지 않고 있는 것이 현실이다. 환경 문제 해결은 비용을 감수해야 하는 과정이다. 따라서 일반 제품에 비해 다소 비용이 들더라도 지방자치단체 주도의 노력이 필수적이다. 본 사업을 통해 현수막 매각으로 발생하는 환경오염을 더 많은 사람들에게 알리고 친환경 현수막 사용을 장려하고자 한다. 〈근거 조례〉 • 서울특별시 옥외광고물 등의 관리와 옥외광고산업 진흥에 관한 조례 제28조(불법 유동광고물의 관리) ⑥ 시장은 구청장이 제거 또는 수거한 현수막에 대한 친환경적 재활용 정책을 추진하는 경우 이를 지원할 수 있다. • 서울특별시 성북구 현수막의 친환경 소재 사용 및 재활용 활성화 조례안
사업 내용	〈사업의 주요 내용〉 성북구 내의 지정게시대는 총 22개로 한 곳에 최대 6개 현수막을 설치할 수

사업 내용	있으며, 15일을 기준으로 성북구 도시관리공단에서 관리하는 홈페이지에서 게시 신청을 받고 있다. 이때 15일 동안 게시하는 데 49,600원의 수수료를 지불해야 하는데, 친환경 소재 현수막 사용을 장려하기 위해서 친환경 소재 사용 제작 인증 시 지정게시대 게시 수수료를 면제하며, 우선 게시권을 부여하는 방안을 제안한다. 게시할 때 친환경 소재 인증 마크를 부착함으로써 해당 현수막을 보는 시민들에게도 친환경 현수막에 대한 인식을 제고할 수 있도록 한다. 〈사업비 세부 내역〉 | 항목	단가(원)	예상 수량	총액(천 원)
---	---	---	---
지정게시대 수수료	49,600	2,000	99,200
신청 홈페이지 리뉴얼	-	-	2,000
홍보 및 관리	-	-	5,000
만족도 조사 및 평가	-	-	3,000	 1) 지정게시대 수수료: 2024년 1~12월 게시대에 걸린 현수막의 수를 수합해 본 결과, 전체 약 2,227면의 현수막이 게시되고 철거되기를 반복했다. 중복되어 걸리는 현수막 등을 고려했을 때, 1년에 최대 약 2,000면의 현수막을 친환경 현수막으로 변화될 수 있도록 수량을 정했다. 2) 신청 홈페이지(https://gongdan.uriad.com) 리뉴얼: 현재 지정게시대에 현수막을 걸기 위해 신청할 수 있는 사이트 내에 친환경 현수막을 게시할 경우 수수료를 면제하며, 우선 게시권을 준다는 내용을 넣으면, 신청자 모두가 해당 내용을 알 수 있고, 참여를 독려할 수 있을 것이다. 3) 홍보 및 관리: 사업 홍보 및 신청을 관리하는 비용 4) 만족도 조사 및 평가: 사업 시행 이후 사업 효과를 정량적으로 분석하기 위해 게시 신청자의 만족도 조사를 시행
사업 효과	본 사업을 통해 다음과 같은 효과를 기대할 수 있다. 첫째, 현수막 게시자에게 게시 비용을 면제하고 게시 우선권을 줌으로써 친환경 현수막을 선택할 수 있는 유인을 만든다. 둘째, 이를 통해 발생되는 일반 현수막의 양을 줄이고 환경에 긍정적인 영향을 미칠 수 있는 발판을 만든다. 셋째, 친환경 현수막 마크를 함께 표시함으로써 일시적으로 사용되고 매각되는 현수막의 문제를 더 많은 시민에게 알릴 수 있다. 넷째, 성북구 외에 다른 지자체로 유사한 사업의 확대를 기대할 수 있다.

PART 02

Into The Unknown

서울 성북구 교통약자 이동권 확충을 위한 프로젝트

김지원 | 이남경 | 박진휘 | 박정훈 | 김도윤

I. 프로젝트 개요

1. 프로젝트 진행 목표: 서울시 동북부 지역 지하철역 내 교통약자 편의시설 확충을 통한 이동권 보장

서울시 동북부는 지역 내의 고령 인구 비율과 장애인 인구 비율이 높은 자치구다. 지하철을 이용하며 동북부가 이처럼 교통약자의 비율이 높은 지역임에도 불구하고, 교통약자분들을 위한 장애인 리프트, 장애인용 승강기, 시각장애인용 안내판 등과 같이 서울시교통공사에서 규정한 장애인 편의시설이 특정 구역에만 설치되어 있거나 설치조차 되어 있지 않다는 문제점을 포착하게 되었다. 따라서 동북부 지역 지하철역의 실질적 이용성과 이동권 보장 정도 증진을 목표로 설정하게 되었다.

1) 프로젝트 특성

해당 프로젝트의 경우 이동권 침해의 발생에 집중해 인식 변화를 통해 물리적 변화를 끌어내는 형태를 가진다. 즉, 기존의 지하철 내의 교통약자에 대한 시민들의 무관심한 인식을, 해당 프로젝트를 통해서 교통약자 편의시설을 좀 더 가시적으로 확충해, 제고한다는 것이다. 이러한 인식의 변화는 해당 프로젝트 이외의 다양한 지하철 내 교통약자 지원 프로젝트를 끌어내게 된다. 또한 문제상황의 조사 과정에 있어 해당 시설의 직접적인 이용자의 인식을 가장 우선시하기에 실질적인 효과를 목적으로 한다고 볼 수 있다. 이 프로젝트는 문제의 존재를 증명하기 위해 역 이용자를 대상으로 역내 시설 만족도 관련 설문조사를 진행하고 추가로 현장 조사, 역장 면담, 교통카드 데이터 활용 등의 방법을 사용한다. 이를 통해 시설에 대한 이용자의 주관적 인식과 더불어 객관적 편의성, 이용 실태 등을 동시에 고려해 더 나은 교통시설을 추구할 수 있다는 점에서 의의가 있다.

2) 프로젝트 실효성

해당 프로젝트는 2가지 측면에서 실효성을 가진다고 볼 수 있다. 바로 실현 가능성과 발전 가능성이라는 측면이다. 첫 번째로, 구체적인 해결책에 대해서는 추후 기술하겠지만, 세이프 로드 설치와 같은 본 프로젝트의 구체적인 방안은 예산과 편리한 면에서 실현 가능성을 가진다. 세이프 로드는 스티커 형태이기에, 대량으로 출력하는 비용만 고려한다면 큰 규모의 예산이 필요하지 않을 것으로 예측된다. 또한 기존 시설의 보수를 동반할 필요 없이 바닥에 부착하는 방식으로 효과 창출이 가능하다는 측면에서 편리하다. 두 번째로, 발전 가능성이다. 본 해결책은 문제의식을 제기해 관련 의제에 대해 방향성을 제시할 수 있다는 강점이 있다. 본 해결책은 가시적으로 교통약자의 지하철역 내 이동권을 보장함으로, 관련 의제에 대한 다양한 주체의 관심을 제고하기 쉽다. 따라서 '배리어 프리'에 가까운 본 해결책에 서로 다른 주체의 조력이 높아지면서 장기적으로는 '유니버설 디자인'이라는 진보한 모델로 이행할 수 있고, 해결책 자체가 그러한 토대가 될 수 있다는 것이다.

2. 프로젝트 진행 배경

1) 공공 공간의 특성

공공 공간 영역은 다양한 사용자가 편리하고 평등하게 이용할 수 있도록 디자인되어야 하며, 유니버설 디자인을 기반으로 한 공간 개선이 필요하다. 그중에서도 현대 도심지 재생 측면에서 지하공간은 중요한 위치를 차지하며, 불특정 다수인이 이용하는 공중 이용 시설로, 일반 성인과 노약자 및 장애인 등이 불편 없이 이용할 수 있어야 한다(윤수민 외. 2021). 해당 인식을 바탕으로 지하철역 내 시설에 관한 문제에 관심을 가지게 되었다.

2) 지하철역의 특성

지하철은 지역 내 주민의 이동성을 증진하기 위한 공적 시설이다. 따라서 지하철은 모든 주민에게 이동할 기회를 동등하게 제공해야 한다. 그러나 지역 내의 교통약자를 위한 편의시설이 잘 갖춰져 있지 않는 문제상황은, 이러한 교통약자들이 지하철을 활용해 지역에서 보장한 이동권을 추구할 수 없도록 하므로, 교통약자의 권리를 간접적으로 침해한다고 볼 수 있다. 이처럼 교통약자의 권리를 지역 내의 다른 시민의 권리와 동등하게 고려하지 않는 현상은, 교통약자에게 부당한 차별을 불러오게 되기 때문에 앞과 같은 문제를 해결하고자 한다.

3) 지하철 역사 내 이동권 침해 사례

지하철 자전거 경사로 때문에 시각장애인이 계단 옆 손잡이를 잡고 가는 도중에 걸려 넘어진 사례, 지하철 휠체어 전용석에 기대어 서서 휠체어 사용자의 자리가 침해당한 사례, 청각장애인이 지하철 안내 방송을 듣지 못하는 사례, 지하철역 엘리베이터 고장 관련 사례 등이 존재한다.

3. 프로젝트 진행 근거

1) 선행연구 평가

기존 대중교통 서비스 형평성 평가는 대체로 대중교통 시설로의 노선 수, 운행 간격, 접근성/해당 지역에서 사회, 경제학적으로 중요한 지역으로의 이동성 평가 등을 중심으로 이루어졌다(박민기. 2023). 이에 따라 대중교통 시설 설치 여부/지역 간 연결성을 넘어 설치된 대중교통 시설의 이용성에 대한 형평성 연구의 부재를 인식하게 되었다. 기존 연구의 경우 대중교통 시설과의 거리를 중심으로 접근성을 판단하는 경향이 있는데, 이를 넘어 대중교통을 이용하기 위해 거쳐야 하는 시설(지하철역, 버스정류장 등) 환경에 대한 고찰이 필요하다고 판단했다. 이는 이동에 불편을 겪는 모든 시민을 위한 프로젝트로, 장기적으로는 모든 사회 구성원의 이동권 확충을 목표로 한다.

2) 이동성 평가 기준 근거

대중교통 중심도시 평가항목에 환승 연계 기능, 편의성, 대중교통 수단 간 환승 거리가 포함되며 환승 동선 최소화의 필요성, 부족한 환승 정보 제공 지적 등을 포함하는 연구(박준환, 김준기, 김순관. 2008)를 근거로 이동권 관련 문제를 선정했다. 또한 청량리역 등의 역사 내 사인 시스템이 고령자의 특성을 고려할 때 적합하지 않다는 연구 또한 찾을 수 있었다(윤수민 외. 2021). 이를 바탕으로 승강기를 통한 승강장까지의 이동 경로, 역사 내 사인 시스템, 계단 손잡이의 적합성, 미끄럼 방지 시설, 개찰구 형태를 중심으로 지하철역에 대한 평가를 진행하고자 한다.

3) 문제의 특성

(1) 공공 공간의 특성

공공 공간 영역은 다양한 사용자가 편리하고 평등하게 이용할 수 있도록 디자인되어야 하며, 유니버설 디자인을 기반으로 한 공간 개선이 필요하다. 그중에서도 현대 도심지 재생 측면에서 지하공간은 중요한 위치를 차지하며 불특정 다수인이 이용하는 공중 이용 시설로 일반 성인과 노약자 및 장애인 등이 불편 없이 이용할 수 있어야 한다(윤수민 외. 2021).

(2) 이동권 문제의 특성

해당 문제는 개인 차원에서 해결하기 어렵다는 성질을 갖는다. 일상적으로 겪을 수 있는 문제에 속하지만, 시설의 규모 및 이용자 수 등으로 인해 개인의 의지에 따라 쉽게 변화시키기 어렵다는 특성 때문에 문제의 존재와 해결방안의 실효성을 증명해 시 정부 또는 사기업 등의 협조 및 지원을 끌어낼 필요가 있다.

4. 프로젝트 진행 계획

1) 조사 방식
(1) 문헌조사

교통약자 평균 통행시간, 거리와 이용자 평균 통행시간, 거리 비교를 통해 서울 동북부 지역 전체 지하철역의 개찰구와 승강장 사이 이용 환경 평가가 가능하다고 판단했다(신성일, 이창주, 조용찬 외 1명, 2008).

(2) 현장 조사
① 서울 동북부 지역 내 역 선정

먼저, 서울 성북구 지역 내의 4호선 역 중에서 유동인구가 비교적 많고, 설치된 지 오래되어 시설이 노후화된 혜화, 노원, 창동, 수유역을 선정했다. 다음으로, 성북구 지역 내의 6호선 역 중에서 마찬가지로 유동인구가 많고 설치된 지 오래된 역인 안암역을 선정했다. 마지막으로, 개찰구 시설 확충 정도와 역내 이동 경로의 길이, 지하철 만족도를 바탕으로 가장 이상적인 역을 찾아보았을 때, 성북구 내 가장 적합한 역으로 성신여대입구역을 선정했다.

② 역사 내 시설 이용자 대상 설문조사

구글폼을 이용한 설문조사를 통해 승강기 실효성, 안내 표지 시설 실효성, 계단 형태, 개찰구 형태, 역 만족도 등에 대한 주관적 인식을 조사하고자 한다. 이후 해당 역에 방문해 출구부터 개찰구까지, 개찰구에서 승강장까지의 이동 거리, 개찰구 형태 등을 조사하고자 한다.

③ 역장 면담

시설 설치 계획 및 설치 예산, 현재 역사 구조 설정의 배경 및 정당성, 시설 설치에 관한 양해 등을 위해 역장 면담이 필요하다.

④ 주요 역 평가

조사한 자료를 바탕으로 성신여대입구역(이상적인 역의 사례)과의 비교를 통해 동북부 지역의 역에 대한 평가를 진행한다.[1]

2) 문제 해결방안

문제상황은 배리어 프리 시설의 부족이며, 현 상황을 개선하기 위해 승강기 실효 증대, 역사 지도 및 대체 텍스트 개선, 개찰구 형태 변화 등이 필요하다. 이는 개인 단위로 해결하기 어려운 성질을 가지고 있기 때문에 공공기관의 협조가 필요하다. 따라서 개인 단위로 해결이 어려운 부분은 문제에 대한 정밀한 분석을 바탕으로 민원 및 요청 사항을 시청 및 시의회 측에 전달해 문제의 심각성을 인지하고 예산이 배정될 수 있도록 하고자 한다. 세이프로드 확대, 장애인용 개찰구, 계단 2줄 손잡이, 미끄럼 방지 시설 확충을 위해 해당 시설의 실효, 개선 방안에 대한 설문을 제안하고자 한다.

(1) 세이프로드 설치

2022년, 서울교통공사에서는 9개 환승역을 대상으로 '세이프 로드'

---

[1] 평가 기준: 설문 50, 승강장까지의 이동 거리 30, 현장 조사 기반의 시설 확충 정도 20, 이동성 평가 시 이동 거리/시간 기준으로 평가(박민기. 2023).

라는 바닥에 설치된 표지를 통해 엘리베이터의 위치를 안내하는 사업을 시범 진행했다. 진행 목표에서 상술한 바와 같이 프로젝트 대상인 서울 동북부는 교통약자의 비율이 높기에 기대효과가 클 것이라고 예상되므로, 이러한 사업을 해당 지역에 확대해 적용하고자 한다.

(2) 시각 안내도 설치

교통약자의 시지각적 특성을 분석한 후 포토샵 및 3D 프로그램을 통해 기존 형태에서 개선된 시각 안내도를 제안하려고 한다.

5. 해결책 효과 측정

1) 세이프로드 효과 측정

세이프로드의 경우 실제 역사 내에 세이프로드를 설치하기 전과 후에 각각 역내 이용자를 대상으로 한 설문조사를 실시한 뒤, 그 결과를 비교해 실효를 검증하고자 한다(이석희 외. 2013).

2) 시각적 안내도 효과 측정

개선된 시각 안내도 제작 전과 후 각각 피실험자에게 설문조사를 실시한 뒤, 그 결과를 비교해 실효를 검증하는 실험 방법이다(이석희 외. 2013).

3) 이상적 시설과의 비교

본 프로젝트 지하철 이동성 평가 기준을 바탕으로 성신여대입구역을 이상적 사례로 선정한 후 해당 역 현장 조사 및 역장 면담을 진행한다.

II. 문제 발굴

1. 지하철역 이용객 대상 설문조사 결과

1) 성신여대입구역 이용객 대상 설문조사 결과

구분	매우 만족	만족	보통	불만족	매우 불만족
안내 표지 시설 만족도	28.6%	38.1%	23.8%	9.5%	0%
세이프로드 만족도	28.6%	57.1%	14.3%	0%	0%
전반적 시설 만족도	33.3%	42.9%	19%	4.8%	0%

구분	O	×
승강기 위치인지	66.7%	33.3%
계단 관련 불편	28.6%	71.4%
개찰구 관련 불편	23.8%	76.2%

총 20명이 응답했다.

2) 안암역 이용객 대상 설문조사 결과

구분	매우 만족	만족	보통	불만족	매우 불만족
안내 표지 시설 만족도	10.5%	15.8%	42.1%	26.3%	5.3%
세이프로드 만족도	10.5%	26.3%	31.6%	15.8%	15.8%
전반적 시설 만족도	10.5%	15.8%	47.7%	21.1%	5.3%

구분	○	×
승강기 위치인지	26.3%	73.7%
계단 관련 불편	68.4%	31.6%
개찰구 관련 불편	42.1%	57.9%

총 19명이 응답했다.

3) 혜화역 이용객 대상 설문조사 결과

구분	매우 만족	만족	보통	불만족	매우 불만족
안내 표지 시설 만족도	0%	4.2%	20.8%	41.7%	33.3%
세이프로드 만족도	0%	33.3%	58.3%	8.3%	0%
전반적 시설 만족도	0%	12.5%	33.3%	37.5%	16.7%

구분	○	×
승강기 위치인지	33.3%	66.7%
계단 관련 불편	75%	25%
개찰구 관련 불편	50%	50%

총 24명이 응답했다. 주로 안내 표지 시설 및 계단 관련해 불편이 발생하는 것으로 판단했다. 계단 이용과 관련해 불편을 호소한 응답자는 총 18명이다. 불편이 발생한 이유로 계단 길이를 선택한 응답자는 14명, 우천 시 미끄러움을 선택한 응답자는 5명, 손잡이 높이를 선택한 응답자는 3명, 기타를 선택한 응답자는 7명이다. 개찰구 이용과 관련해 불편을 호소한 응답자는 총 12명이다. 불편이 발생한 이유로 짐이 많은 경우를 선택한 응답자는 7명, 신체적 불편을 선택한 응답자는 7명, 개찰구 너비를 선택한 응답자는 11명, 개찰구 형태를 선택한 응답자는 3

명이다. 개찰구 이용과 관련해 신체적 불편을 호소한 응답자는 계단 이용과 관련해 계단 길이로 인한 불편을 동시에 가지는 경향을 보인다.

4) 수유역 이용객 대상 설문조사 결과

구분	매우 만족	만족	보통	불만족	매우 불만족
안내 표지 시설 만족도	9.1%	9.1%	72.7	9.1%	0%
세이프로드 만족도	18.2%	27.3%	45.5%	9.1%	0%
전반적 시설 만족도	9.1%	45.5%	45.5%	0%	0%

구분	○	×
승강기 위치인지	45.5%	54.5%
계단 관련 불편	63.6%	36.4%
개찰구 관련 불편	54.5%	45.5%

총 11명이 응답했다. 계단 관련 불편(7명)이 대부분을 차지했다. 그중에서도 우천 시의 미끄러움(3명)과 계단 자체의 길이(3명)로 인한 불편함이 다수를 차지했다. 개찰구 관련 불편(6명)에서는, 짐이 많은 상황(4명)과 개찰구 형태(3명)에 대한 불편함이 다수를 차지했다.

5) 노원역 이용객 대상 설문조사 결과

구분	매우 만족	만족	보통	불만족	매우 불만족
안내 표지 시설 만족도	0%	57.1%	35.7%	7.1%	0%
세이프로드 만족도	14.2%	57.1%	21.4%	7.1%	0%
전반적 시설 만족도	7.1%	50%	35.7%	7.1%	0%

구분	○	×
승강기 위치인지	42.8%	57.1%
계단 관련 불편	42.8%	57.1%
개찰구 관련 불편	42.8%	57.1%

총 14명이 응답했다. 승강기의 위치를 평소 인지하지 못하고 있던 사람들이 과반수였다. 계단 이용과 관련해 불편을 호소한 응답자는 총 6명이다. 불편이 발생한 이유로 계단 길이를 선택한 응답자는 6명, 우천 시 미끄러움을 선택한 응답자는 2명이다. 개찰구 이용과 관련해 불편을 호소한 응답자는 총 6명이다. 불편이 발생한 이유로 짐이 많은 경우를 선택한 응답자는 3명, 신체적 불편을 선택한 응답자는 2명, 개찰구 너비를 선택한 응답자는 2명, 개찰구 형태를 선택한 응답자는 2명, 기타를 선택한 응답자는 1명이다. 계단 이용과 관련해 불편을 호소한 모든 응답자는 계단 길이를 그 이유로 선택했다.

6) 창동역 이용객 대상 설문조사 결과

구분	매우 만족	만족	보통	불만족	매우 불만족
안내 표지 시설 만족도	7.1%	7.1%	64.3%	21.4%	0%
세이프로드 만족도	0%	0%	50%	42.9%	7.1%
전반적 시설 만족도	0%	14.3%	28.6%	57.1%	0%
승강기를 이용한 환승 경로 만족도	0%	0%	35.7%	50%	14.3%

구분	O	x
승강기 위치인지	78.6%	21.4%
계단 관련 불편	78.6%	21.4%
개찰구 관련 불편	14.3%	85.7%

    총 14명이 응답했다. 승강기의 위치를 평소 인지하고 있던 사람들이 과반수였다. 계단 이용과 관련해 불편을 호소한 응답자는 총 11명이다. 불편이 발생한 이유로 계단 길이를 선택한 응답자는 10명, 우천 시 미끄러움을 선택한 응답자는 6명이며, 손잡이 높이라고 응답한 응답자는 3명이다. 개찰구 이용과 관련해 불편을 호소한 응답자는 총 2명이다. 불편이 발생한 이유로 신체적 불편을 선택한 응답자와 기타를 선택한 응답자가 각각 1명씩이었다. 개찰구 이용에 불편함을 호소한 응답자가 적은 것은, 설문조사와 별개로 개찰구 앞을 통행하는 사람들을 조사한 결과, 60대 이상으로 추정되는 노인분들(20명)과 짐이 많은 사람들(13명)의 경우 삼발이형 개찰구가 아닌 장애인용 개찰구를 이용하기 때문으로 추측된다. 승강기 위치를 인지하는 사람의 수(11명)와 개찰구 관련 불편을 호소한 사람의 수가 일치하고, 실제로 같은 응답군인 결과로 보아, 계단 이용에 불편함을 겪기에 승강기를 이용해 환승을 하는 것으로 해석할 수 있다. 세이프로드에 대해 만족한다고 답한 응답군이 하나도 없는 것으로 보아, 세이프 로드가 없는 창동역의 특성상 정보 부족에서 비롯된 결과인 것으로 예상된다.

    승강기 환승 경로에서의 만족도는 낮게 나타나는데, 1호선 창동역에서 4호선 당고개 방면의 열차로 환승하기 위해서는 1호선에서 내려 승강기를 타고(1호선 소요산 기준 5-4, 1호선 인천 기준 6-1) 2.5층으로 올라가 계단을 다시 내려간 뒤 2층 대합실에서 엘리베이터를 타고 다시 반대편 승강장으로 올라가야 하는 굉장히 비효율적인 구조로 역이 설계되어 있기 때문이다. 이는 또한 계단을 전혀 이용하지 못하는 승객의 경우 1층 1호선에서 3층 4호선 오이도 방면 승강장으로 올라가 같은 층의 다른 엘리베이터를 이용해 2층 대합실로 내려와 다시 반대편 4호선 당고개 방면 승강장으로 올라가야 하는 더욱 비효율적인 움직임을 보일 수밖에 없기 때문임이 예상된다.

모든 응답군이 1주 평균 4, 5일 이상 역을 이용하기에, 엘리베이터의 위치를 알지 못해서 이를 이용한 환승에 어려움을 겪는 모습을 보이는 경우는 없는 것으로 예상된다.

2. 결과 분석 기준

승강기 현황 조사, 개찰구 형태 조사와 문제상황 인식 설문조사를 진행해, 대부분의 조사 대상 역들이 교통약자의 이동권을 보장하지 못하고 있다는 것을 발견했다. 결과적으로 조사에 따라 성신여대입구역이 가장 모범적인 사례로 선정되었다.[2]

1) 설문 (70)
- 만족도 관련 30점, 승강기 위치인지 관련 10점
- 질문당 10점씩 할당(매우 만족: 4 만족: 3 보통: 2 불만족: 1 매우 불만족: 0 ... 가

---

[2] 10점을 만점으로 성신여대입구역을 이상적인 사례로 선정했기에 성신여대입구역의 점수를 기준(8점)으로 삼아서 다른 역의 점수를 도출했다.

중치 설정, O: 1 X: 0 ... 가중치 설정)
- 다른 역의 설문 점수/(성신여대입구역 설문 점수/8) ... 다른 역의 점수 계산
- 계단 관련 불편도 10점, 개찰구 관련 불편도 10점(O: 0 X: 1 ... 가중치 설정)
- 다른 역의 설문 점수/(성신여대입구역 설문 점수/8) ... 다른 역의 점수 계산
- 환승역에 가산점이나 페널티 10점 (-5~+5)

2) 이동 거리[3](15)

- 출구에서 개찰구까지 거리(엘리베이터 이용) 5점, 개찰구에서 승강장까지 거리(엘리베이터 이용) 5점, 출구에서 승강장까지 거리(계단 이용) 5점

3) 시설 확충 정도 (15)

승강기 실질적 운행 5, 개찰구 형태 10(일부 개폐형, 장애인용 o ... 10, 전체 삼발이, 장애인용 o ... 8, 일부 개폐형, 장애인용 x ... 6, 전체 삼발이, 장애인용 x ... 4)

3. 결과 분석

1) 안내 표지 시설 만족도 (10)

성신여대입구역: 285.8, 안암역: 199.9, 혜화역: 95.9, 수유역: 218.2, 노원역: 249.8, 창동역: 199.7

성신여대입구역/8: 35.7 ... 가중치

---

[3] 최단거리 기준

역/(성신여대입구역/8) ... 점수

성신여대입구역: 8, 안암역: 5.6, 혜화역: 2.7, 수유역: 6.1,

노원역: 7, 창동역: 5.6

2) 세이프로드 만족도 (10)

성신여대입구역: 314.3, 안암역: 199.9, 혜화역: 224.8,

수유역: 254.8, 노원역: 278, 창동역: 142.9

성신여대입구역/8: 39.3 ... 가중치

역/(성신여대입구역/8) ... 점수

성신여대입구역: 8, 안암역: 5.1, 혜화역: 5.7, 수유역: 6.5,

노원역: 7.1, 창동역: 3.6

3) 전반적 시설 만족도 (10)

성신여대입구역: 304.7, 안암역: 205.9, 혜화역: 141.6,

수유역: 263.9, 노원역: 256.9, 창동역: 157.2

성신여대입구역/8: 38.1 ... 가중치

역/(성신여대입구역/8) ... 점수

성신여대입구역: 8, 안암역: 5.4, 혜화역: 3.7, 수유역: 6.9,

노원역: 6.7, 창동역: 4.1

4) 승강기 위치 인지 (10)

성신여대입구역: 66.7, 안암역: 26.3, 혜화역: 33.3, 수유역: 45.5,

노원역: 42.8, 창동역: 78.6

성신여대입구역/8: 8.3 ... 가중치

역/(성신여대입구역/8) ... 점수
성신여대입구역: 8, 안암역: 3.2, 혜화역: 4, 수유역: 5.5,
노원역: 5.2, 창동역: 9.5

5) 계단 관련 불편 (10)

성신여대입구역: 71.4, 안암역: 31.6, 혜화역: 25, 수유역: 36.4,
노원역: 57.1, 창동역: 21.4
성신여대입구역/8: 8.9 ... 가중치
역/(성신여대입구역/8) ... 점수
성신여대입구역: 8, 안암역: 3.6, 혜화역: 2.8, 수유역: 4.1,
노원역: 6.4, 창동역: 2.4

6) 개찰구 관련 불편 (10)

성신여대입구역: 76.2, 안암역: 57.9, 혜화역: 50, 수유역: 45.5,
노원역: 57.1, 창동역: 85.7
성신여대입구역/8: 9.5 ... 가중치
역/(성신여대입구역/8) ... 점수
성신여대입구역: 8, 안암역: 6.1, 혜화역: 5.3, 수유역: 4.8,
노원역: 6, 창동역: 9

7) 승강기를 이용한 환승 경로 만족도 (10)

성신여대입구역: 271.4, 2), 창동역: 153.4
성신여대입구역/8: 33.9 ... 가중치
역/(성신여대입구역/8), -5~+5 사이에 적용 ... 점수

성신여대입구역: 3, 창동역: -1

8) 출구에서 개찰구까지 거리(엘리베이터 이용) (5)

성신여대입구역: 20m, 안암역: 40m, 혜화역: 30m, 수유역: 31.5m,
노원역: 20m, 창동역: 4.5m

성신여대입구역: 4, 안암역: 2, 혜화역: 3, 수유역: 3.2, 노원역: 4,
창동역: 5.55 -> 5

9) 개찰구에서 승강장까지 거리(엘리베이터 이용) (5)

성신여대입구역: 12.8m, 안암역: 25m, 혜화역: 4.5m,
수유역: 21.4m, 노원역: 17m, 창동역: 8.4m

성신여대입구역: 4, 안암역: 0.2, 혜화역: 5 (5점 초과 6.6),
수유역: 1.3, 노원역: 2.7, 창동역: 5 (5점 초과 5.4)

10) 출구에서 승강장까지 거리(계단 이용) (5)

성신여대입구역: 40m, 안암역: 140m, 혜화역: 90m,
수유역: 68.3m, 노원역: 58.46m, 창동역: 50m

성신여대입구역: 4, 안암역: 0 (0점 초과 -6), 혜화역: 0 (0점 초과 -1),
수유역: 1.2, 노원역: 2.2, 창동역: 3

11) 승강기 실질적 운행 (5)

성신여대입구역: 9/9, 안암역: 3/3, 혜화역: 4/4, 수유역: 3/3,
노원역: 4/4, 창동역: 8/8

성신여대입구역: 5, 안암역: 5, 혜화역: 5, 수유역: 5,

노원역: 5, 창동역: 5

12) 개찰구 형태 (10)
성신여대입구역: 8, 안암역: 6, 혜화역: 10, 수유역: 8,
노원역: 8, 창동역: 8

4. 최종 점수

성신여대입구역: 76점, 안암역: 42.2점, 혜화역: 47.2점,
수유역: 52.6점, 노원역: 60.3점, 창동역: 59.2점

III. 해결방안 모색

1. 역 선정하고 방문 후 현장에서 자료수집

선정한 역들을 대상으로 현장 자료를 수집했다. 현장 자료수집으로는 상술한 바와 같이 역사 이용객 대상 시설 만족도 설문조사, 거리 측정을 진행했다.

2. 역장님 면담 요청

안암역장님을 대상으로 면담을 요청했다. 면담 질문은 다음과 같다.
1) 현재 존재하는 승강기/장애인용 개찰구 또는 세이프 로드/역사

구조도가 지금의 모습(또는 배치, 위치)으로 설치된 특별한 이유가 있는지 궁금합니다.
2) 승강기/장애인용 개찰구 또는 세이프 로드/역사 구조도의 설치 계획은 존재하는지, 존재한다면 할당된 예산은 어느 정도일지 궁금합니다.
3) 현재 설치된 승강기/장애인용 개찰구 또는 세이프 로드/역사 구조도가 어떠한 방향으로 실효성이 있는지 궁금합니다. 만약 세이프 로드/역사 구조도와 같은 시설이 설치된다면 어떠한 방식으로 실효성이 있는지 궁금합니다.

3. 안암역장님과의 면담 내용

Q1. 승강기, 장애인용 개찰구, 그리고 역사 구조도 같은 시설물들이 특별히 지금의 모습으로 설치가 된 이유가 있는지 궁금합니다.

A1. 승강기 같은 경우에는 에스컬레이터가 상하선으로 해서 총 6대가 있어요. 6대가 있는데 엘리베이터는 응암 방면 1대, 봉화산 방면 1대, 우리 고려대 외부로 나가는 1대, 총 3대가 설치되어 있어요. 지하철을 개통하면서 저희들(도로교통공사)은 서울시로부터 인수받아서 운영하는 거예요. 그래서 설치된 정확한 이유는 모릅니다. 설치 당시에 서울시 지하철 건설본부에서 용역을 거쳐서 시설물 몇 개를 넣을 것인지를 결정해서 설치했던 것으로 알고 있거든요. 근데 중간에 재설치를 했는데 지하철 이용객들이 너무 많거나 없어서 불편했던 데는 또 새로 만들기도 하고 있어요. 저희가 담당한 부분이 아니라 특별한 기준은 저희가 답변드리기가 좀 어렵습니다.

Q2. 아래에 파란색으로 이렇게 선을 따라서 승강기로부터 승강장 방향을 안내하는 시설물(세이프로드)이 현재 안암역에는 없는 것으로 알고 있는데요, 혹시 설치하실 계획이 있는지, 설치가 불가능하다면 어떤 정책상 이유로 못 하는 것인지 궁금합니다.

A2. 우리 학생들이 이야기한 바닥에 엘리베이터 방향 지시 이런 것들은 2022년에 시내 구간을 한시적으로 운영한 적이 있습니다. 그런데 사람 승객들이 막 밟고 다니고 하니까 유지 보수하기도 힘들어서 한시적으로 운행하고, 이후로는 지금 그것을 안 하는 것으로 알고 있거든요. 그래서 지금 특별한 설치 계획은 없습니다. 왜냐하면 학생들도 아시겠지만, 우리 역은 작은 사이즈예요. 작은 사이즈고 구조도 되게 단순하고 출구도 4개밖에 없어서 말씀하신 그런 부분들에 대한 별도의 계획은 갖고 있지는 않습니다.

Q3. 그리고 현재 설치된 이런 구조도라든지 지도 그리고 길 안내에 도움이 되는 그런 장치들이 있잖아요. 안암역 같은 경우는 물론 학생들이 주로 이용하긴 하지만, 노인분들 같은 경우에 그 장치들이 실효성이 있는지, 실효성이 없다면 어떤 개선 방안 같은 게 있을지 의견을 여쭙고 싶습니다.

A3. 지금 설치되어 있는 것들은 충분히 검증을 통해서 이렇게 부착이 되어 있는 거예요. 그래서 지금 있는 안내도는 시민 이용객들이 보기에는 충분하다고 보고 있고요. 또 손님들도 그것을 보고 많이들 이동하고 계시고, 가장 중요한 것은 승객들한테 방향을 빨리빨리 알려주는 거잖아요. 지하철 안내도는 거의 검증이 좀 되었다고 생각합니다. 그리고 안내도는 기술 부서에서 매년 돌아다니면서 체크하고, 또 민원이 들어온 것 있으면 개선하는 방식으로 현재 지하철에 있는 것들은 거의 만족

하는 수준이라고 생각합니다. 제가 여기 온 지 이제 1년 되었는데, 아직 그런 부분 때문에 민원이 들어온 적은 없었습니다. 그래서 현재 부착되고 있는 것들은 고객들의 요구를 충족하고 있다고 생각하고 있습니다.

Q4. 혹시 전에 환승역에도 근무해보신 적 있으신가요? 환승 경로에 대해서 승객들에게 더 잘 알려줄 수 있는 그런 방안이 혹시 있을까요? 아니면 지금도 충분하다고 생각하시는지 궁금합니다.

A4. 지금 보면 천장에 있는 표지판들 아니면 벽면에도 표시를 해놨잖아요. 그래서 환승에 대한 안내 표지는 충분하다고 생각하거든요. 주로 환승에서 신경 쓰는 것은 장애인들이나 노약자분들이 어떻게 편하게 환승을 할 수 있을까 하는 것입니다. 1역사 1동선이라는 말을 들어보셨을 것입니다. 장애인분들이 환승을 하는데 막 돌아서 갈 수는 없잖아요. 그러니까 엘리베이터를 타고 바로 층간 이동을 용이하게 하거나 좀 더 편리하게 환승할 수 있게끔 하는 그런 사업에 집중하고 있어요. 올해 말이면 지금 제가 말씀드린 그 사업들이 마무리 단계거든요. 그래서 아마 서울 지하철 1호선부터 9호선까지는 장애인분들이 들어오시면 환승을 한 번에 할 수 있게끔 준비가 되고 있습니다. 지금 제일 공사가 어려운 부분이 여기 몇 군데 있었거든요. 그 부분이 올해까지 해서 마무리가 됩니다. 그래서 승객들이 이제 환승하고 지하철 이용하는 데는 큰 불편이 없을 거라고 그렇게 생각하고 있습니다.

추가 조언

우리 공사 홈페이지에 보면 정보 공개 요청 같은 제도가 있어요. 우리 학생들이 취지나 왜 동부권역 지하철역 그런 것을 준비하신다고 그랬

잖아요. 이런 제도를 이용하신다면 세부적이지는 않겠지만, 기본적으로 학생들이 이제 사용할 수 있는 자료 정도는 또 이렇게 제공을 해주거든요. 저희는 있는 시설을 운영하는 공사이다 보니까 학생들에게 기술적인 부분, 전문적인 관련 법 같은 부분들에 대한 정보를 제공하기는 어렵습니다. 그러니까 조금 더 세부적인 정보를 원하시면 아까 말씀드린 대로 그 제도를 한번 이용하셔서 이왕 준비하신 것 제대로 하셨으면 하는 바람입니다.

4. 안암역장님과의 면담 성과

안암역에서 기대한 만큼의 면담 성과를 획득하기는 힘들었다. 세이프로드는 동선이 복잡한 역에서 효과가 있는데, 안암역의 경우에는 특히 구조가 단순해서 실효성이 검증되기는 힘들 것이라는 답변이 돌아왔기 때문이다. 또한 준비했던 질문에 대해서 대체로 역장님 차원에서 답변하기에는 한계가 존재했다. 역사 구조물 내지는 시설물의 설치 의도 같은 경우는 본사 차원에서 기획하는 사안이기 때문이다. 반면 개별 역사는 이미 존재하는 시설 운영 측면에 초점을 맞춰 관여하기에, 역장님께서는 서울교통공사 본사에 대한 정보 공개 요청과 같은 창구의 활용을 추천했다. 그러나 역사 구조가 현재의 방식으로 결정된 의도에 대해서는 한 가지 유용한 설명을 들을 수 있었다. 바로 1번 출구에만 지상으로 향하는 승강기가 설치되어 있다는 사실이었다. 해당 출구가 고대안암병원과 인접해 있기에, 병원 이용객들의 편의를 위한 설치라고 한다.

5. 협동조합 '무의'에 이메일

세이프 로드의 구체적인 정보를 탐색하던 도중, 2022년 시범 설치 사업에 협동조합 '무의'가 크게 기여했다는 점을 알 수 있었다. 장애인 입장에서의 시설물 접근, 디자인 등 사업에 대한 다방면적인 조력이 있었다는 것이다. 따라서 홈페이지의 연락처를 통해 구체적인 조언을 요청했다.

(문의 내용 전문)

안녕하십니까? 저희는 고려대학교 시민정치리빙랩 수업에서 서울 동북부 지하철역 교통약자 이동권과 관련해 프로젝트를 진행하고 있는 정치외교학과 학생팀 '교집합'입니다. 저희 팀은 자료조사 도중 세이프 로드에 대해 접했고, 좋은 아이디어라고 생각했기에 프로젝트로 서울 동북부 지역의 지하철역까지 세이프 로드의 설치 범위를 확대하는 방안을 구상했습니다. 그러던 중, 이러한 세이프 로드의 제작에 협동조합 무의에서의 큰 기여가 있었다는 점을 알게 되었습니다. 따라서 세이프 로드의 제작에 어떤 유니버설 디자인 요소가 포함되었고, 이용자 성향과 관련해 어떤 근거를 가지고 디자인이 만들어진 것인지 등 간단한 인터뷰에 대한 허락을 구하고자 합니다. 혹시라도 귀한 시간 가능하신지 여쭙고 싶습니다. 감사합니다.

그러나 결국 답변을 받지는 못했다.

6. 창동역장님과의 연락

안암역장님과의 면담을 통해서는 획득할 수 있는 정보가 제한적이었고, 세이프 로드의 실효성이 검증되기 힘들 것이라는 점을 파악할 수 있었다. 따라서 검증이 가능한 여타 환승역으로 그 범위를 넓혀 보고자 결정했다. 가장 먼저 선택한 역은 창동역이다. 안암역에 비해 규모가 크면서 유동인구가 많은 역이기에 실효성 검증에 있어서 타당한 역이라고 판단했다. 창동역은 특히 엘리베이터를 이용한 환승 동선이 복잡한 역에 해당한다.[4]

11월 20일을 기해 연락을 통해 면담을 요청하는 동시에 세이프 로드의 설치를 문의했다. 연락에서는 홍보처에 대한 언급이 있었다. 세이프 로드의 설치와 같은 사안은 서울교통공사 본사 홍보처의 소관 사항인지, 역장님 차원에서 해결이 가능한 사안인지 모호한 상태였기 때문이다. 더불어 규모가 큰 역이다 보니 인터뷰에 대해 장담할 수도 없는 상황이라는 답변을 들었다. 다음 날 연락을 다시 취하면 본사 홍보처를 연결할지, 역장님을 연결할지 확답하겠다는 입장이었다.

다음 날 연락에서는 유의미한 정보를 얻을 수 있었다. 우선 창동역은 대규모로 공사 중인 역이라는 변수 때문에 유의미한 결과를 도출하기 힘들 것이라는 답변을 받았다. 유동인구 또한 유난히 많은 역이라 유감

---

[4] 1호선 승강장에서 진접 방면 승강장으로 환승하기 위해서는 1호선에서 내려 승강기를 타고(1호선 소요산 기준 5-4, 1호선 인천 기준 6-1) 2.5층으로 올라가 계단을 다시 내려간 뒤 2층 대합실에서 엘리베이터를 타고 다시 반대편 승강장으로 올라가야 한다. 계단을 전혀 이용하지 못하는 승객의 경우 1층 1호선에서 3층 4호선 오이도 방면 승강장으로 올라가 같은 층의 다른 엘리베이터를 이용해 2층 대합실로 내려와 다시 반대편 4호선 당고개 방면 승강장으로 올라가야 하는 굉장히 비효율적인 환승 구조를 보인다.

스럽게도 설치는 곤란할 것이라는 답변 또한 받았다. 그러나 보다 한가한 역에서는 세이프 로드와 같은 시설물 정도는 본사 홍보처 차원의 허가 필요 없이 해당 역 차원에서 허가를 받고 설치할 수 있을 것이라는 정보를 얻을 수 있었다. 해당 정보는 의미 있는 수확이었다. 세이프 로드의 설치가 개별 역사 차원에서 담당 가능한 사안인지, 본사 차원에서의 소관 사안인지 불확실했기 때문이다. 만약 본사 차원의 허가를 필요로 하는 사안이라면 접근 과정에서의 필연적인 난항이 예상되었기에, 프로젝트의 방향성이 불투명할 수밖에 없었다. 그러나 창동역과의 연락을 통해 해당 부분에 대한 의문을 완벽히 해소할 수 있었고, 이는 프로젝트에 큰 도움이 되었다.

7. 동북부 환승역들에 연락을 시도하는 과정

창동역과의 연락 이후, 면담과 세이프 로드 설치 협조를 구할 역의 범위를 새롭게 설정해야 했다. 유동인구가 많은 역에 설치한다면 보다 정확한 검증이 가능하지만, 창동역의 경우와 마찬가지로 설치 과정에서의 교통 불편 때문에 거부될 우려가 있었기 때문이다. 따라서 이를 바탕으로 연락을 통한 협조 대상을 4호선 환승역에만 한정했던 기존 계획에서 벗어나서 6호선 환승역까지 확장했다. 해당하는 역으로는 석계역, 태릉입구역, 신내역이 존재했다.

신내역에 연락을 취했을 때 돌아온 결과는 역장이 존재하지 않는 역[5]이라서 면담이 어려울 것 같다는 답변이었다. 역장이 없기에 해당 역 차

---

[5] 신내역은 무배치 간이역에 해당하는 규모가 매우 작은 역이다.

원에서 설치를 결정할 권한 또한 존재하지 않는다는 답변 또한 돌아왔다. 유동인구가 적기에 허가를 받기에도 용이할 것이라 예상했고, 단선 승강장인 역 구조상 직관적인 검증 가능성을 예상했지만, 협조가 애초에 불가능한 상황이었기에 아쉬운 결과였다. 석계역과 연락이 또한 이루어졌지만, 빠른 시일 내로 역장님과의 면담을 진행하기 어려운 상황이었다.

8. 태릉입구역 역장님과의 면담

마지막으로 태릉입구역에 연락을 진행했는데, 다행히 면담에 대한 허가를 받을 수 있었다. 11월 22일, 태릉입구역을 방문해 역장님과의 면담을 진행했다. 면담 내용은 다음과 같다.

Q1. 현재 존재하는 승강기/장애인용 개찰구 또는 세이프 로드/역사 구조도가 지금의 모습(또는 배치, 위치)으로 설치된 특별한 이유가 있는지 궁금합니다.

A1. 장애인 권익을 위해서 설치했습니다. 엘리베이터도 없었습니다. 에스컬레이터도 없었습니다. 현재는 웬만한 출구에는 있습니다. 처음 설치할 때 있었으면 비용 절감 등 이익이 있었겠지만, 그때는 예산상 문제가 있어서 그런 것을 신경 쓸 만한 겨를이 없었습니다. 이후 수준이 올라와서, 먹고살 만해져서 그런 주장이 생겨 반영되어 에스컬레이터나 엘리베이터가 설치가 되었습니다. 역에서 정하는 것은 아닙니다. 국회의원 같은 사람들이 예산을 들여서 지역예산과 국가예산을 반반 들여서 만들고 있습니다. 주민들의 민원사항을 반영했을 것입니다.

Q2. 승강기/장애인용 개찰구 또는 세이프 로드/역사 구조도의 설치 계획은 존재하는지, 존재한다면 할당된 예산은 어느 정도일지 궁금합니다.

A2. 예산은 뭐 정해놓고 하는 게 아니고 국가예산이 투입되어야 하는 상황이라 공사에서 단독으로 예산을 들일 수는 없습니다. 비용 부담이 큽니다. 기존에 있는 시설도 고쳐야 하는 상황입니다. 지금도 에스컬레이터 등 노후화된 시설을 고치고 있습니다. 지금은 일단 새로 설치하는 것보다는 노후화된 시설을 개량하는 개량 사업이 중요한 상황입니다.

Q3. 현재 설치된 승강기/장애인용 개찰구 또는 세이프 로드/역사 구조도가 어떠한 방향으로 실효성이 있는지 궁금합니다. 만약 세이프 로드/역사 구조도와 같은 시설이 설치된다면 어떠한 방식으로 실효성이 있는지 궁금합니다.

A3. 장애인 편의시설이 생긴다고 하면 이용자 측면에서는 좋을 것입니다. 근데 이것을 설치하려면 예산이 한정된 상태에서 하긴 어렵습니다. 시각장애인 같은 경우도 해줄 수 있는 범위에서 하는 것입니다. 스피드게이트 같은 경우는 휠체어 타신 분들이 이용하잖아요? 전에는 철문이었는데, 이용하는 데에 손이 안 닿는 등의 불편함이 있어서 이동권을 보장하기 위해서 스피드게이트를 설치했는데, 이것을 또 악용하는 분들이 있습니다 (ex: 부정승차). 좋은 점도 있지만. 환승 경로를 이용할 때 대합실을 경유해서 가야 해 거리가 멉니다. 근데 구조상 뭔가를 설치해서 그것을 줄이는 것은 어렵습니다. 공기업이다 보니까 서울시에서 예산을 못 올리게 하고, 그래서 예산이 부족합니다. 코레일 적자는 문제입니다. 신생 조직이 아니라 오래되기도 했고 그런데, 이를 개량 보수해야 해서 돈이 많이 들어갑니다. 선별적으로 하고 있습니다. 현재 역의 노후화가 심각합니다. 세이프 로드는 좋습니다. 승강장에서 6호선을 못 찾

아서 올라오는 경우가 많습니다. 그 경우를 위해 승강장에서 올라오지 않도록 환승 통로를 이용하도록 설치하면 좋을 것 같습니다. 근데 휠체어의 경우는 다릅니다. 엘리베이터를 이용해야 해서 그렇습니다.

면담은 큰 성과였다. 역장님과 우리 조가 인식하는 문제상황이 유사하다는 점을 알 수 있었다. 나아가 역장님께서 현직자로서 인식하는 구체적인 문제상황을 지적해주셨다는 점 또한 성과였다. 무엇보다도 세이프 로드의 설치가 역사 차원에서 가능한 사안임을 다시 한번 확인할 수 있었고, 설치에 대해 우호적인 태도를 지속적으로 확인할 수 있던 점이 가장 긍정적인 성과에 해당했다.

9. 태릉입구역 현장 조사

1) 설문조사

총 20명이 응답했다.

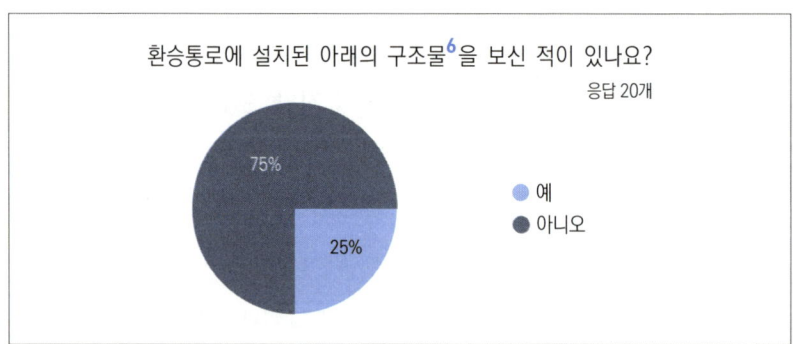

---

6 아래의 구조물=세이프로드

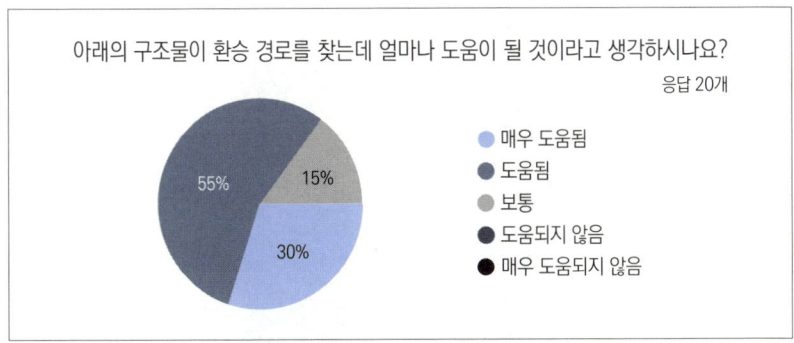

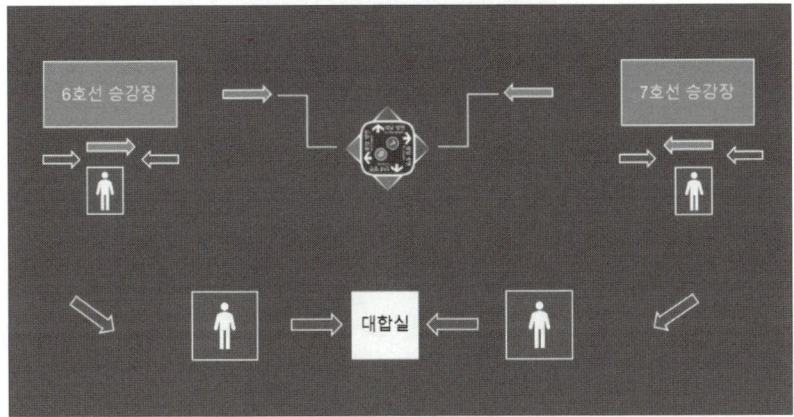

(1) 지하 1층 (대합실)

PART 02. Into The Unknown

(2) 지하 2층(계단 환승 경로)

(3) 지하 3층(승강장)

2) 역장님의 현장 요청 사항

(1) 지하 1층(대합실)

(2) 지하 3층(승강장)

10. 세이프로드 제작 업체 선정

1) 웨이파인딩

https://asphaltart.co.kr/?page_id=62

2) 아이작

https://blog.naver.com/isaac7711

세이프 로드의 제작을 위탁할 업체로 '웨이파인딩'과 '아이작' 두 업체를 찾을 수 있었다. 최종적으로는 아이작 업체를 선정했다. 웨이파인딩 측과는 연락 주기가 길어 소통이 원활하지 않았던 반면, 아이작의 경우 소통이 원활하고 유사한 작업 사례가 존재해 적합하다고 판단했기 때문이다. 따라서 필요한 세이프 로드의 수량을 전달해 가격을 문의했고, 다음과 같은 견적을 얻을 수 있었다.

11. 세이프로드 제작 업체에 연락

먼저, 세이프로드 제작 업체에 연락해서 폭 15cm, 길이 2m 세이프로드 한 단위당 16,000원이라는 견적을 받게 되었다. 다음으로, 이를 바탕으로 기존의 설치 계획이었던 세이프로드 길이를 2m씩 나눠서 도출해보았다. 그 결과는 다음과 같다.

2m × 120: 6호선 → 7호선 환승 표지(승강장) - 7호선 색상, 화살표+7호선
2m × 120: 7호선 → 6호선 환승 표지(승강장) - 6호선 색상, 화살표+6호선
2m × 240: 세이프로드(승강장) - 군청색, 화살표+엘리베이터
2m × 88: 세이프로드 - 군청색, 엘리베이터

이를 바탕으로 단위에 맞춰서 견적을 도출한 결과, 무려 9,088,000원이 나왔다. 이는 우리 프로젝트 예산 한도인 100만 원을 월등히 뛰어넘는 비용이었기에 기존의 세이프로드 설치 계획을 수정할 필요가 있었다. 수정한 결과는 다음과 같다.

2m × 10: 6호선 → 7호선 환승 표지(승강장) - 7호선 색상, 화살표+7호선

2m × 10: 7호선 → 6호선 환승 표지(승강장) - 6호선 색상, 화살표+6호선

2m × 36: 세이프로드(승강장) - 군청색, 화살표+엘리베이터

환승 통로 표지를 최대한 간략화해서 이동 분기점에만 표지를 설치하도록 했고, 세이프로드는 3m씩 나눈 후 그 안에 2m 세이프로드 단위를 붙임으로써 점 형태로 해 분량을 최소화했다.

12. 세이프 로드의 추가 디자인

계획에 따르면, 환승 통로를 따라 이어지는 환승 표지에서 세이프 로드가 직각으로 분기하는 지점이 존재한다. 따라서 해당 부분에서 미관과 시인성을 고려한 분기점의 제작이 필요하다고 생각했다. 다음은 자체 제작 결과물이다.

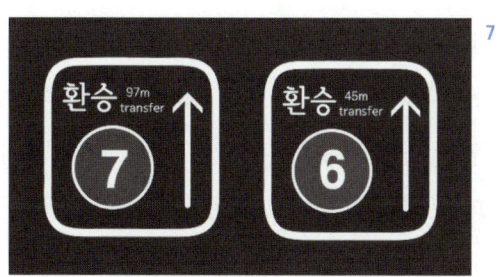

7

다음으로, 6호선에서 7호선으로 환승할 때의 동선과, 7호선에서 6호선으로 환승할 때의 동선 간 교차점이 존재하기에 해당 부분에서의 안내를 위한 표지다.

---

7 직진 방향으로는 환승 표지가 부착되고, 우측으로는 세이프 로드가 부착된다.

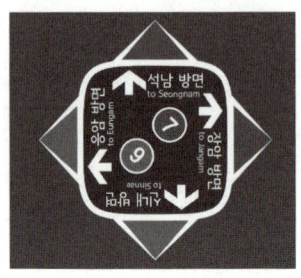

두 표지 모두 공통적으로 시인성을 위해 기존 세이프 로드 시범 설치 사업에서 사용한 색상 코드를 이용했다. 또한 영문 표기를 병기해 수혜 대상에 있어서 언어적 제한을 완화했다.

13. 세이프 로드 설치 직전 태릉입구역 역장님과의 2차 면담

세이프 로드 제작 업체로부터 시안을 전달받고, 설치만 남은 상황에서 역장님과의 면담을 2차로 요청했다. 전달받은 시안에 대한 자세한 설명이 필요함과 동시에 설치에 대한 확답이 재차 필요했기 때문이다. 설치 협조를 위한 첫 면담으로부터 약 3주라는 시간이 지난 상황이기에 당시와는 다른 변수의 발생 가능성 또한 배제할 수 없기 때문이다. 따라서 12월 13일 방문해 면담을 진행했다.

본 면담을 통해서 설치는 문제 없음을 재차 확답받을 수 있었다. 더불어, 자주 제기되는 민원과 역장님의 문제의식을 바탕으로 한 추가적인 요구 사항까지 수용할 수 있었다. 역장님께서는 우리가 기존에 설치를 계획한 위치 말고도 추가적인 위치에 대한 설치를 제안하셨다. 3번 출구나 4번 출구에서 6호선 이용을 위해 역사에 진입하는 승객들이 부족한 안내 표시 때문에 7호선 대합실로 향함으로써, 동선이 복잡해진다는 점 때문이었다. 당초에 조에서 발견한 문제의식을 넘어서, 현직자 시선에서의 문제의식을 확인할 좋은 기회였다. 따라서 3번 출구와 4번 출구로 진입한 직후 통로에 추가로 설치하는 것을 결정했다.

또한, 6호선 승강장으로 내려가는 엘리베이터 동선상 안내 표시에도 문제상황이 존재했다(위의 우측 사진 참고). 엘리베이터를 탑승하기 위한 동선과 7호선 승강장으로 내려가기 위한 동선이 유사하기에 해당 표시가 혼동을 줄 수 있다는 점이다. '6호선 갈아타는 곳'이라고 적힌 안내 표시를 따라가다 보면 7호선 승강장으로 내려가는 계단이 나온다. 구체적으로 해당 안내 표시는 '엘리베이터를 이용해' 6호선 승강장으로 이동하려는 이용객들을 위한 표시인데, 엘리베이터 픽토그램이 직관적으로 인식되지 않기에 혼란을 가중한다는 정보를 얻을 수 있었다. 따라서 해당 표시를 제거하는 대신 세이프 로드 추가 설치에 대한 제안을 들을 수 있었다.

이를 바탕으로, 6호선 환승 통로 경로 10단위 중 3단위를, 지하 1층 3, 4번 출구 계단 앞으로 옮기는 것으로 했다. 또한, 7호선 환승 통로 경로 10단위 중 1단위를, 지하 2층 중간 공간으로 옮기는 것으로 했다.

14. 태릉입구역에 세이프로드 설치

18일 밤이 되어서야 주문 제작한 세이프 로드를 택배로 배송받을 수 있었다. 따라서 다음 날인 12월 19일, 태릉입구역으로 이동해 세이프 로드의 부착을 진행했다.

실제 부착 사진

IV. 총평

1. 프로젝트 성과

1) 개인적 측면을 중심으로

세이프 로드라는 해결책의 기획, 설치에서 검증까지 진행했다는 점에서 본 프로젝트는 깊은 의미가 있다. 그중에서는 세이프 로드의 설치 허가가 가장 큰 난관이었다. 지하철 운영은 서울교통공사라는 공기업에서 담당하기에 필연적으로 위계를 가지기 때문이다. 개별 지하철 역사의 관리 주체는 역장을 중심으로 한 운영본부다. 반대로 공기업 측면에서 운영하고 관리할 책임이 있는 사안 또한 존재한다. 따라서 본 프로젝트는 세이프 로드라는 시설물의 설치가 주목적인데, 이러한 작업은 자칫 관리 주체 차원에서 민감하게 인식될 우려가 있다. 따라서 본사 차원에서 허가를 받아야 할지, 개별 역사 차원에서 허가를 받아야 할지 불투명한 상황이었다. 우선 하위 단위인 개별 역사 차원에서 허가를 받고자 역장님께 면담을 요청했고, 결과는 성공적이었다. 역장님 차원에서 설치 허가를 받은 것이다. 역장님이 우리 조와 공유하는 문제의식과 역장님이 이해 당사자로 평소 인식하던 문제의식이 각각 존재했기에 보다 원활히 허가가 이루어진 듯했다. 이러한 난관을 극복하고 지역 이해 당사자와의 성공적인 교류가 가능했다는 측면에서 획득한 성취감이 존재했다.

2) 지역적 측면을 중심으로

2022년 시범사업 당시 기존 세이프 로드의 설치 대상 역들은 서울 도심에 한정된 상태였지만, 동북부로 이를 확장했다는 성과를 획득했다. 태릉입구역은 당초 프로젝트의 대상으로 계획된 역은 아니었다. 당초에는 안암역을 대상으로 프로젝트를 계획했지만, 불가피하게 변경하는 과정에서 선택했기 때문이다. 그러나 서울시 동북부라는 대상 지역 자체는 동일하기에 고령 인구 비율과 장애인 인구 비율이 높은 지역 특성상 이들이 처한 문제 해결에 동일하게 기여할 수 있다. 또한 안암역에서 태릉입구역으로 대상을 변경함으로 획득한 이점이 존재한다. 태릉입구역은 구조상 6호선과 7호선 승강장에서 각각 하차했을 경우 유도된 동선으로 승객들이 이동하지 않는 경우가 자주 발생한다. 따라서 이러한 문제점을 해결하기에 세이프 로드는 적합한 해결방안이라고 할 수 있다. 또한 이미 존재하는 안내 스티커에 대한 개선까지 이루어냈다는 점에서 서울 동북부 지역의 이동권 개선에 기여한 바가 충실하다고 할 수 있다. 이에 비해 안암역은 환승역에도 해당하지 않고, 구조가 비교적 간결하기에 세이프 로드의 설치는 결과적으로 태릉입구역에 적합한 프로젝트였다.

3) 국가적 측면을 중심으로

프로젝트의 시발점에서 상정했던 '발전 가능성' 측면에서 성과를 확인할 수 있었다. 세이프 로드라는 해결책은 시설의 개보수를 수반하는 완전한 해결책은 아니다. 그러나 본 해결책은 이동권 의제에 대해 향후 유니버설 디자인이라는 방향성을 효과적으로 제시할 수 있다는 강점을 지닌다. 2022년 시범 진행된 세이프 로드 사업은 9개 역에만 시범 설치되었지만, 본 해결책을 시행함으로 사업에 지속성을 재부여할 수 있다는 장점이 있다. 따라서 관련 의제에 대한 다양한 이해 당사자의 관심은 더해진다. 프로젝트 수행 과정에서 역장님이라는 이해 당사자가 기존에 가지고 있던 문제의식을 수합한 점 또한 하나의 예시다. 따라서 현재로서는 '배리어 프리'에 가까운 세이프 로드라는 해결책에 서로 다른 주체의 조력이 더해진다. 장기적으로는 규모를 키워 시설의 개보수를 동반하는 '유니버설 디자인'이라는 완벽한 모델로 이행할 수 있고, 본 프로젝트 자체가 그러한 토대로 작용할 수 있다는 점이다.

2. 프로젝트 한계

시각 안내도를 개선하는 것이 프로젝트의 주목표 중 하나에 해당했지만, 3D 모델링 프로그램 활용을 통해 개선된 안내도를 자체적으로 제작하기에는 학습적 한계가 존재했다. 따라서 색상만 변경해 시인성을 개선한 안내도를 제작하는 것으로 방향을 수정했지만, 시간적 측면에서 세이프 로드에 우선순위를 부여하느라 시각 안내도의 실제 결과물 도출까지 이르지는 못하게 되었다.

또한 세이프 로드를 최종 보고서 제출 하루 전 12월 18일 오후에 수령하게 되었다. 따라서 부착할 시간은 존재했지만, 검증까지 거치기에는 시간적 한계가 존재했다. 따라서 설문조사를 통한 검증은 부득이하게 생략하고, 잠정적으로는 설치에 의의를 두는 결정을 택했다. 해당 결과가 발생한 이유로는 세이프 로드의 주문 과정에서의 변수를 들 수 있다. 본 프로젝트를 제외하고도 업체의 주문이 밀려 있던 상황임을 문의 시점에 인지한 것이다. 이를 고려한다면, 여유를 두고 보다 일찍 주문하는 방향을 택할 필요가 존재했을 것이다. 또한 개별 역사에 연락을 취하는 과정에서 불가피하게 시간이 지연된 바 있다. 이는 최초에 안암역에 연락을 취하는 과정에서 면담이 가능한 시간대가 한정적이었던 결과이기도 했기에 아쉬움으로 남는다.

검증까지는 이루어지지 않았지만, 세이프 로드의 검증 방식에 있어서 최선보다 차선책을 결정했다는 점에서 한계가 존재한다. 초창기 계획은 피험자들을 선정해 안암역에 설치된 세이프 로드를 통해 효과적으로 경로를 탐색할 수 있는지 검증하는 실험이었다. 그러나 몇 가지 한계 때문에 실험에서 설문조사로 검증 방식을 변경할 수밖에 없었다. 우선, 세이프 로드의 설치 전 실험 수행과 세이프 로드의 설치 후 한 차례 추가적인 수행이 필요하다. 공공장소를 대상으로 진행하는 실험이기에 양쪽 실험에서의 유효한 변인 통제 또한 제한적일 것으로 판단했기에 결과적으로는 설문조사로 방향을 변경했다. 결정적으로는 안암역에서 경로를 탐색해본 바가 없는 피험자들을 선정하는 것이 필수적이었다. 그러나 주변의 한정된 표본 사이에서 해당하는 피험자를 선정하기에는 현실적으로 불가능했다. 반면 프로젝트 대상 공간이 태릉입구역으로 변경된 현재에는 피험자에 대한 조건이 낮아졌다고 볼 수 있지만, 시간이 지체된 상황이었기에 최종적으로는 설문조사 방식의 검증을 결정했다.

3. 향후 계획

추후 참여예산제를 통해 이하 해결방안을 추진할 계획이다.

1) 세이프로드 확대

태릉입구역 이외에도 교통약자의 이동권이 잘 보장되지 못한 역을 앞서 활용한 점수 환산 방식을 통해서 선정한 후, 해당 역들을 중심으로 세이프로드 확충 범위를 증가시킬 계획이다.

2) 장애인용 개찰구 확충

'장애인용 개찰구' 또는 '휠체어가 지나갈 수 있을 정도의 폭인 개찰구'가 법적으로 명시되어 있음에도, 이러한 개찰구가 설치되지 않거나 부족한 역이 존재한다. 따라서 부족한 역들을 대상으로 장애인용 개찰구를 확충하고, 나아가 개찰구의 폭을 넓히는 방식으로 유모차의 이동권 보장까지 프로젝트의 수혜 범위를 확대하고자 한다.

3) 미끄럼 방지 시설 확충

개별 역사 이용객을 대상으로 한 설문조사 중 계단 관련 응답에서 '우천 시 미끄러움' 응답 비율이 다수를 차지한 부분에서 착안해 이를 바탕으로 제안하고자 한다.

4) 시각 안내도 개선

웨이파인딩(Wayfinding)을 활용해 공간 인지 심리를 동원한 디자인의 적용을 통해 시각 안내도를 개선하고자 한다.

참여예산 제안서

시정 분야	☐ 경제/노동 ■ 교통/안전 ☐ 주거/생활 ☐ 환경 ☐ 문화/체육/관광
사업명	서울시 동북부 지역 지하철역 내 교통약자 편의시설 확충을 통한 이동권 보장
사업 위치	서울시 동북부(노원구, 성북구, 도봉구)
소요예산	사업비: 76,440,000원
사업 기간	2026. 1. 1 ~ 2026. 12. 31
사업 목적 (제안 배경)	〈제안 배경〉 서울시 동북부는 지역 내의 고령 인구 비율과 장애인 인구 비율이 높은 자치구다. 지하철을 이용하며 동북부가 이처럼 교통약자의 비율이 높은 지역임에도 불구하고, 교통약자분들을 위한, 장애인 리프트, 장애인용 승강기, 시각장애인용 안내판 등과 같이 서울시교통공사에서 규정한 장애인 편의시설이 특정 구역에만 설치되어 있거나 설치조차 되어 있지 않다는 문제점을 포착하게 되었다. 따라서 동북부 지역 지하철역의 실질적 이용성과 이동권 보장 정도 증진을 목표로 설정하게 되었다.
사업 내용	1. 사업 주제 서울 동북부 지역 지하철역 교통약자의 이동권 보장을 위한 편의시설 확충 2. 사업 목적 교통약자를 위한 유니버설 디자인 도입 및 편의시설 확충을 통해 서울 동북부 지역 지하철역의 이동권 보장 및 이용 편의성 증진을 목표로 함. 3. 추진 절차 1) 문헌조사 및 현황 분석 • 서울 동북부 지하철역의 교통약자 편의시설 현황 파악 • 이동권 침해 사례 및 개선 필요성 검토 • 설문조사 및 현장 조사를 통해 교통약자들의 요구사항 수집 • 문제 진단 및 사업계획 수립 2) 대상 지하철역 선정 • 주요 문제점 정리: 승강기 부족, 안내 표지 부재, 미끄럼 방지 시설 및 개찰구 구조 문제

사업 내용	3) 세부 시설 설치 및 개선계획
	• 세이프 로드 설치: 바닥 표지 스티커로 승강기 및 출구 위치 안내
	  예상 설치 길이: 각 역당 1,136m
	  예상 단가: 16,000원/2m
	  총 1,136m × 5역 = 45,440,000원
	• 안내 표지 및 대체 텍스트 개선
	  기존 표지 업데이트 및 시각장애인을 위한 대체 텍스트 추가
	  예상 비용: 1,000,000원
	• 미끄럼 방지 시설 설치
	  계단, 경사로에 미끄럼 방지 처리
	  예상 비용: 500만 원/역 × 6역 = 30,000,000원
	• 사업 실행 및 검증
	  1차 실행: 시범 설치 및 운영(태릉입구역)
	  효과 검증: 설문조사 및 이용객 만족도 조사
	  2차 실행: 1차 검증 결과를 토대로 추가 개선 및 다른 역으로 확장
	• 사후 관리 및 유지보수
	  정기 점검을 통해 시설 유지 관리
	  필요시 서울교통공사와 협력해 추가 개선

사업 효과	**1. 교통약자의 이동권 보장** 장애인, 고령자, 임산부 등 교통약자의 이동편의성을 증대시켜 도시 내 평등한 이동권 보장. **2. 사회적 인식 개선** 시민들에게 교통약자에 관한 관심과 배려를 증대시키며, 도시 전반의 유니버설 디자인 적용을 확산. **3. 경제적 효과** 지하철 이용 만족도 증가로 인해 대중교통 이용률 증가. 시설 개선으로 인해 유지보수 비용 절감 및 민원 감소. **4. 장기적 파급 효과** 동북부 지역의 지하철역을 모델로 다른 지역의 지하철역으로 개선 사례 확산 가능. 유니버설 디자인 도입을 통해 서울시의 국제적 도시 경쟁력 강화.

PART 03

SafeRide

안전한 공유 모빌리티 사용을 위한 앱 UX 개선: 서울특별시 공공자전거 '따릉이'를 중심으로

박용준 | 박성민 | 김유환 | 천위 | 안석주

I. 프로젝트 개요

1. 문제 인식

공유 전동킥보드 27만 대(조성아 & 김광호, 2024), 공유 전기자전거 약 5만 대(오철, 2023), 공공 자전거 6만 5,000대(이재영, 2024)가 전국에 운영되고 있다. 2019년을 기점으로 국내 공유 모빌리티 시장의 성장세가 지속되고 있으며, 대여와 반납이 편리하다는 이점 덕분에 2030 세대에게 대안 교통수단으로 자리 잡고 있다. 우리는 학교나 직장 부근에서 심심찮게 공유 모빌리티 이용자를 마주한다. 그러나 아직 공유 모빌리티를 보는 시선은 그다지 긍정적이지 못하다. 보행자의 안전을 위협하거나, 도로나 인도에 방치되는 등 불편을 초래하기도 하며, 교통 법규를 준수하지 않아 운전자에게는 소위 '킥라니'[1]로 불릴 정도로 운전 시 신경을 기울이게 한다.

공유 모빌리티 이용으로 발생하는 문제를 해결하기 위해 다양한 차원의 해결책이 제시되고 있다. 교통 법규 미준수로 인한 안전 문제를 해결하기 위해 단속을 강화하거나, 지자체 차원에서 청소년 교육 또는 캠페인을 진행하고 있다. 방치 문제를 해결하기 위해 별도 반납존을 두어 해당 영역 내에서 반납하도록 권고하거나 지자체 차원에서 허용 주차 구역을 공포한 후 불법 주차된 공유 전동킥보드에 대해 견인 후 폐기 등 조처를 한 바 있다. 하지만, 본 프로젝트에서는 공유 모빌리티 앱의

---

[1] 킥보드와 고라니가 합쳐진 신조어로, 고라니처럼 튀어나와 운전자를 위협하는 킥보드 운전자를 낮잡아 부르는 말이다.

사용자 경험(UX; User eXperience) 역시 문제 해결을 가로막는 주요 요인으로 간주해야 한다고 주장한다.

공유 모빌리티를 대여해본 경험이 있는가? 서울특별시에서 운영하는 공공자전거인 '서울자전거 따릉이(이하 따릉이)'의 경우, 전용 앱을 통해 자전거를 대여하는 과정 중 "안전 수칙을 준수해주세요"라는 문구가 있을 뿐, 무엇이 안전 수칙인지 상세히 소개하지 않고 있다. 전동킥보드는 16세 이상 취득 가능한 원동기장치자전거면허가 있어야 운전할 수 있으나, 대표적인 공유 전동킥보드 대여 앱인 지쿠, 스윙, 빔[2] 모두 면허 인증 없이 대여가 가능한 실정이다. 만 16세 미만 청소년이 개인형 이동장치를 몰다 발생한 교통사고는 2019년 19건에서 2023년 462건으로 급증했다('킥라니 사망' 느는데 … 9살이 찍어도 "열려요", 2024). 이러한 앱 사용 실태가 결코 바람직하다고 할 수는 없다.

2. 범위 및 가설

본 프로젝트에서 논의할 범위는 이용자의 안전 수칙 미준수 문제의 해결로 제한했으며, 무분별한 방치 문제, 더 엄격한 안전 수칙으로의 개정(예를 들어, 범칙금 상향 조정) 등의 주제를 다루지 않았다. 또한 전동킥보드를 포함한 공유 모빌리티 대여 앱 전반에 대해 논의하되, 예산안 산정의 경우 시민참여예산제의 공공성을 고려해 따릉이 앱을 중심으로 제시한다.

본 프로젝트의 가설은 다음과 같다. 첫째, 공유 모빌리티 이용자는 안

---

[2] 2023년 퍼스널모빌리티 주요 7개 사 중 매출액 기준 1, 2, 3위다(박지민, 2024).

전 수칙을 애매하게 알고 있을 뿐 해마다 변화하는 규정을 충실히 이해하지 못하고 있을 것이다. 둘째, 대여 앱 사용자 경험의 개선을 통해 안전 수칙의 이해 정도에 유의미한 차이를 불러올 수 있을 것이다.

3. 진행 내용 요약

본 프로젝트는 캠퍼스 주변에서의 개인형 이동장치의 사용으로 인해 발생하는 문제점들을 해결하기 위해서 안전 수칙 팸플릿을 활용하거나 앱 UX를 개선해 해결하는 인식 개선 차원의 해결방안을 주된 진행 방향으로 잡아 개인형 이동장치 사용 시 발생하는 시민들의 불편함과 안전 문제를 개선하는 것을 목표로 했다.

프로젝트를 진행하기에 앞서 개인형 이동장치의 유형들과 범위를 도로교통법과 한국의 제도상에서 어떻게 규정하고 있는지에 관해 조사를 진행했다.

인식 개선 차원에서 문제를 개선하는 방안인 팸플릿 제작과 앱 UX 개선에 앞서 문제의 범위를 좁히고, 팀에서 인식한 문제가 실제로 다른 대학생들에게도 영향을 주는지 알아보기 위해 캠퍼스 부근에서의 개인형 이동장치 이용 경험, 이용 수칙의 숙지 여부, 가장 잘 지켜지지 않는 듯한 수칙 등의 항목들을 포함한 질문들을 만들어 대학생들을 대상으로 온라인 설문을 실행했다. 설문 결과를 분석해 다른 대학생들이 캠퍼스 주변을 이동하며 보고 느꼈던 문제점들이 주로 무엇인지 파악하고, 이를 통해 앞으로의 활동 방향성을 모색하고 안전 수칙 안내 팸플릿이나 앱 내 팝업 등에 담을 내용을 정해 보았다.

제도적 차원에서 문제를 해결하려 할 때 방향성을 잡고자 시의회 차원에서 개인형 이동장치와 관련된 조례를 발의하셨던 경험이 있는 허훈 서울시의회 의원과 인터뷰를 진행했다. 인터뷰를 진행하기에 앞서 현재 개인형 이동수단의 사용자들과 그리고 개인형 이동장치 대여 사업자들이 지켜야 할 법률안들의 진행 상황에 대해 알아보았다. 인터뷰에서는 교통수단 대여 사업자와 개인형 이동장치 대여 사업자의 차이 발생 이유, 상위법이 부재한 상황에서 서울시의회 차원에서의 노력으로는 어떤 것이 있는지 등의 문항들을 중심으로 제도적인 개선을 실행하려면 어떠한 방향으로 하는 것이 좋을지를 알아보았다.

해결방안은 초기에 제시했던 팸플릿 제작 및 거치에 대해 따릉이 측에도 문의해보았으나 팸플릿이 버려질 경우 발생하는 환경 문제, 따릉이의 이동 및 재배치와 소실 등에 의한 지속성 문제까지 있다는 것을 인지하게 된 후 팸플릿 제작을 통한 인식 개선 대신 앱 내 UX 개선으로 완전히 노선을 바꾸었다. 앱 UX 개선에 앞서 현재 공유 모빌리티 앱들의 실태를 알아보기 위해 자동차 대여 앱인 쏘카를 포함해 5종 앱의 UX에 대해 분석했다. 상위법이 개정되기 전까지는 사기업에서 운영 중인 여타 공유 모빌리티 앱에 적용하기에는 한계가 있다는 점을 인식한 후 서울시에서 자체적으로 운영하는 따릉이에 우선 적용해보고자 했다. 이후 예산 책정을 하는 내용까지 이 보고서에 담았다.

II. 문제 발굴

1. 법률상 자전거 · 전기자전거 · 개인형 이동장치 분류

도로교통법 제2조(정의)에서는 자전거, 전기자전거, 개인형 이동장치를 다음과 같이 분류하고 있다.

도로교통법

제2조(정의) 이 법에서 사용하는 용어의 뜻은 다음과 같다. 〈개정 2023. 10. 24〉

(중략)

19. "원동기장치자전거"란 다음 각 목의 어느 하나에 해당하는 차를 말한다.
    가. 「자동차관리법」 제3조에 따른 이륜자동차 가운데 배기량 125시시 이하(전기를 동력으로 하는 경우에는 최고정격출력 11킬로와트 이하)의 이륜자동차
    나. 그 밖에 배기량 125시시 이하(전기를 동력으로 하는 경우에는 최고정격출력 11킬로와트 이하)의 원동기를 단 차(「자전거 이용 활성화에 관한 법률」 제2조 제1호의2에 따른 전기자전거 및 제21호의3에 따른 실외이동로봇은 제외한다)

19의2. "개인형 이동장치"란 제19호나목의 원동기장치자전거 중 시속 25킬로미터 이상으로 운행할 경우 전동기가 작동하지 아니하고 차체 중량이 30킬로그램 미만인 것으로서 행정안전부령으로 정하는 것을 말한다.

20. "자전거"란 「자전거 이용 활성화에 관한 법률」 제2조 제1호 및 제1호의2에 따른 자전거 및 전기자전거를 말한다.

21. "자동차 등"이란 자동차와 원동기장치자전거를 말한다.

21의2. "자전거 등"이란 자전거와 개인형 이동장치를 말한다.

자료 3-1. 도로교통법 제2조 제19호·제19의2호·제20호·제21호·제21의2호.

원동기장치자전거 중 전동킥보드, 전동이륜평행차 등은 개인형 이동장치에 포함되지만 전동외륜보드(원휠), 전동이륜보드(투휠), 전동스케이트보드 등은 개인형 이동장치에 해당하지 않는다. 과거 도로교통법에는 개인형 이동장치라는 분류가 없고 원동기장치자전거로 모두 분류했으나, 2020년 12월 10일에 시행된 개정 도로교통법에 개인형 이동장치가 신설되고, '자전거 등'에 포함하면서 개인형 이동장치를 특수하게 분류하기 시작했다. 이는 신산업 규제 혁신의 일환으로, 당시에는 개인형 이동장치로 자전거도로를 통행할 수 있도록 한 것에 더해 면허 없이 주행할 수 있도록 규정했다. 하지만 전동킥보드 사고 사례가 알려지면서 개인형 이동장치의 기존 특수성을 유지하되 주행을 위해 원동기장치자전거 면허가 필요한 것으로 복원했고, 향후 개인형 이동장치 전용 면허를 신설하기로 계획했다. 하지만 여전히 원동기장치자전거에도 해당하기 때문에, 개인형 이동장치를 운전하는 중 사람에게 상해를 입히거나 음주 상태에서 운전한 경우 원동기장치자전거에 상응한 처벌 대상이 된다.[3]

다음으로 전기자전거에 대해 살펴본다. 자전거 이용 활성화에 관한 법률 제2조(정의)에서는 전기자전거를 다음과 같이 규정하고 있다.

---

[3] 대법원 2023. 6. 29. 선고 2022도13430 판결.

자전거 이용 활성화에 관한 법률

제2조(정의) 이 법에서 사용하는 용어의 뜻은 다음과 같다. 〈개정 2017. 7. 26〉
1. "자전거"란 사람의 힘으로 페달이나 손페달을 사용하여 움직이는 구동장치(驅動裝置)와 조향장치(操向裝置) 및 제동장치(制動裝置)가 있는 바퀴가 둘 이상인 차로서 행정안전부령으로 정하는 크기와 구조를 갖춘 것을 말한다.
1의2. "전기자전거"란 자전거로서 사람의 힘을 보충하기 위하여 전동기를 장착하고 다음 각 목의 요건을 모두 충족하는 것을 말한다.
　가. 페달(손페달을 포함한다)과 전동기의 동시 동력으로 움직이며, 전동기만으로는 움직이지 아니할 것
　나. 시속 25킬로미터 이상으로 움직일 경우 전동기가 작동하지 아니할 것
　다. 부착된 장치의 무게를 포함한 자전거의 전체 중량이 30킬로그램 미만일 것

자료 3-2. 자전거 이용 활성화에 관한 법률 제2조 제1호·제1의2호

전기자전거의 구동 방식은 대표적으로 2가지로 나뉜다. 파스(PAS; Pedal Assist System) 방식은 페달을 밟아야만 모터가 구동되는 방식을 의미하며, 스로틀(Throttle) 방식은 페달을 밟지 않아도 가속레버를 돌리면 모터가 구동되는 의미한다. 스로틀 방식과 파스+스로틀 혼합 방식의 전기자전거는 위의 제2조 제1호의2 가목을 위반해 전기자전거가 아닌 개인형 이동장치로 분류한다. 즉, 파스 방식의 전기자전거만이 법률상 자전거 이용 활성화에 관한 법률의 적용 대상이 된다. 분류가 다소 복잡해 이동수단의 종류에 따른 구분을 다음의 표로 정리했다.

구분	종류	면허	도로이용	보호장구
이륜자동차	125cc를 초과하는 이륜자동차	2종 소형 (18세 이상 취득 가능)	차도 통행	오토바이용 안전모
원동기장치 자전거	125cc 이하의 이륜자동차	원동기장치자전거 면허(16세 이상 취득 가능)	차도 통행	오토바이용 안전모
	125cc 이하의 원동기를 단 차	〃	〃	〃
	전동외륜보드, 전동이륜보드, 전동스케이트보드	〃	〃	〃
원동기장치 자전거 중 개인형 이동장치	전동킥보드	원동기장치 자전거면허 (16세 이상 취득 가능)	자전거도로 통행 (없을 시 차도 우측 가장자리 통행)	자전거용 안전모
	전동이륜평행차	〃	〃	〃
	스로틀 방식 전기 자전거	〃	〃	〃
자전거	자전거	면허 불필요	자전거도로 통행 (없을 시 차도 우측 가장자리 통행)	자전거용 안전모
	PAS 방식 전기자전거	면허 불필요	〃	〃

자료 3-3. 이동수단의 종류에 따른 법률상 구분

2. 설문조사

1) 캠퍼스 부근 공유 모빌리티 이용 실태 설문조사

자가용과 대중교통으로 접근하기 어려운 '라스트 마일' 지역을 중심으로 공유 모빌리티 이용이 두드러지게 나타나며, 한국의 경우 회사와 직장 주변에서 높은 이용 비중을 보인다(이준문, 2024). 공유 모빌리티 이용 실태를 개괄적으로 이해하기 위해 대학생을 상대로 2024년 10월 28일부터 3주간 온라인 설문조사를 진행했고, 58개의 응답이 모였다. 공유 모빌리티 이용 빈도, 주관적인 문제 인식 정도를 묻는 문항에 더해 규정을 정확히 알고 있는지 파악하기 위해 다소 난도 있는 퀴즈 3개를 설문에 추가했다. 설문 문항은 다음과 같다.

1. 캠퍼스 부근에서 공유 자전거 또는 공유 전동킥보드를 빌려보신 경험이 있으십니까?
   ① 예 ② 아니오

2. 최근 공유 자전거 또는 공유 전동킥보드를 이용한 빈도를 선택해주세요.
   ① 매일 ② 1주일에 1~2회 ③ 1달에 1~2회 ④ 1년에 1~2회
   ⑤ 한 번도 이용한 적이 없음

3. 공유 자전거 또는 공유 전동킥보드 이용 수칙과 관련해 잘 지켜지지 않는다고 생각하는 문제를 선택해주세요. (복수선택 가능) (기타 제외 문항 순서 무작위)
   ① 불법 주차, 무단 방치 ② 안전모(헬멧) 착용 의무 ③ 인도 주행 금지
   ④ 음주 운전 금지 ⑤ 자전거도로가 없을 때 차도 우측 가장자리에 붙어서 통행
   ⑥ 무면허 운전(공유 전동킥보드에만 해당) ⑦ 기타

4. 공유 자전거 또는 공유 전동킥보드 이용 수칙이 잘 지켜지지 않는 가장 큰 이유는 무엇이라고 생각하십니까?
　① 이용 수칙을 정확히 알지 못해서　② 이용 수칙을 정확히 알지만 귀찮아서
　③ 이용 수칙을 정확히 알지만 급하게 가야 하는 상황이라서
　④ 이용 수칙을 정확히 알지만 현실적으로 지키기 어려워서(차도 우측 통행 등)
　⑤ 이용 수칙이 잘 지켜지고 있다고 생각한다　⑥ 기타

5. 서울시 내 주정차위반 전동킥보드를 신고하고 견인할 수 있는 '서울시 전동킥보드 주정차 위반 신고 시스템(https://seoul-pm.eseoul.go.kr)에 대해 알고 계십니까?
　① 알고 있고 신고해본 적 있다　② 알고 있지만 신고해본 적 없다　③ 모른다

6. (퀴즈 1) 자전거 운행 중 헬멧 미착용 시 범칙금이 부과된다.
　① ○　② ×

7. (퀴즈 2) 자전거 또는 전동킥보드 운행 중 교차로에서 좌회전을 하고 싶다면 1차선에서 좌회전 신호를 기다려야 한다.
　① ○　② ×

8. (퀴즈 3) 전동킥보드 음주 운전으로 면허가 취소될 수 있다.
　① ○　② ×

9. 〈주제와 무관해 삭제했음〉

자료 3-4. '캠퍼스 부근 공유 모빌리티 이용 실태 조사' 설문 문항

'캠퍼스 부근에서 공유 자전거 또는 공유 전동킥보드를 빌려보신 경험이 있으십니까?(1번 문항)'에 대해 과반수인 60.3%(35개의 응답)가 '예'로 답했다. 예상보다 더 높은 비율이었으며, 더 정확한 공유 모빌리티 이용 실태를 파악할 수 있을 것으로 판단했다.

'최근 공유 자전거 또는 공유 전동킥보드를 이용한 빈도를 선택해주세요(2번 문항)'에 대해 '매일'은 5.2%(3개의 응답), '1주일에 1~2회'는 17.2%(10개의 응답), '1달에 1~2회'는 20.7%(12개의 응답), '1년에 1~2회'는 32.6%(19개의 응답)의 응답 비율을 보였다. '한 번도 이용한 적이 없음'에 응답한 24.1%(14개의 응답)가 1번 문항의 '아니오' 응답 개수인 23개와 차이가 있는 이유를 '캠퍼스 부근'이 아닌 다른 장소에서 빌린 사용자이기 때문으로 판단했다.

'공유 자전거 또는 공유 전동킥보드 이용 수칙과 관련해 잘 지켜지지 않는다고 생각하는 문제를 선택해주세요(3번 문항)'에 대해 '안전모(헬멧) 착용 의무'가 49개의 응답으로 가장 많았다. '인도 주행 금지'(37개의 응답, 유사 내용의 기타 응답 1개 포함), '불법 주차, 무단 방치'(28개의 응답), '무면허 운전(공유 전동킥보드에만 해당)'(26개의 응답)이 뒤를 이었다. 기타 응답으로 '2인 이상 탑승'(유사 내용의 기타 응답 합산)을 언급했다.

'공유 자전거 또는 공유 전동킥보드 이용 수칙이 잘 지켜지지 않는 가장 큰 이유는 무엇이라고 생각하십니까?(4번 문항)'에 대해 '이용 수칙을 정확히 알지 못해서'는 3.4%(2개의 응답)에 불과하다는 것이 예상과 달랐다. 본 프로젝트의 첫 번째 가설인 '공유 모빌리티 이용자는 안전 수칙을 애매하게 알고 있을 뿐 해마다 변화하는 규정을 충실히 이해하지 못하고 있을 것이다'에 따라 이용자 자신이 이용 수칙을 잘 모른다고 생각할 줄 알았지만 그렇지 않았다. 첫 번째 가설에 대한 검증이 필요하다. '이용 수칙이 잘 지켜지고 있다고 생각한다'라는 항목이 있었지만 단 하나의 응답도 나오지 않은 것으로 미루어볼 때, 공유 모빌리티 이용 수칙이 잘 지켜지지 않는다는 점에 대해 넓은 공감대가 형성되어 있음을 알 수 있었다. '이용 수칙을 정확히 알지만 귀찮아서'가 60.3%(35개의 응답)로 가장 많았으며, '이용 수칙을 정확히 알지만 현실적으로 지키기 어려워서(차도 우측 통행 등)'가 22.4%(13개의 응답), '이용 수칙을 정확히 알지만 급하게 가야 하는 상황이라서'가 8.6%(5개의 응답)으로 뒤를 이었다. 기타 응답에는 '시민의식이 충분히 성숙하지 못해서', '이용 수칙을 애매하게 알고 있는 경우가 많아서', '규정 위반을 철저하게 단속하지 않아서' 등의 내용이 언급되었다.

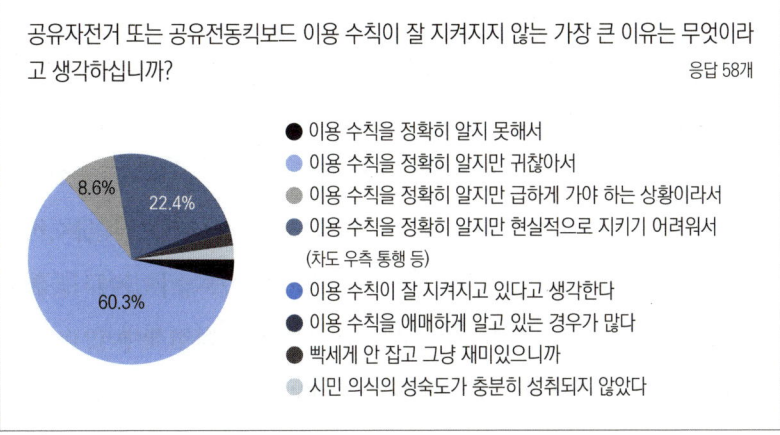

자료 3-5. 설문 4번 문항에 대한 응답 그래프

'서울시 내 주정차위반 전동킥보드를 신고하고 견인할 수 있는 '서울시 전동킥보드 주정차 위반 신고 시스템(https://seoul-pm.eseoul.go.kr)'에 대해 알고 계십니까?(5번 문항)'에 대해 '모른다'라는 응답이 81%(47개의 응답), '알고 있지만 신고해본 적 없다'라는 응답이 19%(11개의 응답)를 기록했다. '알고 있고 신고해본 적 있다'라는 응답은 단 하나도 없었다는 점에서, 전동킥보드 신고 접근성이 매우 낮은 실정임을 확인할 수 있었다. 방법을 몰라서인지, 보복이 두려워서인지, 귀찮아서인지 그 까닭에 대해 더 자세히 알아볼 필요가 있다고 판단했다.

첫 번째 퀴즈로 '자전거 운행 중 헬멧 미착용 시 범칙금이 부과된다(6번 문항)'를 출제했다. 정답은 ×였으나 25.9%(15개의 응답)만이 정답을 맞혔다. 전동킥보드, 스로틀 기능이 포함된 전기자전거의 경우 원동기장치자전거로 분류되어 운전면허가 필수이며, 안전모 미착용 시 최대 3만 원의 범칙금이 부과될 수 있다. 하지만 자전거와 파스(PAS) 기능만 있는 전기자전거의 경우 안전모 착용 의무가 규정되어 있기는 하나, 미착용 시 범칙금이 부과되지는 않는다.

두 번째 퀴즈로 '자전거 또는 전동킥보드 운행 중 교차로에서 좌회전을 하고 싶다면 1차선에서 좌회전 신호를 기다려야 한다(7번 문항)'를 출제했다. 정답은 ×였으나 과반수인 58.6%(34개의 응답)가 오답을 선택했다. 도로교통법 제25조(교차로 통행방법) 제3항에는 '자전거 등의 운전자는 교차로에서 좌회전하려는 경우에는 미리 도로의 우측 가장자리로 붙어 서행하면서 교차로의 가장자리 부분을 이용해 좌회전해야 한다'라는 규정이 있다. '자전거 등'이란 자전거와 개인형 이동장치를 묶어 부르는 용어[4]이며, 앞의 규정을 준수해 만들어진 독특한 형태의 좌회전 방식을 2단계 좌회전 또는 소위 '훅턴'이라고 부른다. 따라서 교차로에서 좌회전하고 싶다면 1차선에서 좌회전 신호를 기다리는 것이 아니라, 우

---

[4] 도로교통법 제2조 제21의2호.

측 차선의 우측 가장자리로 주행하다가 직진 신호를 통해 우측 교차로의 우측 가장자리로 먼저 이동한 뒤, 다시 직진 신호를 통해 본래 가려던 좌측 교차로의 우측 가장자리로 이동하는 방법으로 주행해야 한다. 퀴즈를 통해 이용자 상당수가 정확한 주행 방식을 알지 못한다는 사실을 알 수 있었다.

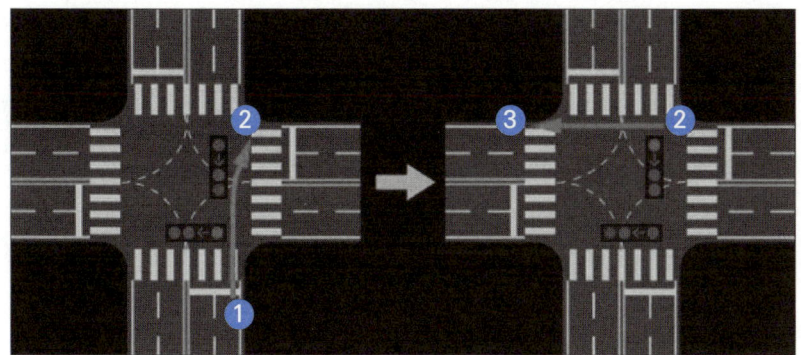

자료 3-6. 十자형 교차로에서 신호가 있을 때의 2단계 좌회전(훅턴) 방법

세 번째 퀴즈로 '전동킥보드 음주 운전으로 면허가 취소될 수 있다(8번 문항)'를 출제했다. 정답은 ○였고, 대부분의 응답인 93.1%(54개의 응답)가 정답을 맞혔다. 현행 도로교통법 시행규칙은 자동차와 개인형 이동장치의 구별 없이 혈중알코올농도 0.08% 이상인 상태에서 운전하면 면허를 취소하도록 규정하고 있다.[5] 따라서 전동킥보드 음주 운전으로 운전자가 가진 모든 운전면허를 취소 또는 정지시킬 수 있다. 원래 '자전거 음주운전으로 면허가 취소될 수 있다'를 출제하려 했으나, 굳이 내지 않았다. 자전거 음주운전도 단속의 대상이 되는 것은 맞지만, 면허가 없

---

5 도로교통법 시행규칙 [별표 28] 운전면허 취소·정지처분 기준 제2조 제2호.

어도 자전거를 운전할 수 있기 때문에 당연히 단속되었다고 해서 운전면허가 취소 또는 정지되지 않는다. 혈중알코올농도 0.03% 이상은 범칙금 3만 원, 음주 측정을 거부하는 경우 범칙금 10만 원이 부과된다.

설문조사를 통해, 단 3.4%(2개의 응답)만이 자전거 또는 공유 전동킥보드 이용 수칙이 잘 지켜지지 않는 이유로 '이용 수칙을 정확히 알지 못해서'를 선택했지만, 역설적이게도 이용 수칙 관련 퀴즈에는 낮은 정답률을 기록했음을 확인했다. 이로써 많은 수의 학생이 공유 모빌리티를 활발히 이용하고 있음에도 규정을 정확히 알고 있지 못하다는 사실을 파악할 수 있었다.

3. 인터뷰

1) 허훈 서울시의회 의원(국민의힘, 양천구 제2선거구) 인터뷰

2024년 12월 현재, '개인형 이동수단의 안전 및 이용 활성화에 관한 법률안(박성민, 홍기원)'이 국토교통위원회에 계류되어 있는 상황이다. 박성민 의원안을 기준으로, 제24조(대여 사업자의 준수사항) 제1항에서 '대여 사업자는 대여 사업용 개인형 이동수단을 대여할 때 개인형 이동수단의 임차인에 대해 운전자격을 확인하고, 해당 임차인이 「도로교통법」 제80조 제1항에 따라 시·도경찰청장으로부터 운전면허를 받지 아니하거나 운전면허의 효력이 정지된 경우에는 개인형 이동수단을 대여해서는 아니 된다'라고 명시하고 있으며, 제25조(운전자격확인시스템의 구축) 제1항에서는 '국토교통부장관은 개인형 이동수단을 임차하고자 하는 자의 운전자격을 확인하는 데 필요한 시스템(이하 '운전자격확인시스템'이라고 한다)을 구축해야 한다'라고 규정하는 등 개인형 이동장치 대여 사업의 정의와 근거, 대여 사업자가 준수해야 하는 의무사항 등을 체계적으로 규정해놓은 제정안이다.

이렇듯 상위법이 부재한 상황에서 시의회 차원에서 겪고 있는 상황에 대해 듣고자 개인형 이동장치 관련 조례를 발의했던 시·구의회의원께 인터뷰를 요청했다. 감사하게도 허훈 서울시의원과 인터뷰를 진행할 수 있었으며, 공유 모빌리티 안전과 관련해 시의회 차원에서 진행 중인 다양한 노력과 직면하고 있는 고충에 대해 들을 수 있었다. 다음의 문항을 중심으로 인터뷰를 진행했다.

1. '쏘카'와 같은 카셰어링 서비스의 경우 여객자동차 운수사업법 내 '자동차대여 사업자'에 해당해 운전면허가 없는 자에게 자동차를 대여한 자동차대여 사업자에게 300만 원의 과태료를 부과하는 내용의 시행령을 통해 운전면허 인증을 사실상 의무화하고 있는데, 왜 '개인형 이동장치 대여 사업자'의 경우에는 차이가 발생하나요?
2. 현재 상위법이 부재한 상황인데, 서울시의회 내에서는 어떤 노력을 하고 있나요?
3. 과거 21대 국회에서 유사한 내용의 법률안이 의결되었으나 주차허용구역을 열거해 해당 구역에만 주차할 수 있도록 규제한 내용이 업계의 반대로 임기만료 폐기된 것으로 알고 있습니다. 이러한 경우에 운전면허 인증 및 안전 수칙 명시 등 안전과 관련된 내용을 주차 규제 내용과 분리해 먼저 처리되도록 할 수는 없나요?
4. 법률안 통과 가능성과 향후 국내 공유 모빌리티 사업의 전망에 대해 어떻게 생각하시나요?

자료 3-7. 허훈 서울시의회 의원 인터뷰 문항

**(1) 대한민국 법률에서 '교통수단 대여 사업자'와
'개인형 이동장치 대여 사업자'의 차이가 발생한 이유**

자동차, 화물, 철도, 항공, 해운 등 각 교통수단들의 대여 사업에 대한 정의와 사업자가 필수적으로 준수해야 하는 사항을 개별법에 규정하고 있는 만큼 개인형 이동장치 역시 개별법을 통해 관련 내용을 규정하는 것이 법체계상 적절하나, 상위법 부재에 따라 관련 내용이 아직 규정되지 않은 상황이다. 현재 도로교통법상 원동기장치자전거 면허 소지자만 전동킥보드를 이용할 수 있도록 정해놓고 있지만, 대여 사업자가 전동킥보드 대여 시 면허를 인증하는 등의 의무 조항이 없으며, 벌칙 또한 부재하다. 이에 대부분 대여 업체가 별도의 면허 인증 절차 없이 기기 대여를 진행하고 있어 무면허 청소년들의 이용이 사실상 가능한 구조다. 가장 이상적인 해결책은 상위법 제정을 통해 체계적으로 관련 내용을 규정하는 것이지만, 사실상 법 통과가 요원한 상황이며, 임시방편으로 사업자가 이용자들의 면허를 필수로 확인하게끔 하는 도로교통법 개정안도 발의되어 있지만 언제 통과될지는 미지수다.

(2) 서울시의회 내에서 공유 모빌리티 안전을 위해 기울이고 있는 노력

시의회에서도 전동킥보드 운행 전면금지 등 '규제'에 대한 일부 움직임이 있다. 윤영희 의원은 '서울시가 전동킥보드 운행 전면금지 여부를 논의해야 한다'라는 식으로 강력히 주장하기도 했고, 정준호 의원은 전동킥보드 운행 제한 구역 도입 필요성을 제기한 바 있다. 본인(허훈 의원) 역시 지난 9월 30일 「서울특별시 개인형 이동장치 증진 조례」 일부개정조례안을 대표 발의해 통과시켰다. 개정안에는 서울시가 청소년들의 개인형 이동장치 관련 인식 개선 및 안전교육 등을 시행할 수 있도록

하고, 대여 사업자들의 준수사항에 '개별 및 공동으로 반납 가능한 거치대 설치'를 추가하는 임의 규정을 두어 개인형 이동장치의 불법 주차 문제를 해소하고자 했다. 개정된 조례에 대해 자세히 설명하자면 다음과 같다.

첫째, 제9조(안전교육 등) 제1항에 '시장은 개인형 이동장치의 안전한 이용을 위해 다음 각 호의 사항이 포함된 교육 및 홍보를 실시하는 등 안전사고 예방을 위한 보행안전문화가 확산될 수 있도록 노력해야 한다'라고 규정했으며, 제10조(재정지원 등) 제2항에서는 '시장은 개인형 이동장치의 안전한 이용 환경을 조성하기 위한 사업 및 교육을 추진하는 관련 법인 또는 단체, 개인 등에 예산의 범위에서 그 경비의 전부 또는 일부를 지원할 수 있다'라는 조례를 신설했다. 이에 서울시 차원에서 청소년의 전동킥보드 이용 인식 개선 및 맞춤형 교육 도입이 시급해졌다. 실제 교육 현장인 학교 측 역시 청소년 대상 킥보드 안전교육 및 인식 개선 교육의 필요성에 대해 충분히 공감대가 형성되어 있는 상황이다. PM협회 등 전문기관과 소통한 결과 중고등학생 대상으로 맞춤형 커리큘럼 제공 등이 가능할 것으로 보인다. 현재 내년도 서울시 예산 심의 중인 만큼 정규사업 또는 시범사업으로 도입해 실제 교육이 이루어질 수 있도록 담당 부처와 구청과도 협의할 예정이다. 과거 조례 개정 이전에 한 공유 모빌리티 업체로부터 중고등학교 교육 논의를 받은 일이 있었는데, 한 학교(집체 교육 1회)당 100만 원을 요청해 구청장님의 반대로 무산되었다. 시 차원의 예산 마련도 쉽지는 않겠으나, 이러한 추세가 개선되기를 바란다.

둘째, 제13조(대여 사업자 준수사항)로 '대여 사업자는 개인형 이동장치 이용 안전을 위한 다음 각 호의 사항을 준수하도록 노력해야 한다'라는 임의 규정을 두었으며, 그 내용으로 '안전장비 보관 장치 설치·운영', '개인형 이동장치 주차장·거치대의 개별·공동 설치 및 운영', '이용자의 이용자격을 확인 후 대여' 등을 포함했다. 이러한 조례를 바탕으로, 대여 사업자들이 자진 참여해 반납존·주차장 공동 설치하도록 권고하고 있으며 서울시 차원의 인센티브 제공이 함께 고민되고 있다. 예를 들어, 정해진 반납존 또는 주차장에 개인형 이동장치를 반납하는 경우 앱 사용자에게 포인트를 제공하는 방식 등을 도입할 수 있을 것으로 보인다.

(3) 법률안에서 안전 내용을 주차 규제 내용과 분리해 먼저 처리할 수 없는지

개인형 이동장치 관련 법안은 지난 21대 국회에도 6차례 발의·논의되었으나 번번이 무산되었으며, 그 이전인 20대 국회에서부터 논의되어 왔기 때문에 약 10년간 지속된 쟁점이다. 법률안의 경우 의원과 이해 당사자의 의견이 합치하고 신속히 처리되어야 하는 경우 1~2개월 내에도 공포되지만, 의견이 불합치하는 경우 여러 대수에 거쳐 법률안을 두고 찬반 토론을 진행하며, 국민 반응과 논리를 더하는 방식으로 논의가 진행된다.

현재 개인형 이동장치 대여 사업은 자유업 형태로 운영되어 신고 없이도 사업을 시작할 수 있다. 이를 등록제(대여 사업자가 일정한 요건과 자격을 갖춰 정부에 등록 후 사업)로 바꾸어, 보험 의무가입, 주차 금지 관련 조항, 교육 의무화 등 '안전'을 강화하는 것이 매번 발의되는 법안의 주요 골자다. 하지만 이러한 법안들이 다소 '안전'에만 치중되어 있고, '산업'적 측면에서 업계를 옥죄는 규제가 많아 개인형 이동수단이라는 특수성이 고려되지 못한다는 지적이 있어 전반적으로 논의가 지지부진했던 측면이 있다. 공유 모빌리티 신산업의 관점에서 해당 안건을 바라볼 필요가 있다는 것이 업계의 생각이다.

현재 가장 문제가 되는 것이 주차 규제 내용이다. 주차 규제는 이용자의 대여·반납의 편리성을 저해하기도 하며, 견인 업체 측에서 무분별하게 신고 후 임의로 견인해 돈을 챙기는 일도 있었다.[6] 이용자는 분당 200원 내외의 이용료만을 지불했는데 잘못된 구역에 주차해 수만 원을 추가로 지불해야 한다면 당연히 공유 모빌리티를 이용하지 않게 될 것이기에, 해당 견인 비용은 공유 모빌리티 업체 측에서 지불하고 있는 실정이다.

하지만 도로교통법 등을 개정하는 것과 달리, 「개인형 이동수단의 안전 및 이용 활성화에 관한 법률」을 새로 제정하려는 일이기 때문에 최대한 많은 사항을 법률에 담고 싶어 한다. 이러한 맥락에서 법안을 분리해 상정하는 것은 힘들 것으로 보인다.

(4) 법률안 통과 가능성과 향후 공유 모빌리티 사업의 전망

이번 대수 국회에서는 충분히 통과할 수 있다고 생각한다. 다만, 해당 법안이 통과되었을 때 개인형 이동장치 대여 사업의 수익성에는 부정적인 영향을 끼칠 것으로 보인다. 10대 청소년의 이용량이 급감하게 될 것이고, 사업자 입장에서 이미 구매한 개인형 이동장치를 운용할 수밖에 없으므로, 부득이하게 이용료를 높이게 되어 성인도 잘 타지 않는 결과가 초래될 가능성도 있다. 이에 대한 대안으로 파스 방식의 전기자전

---

[6] 이경숙 서울시의원에 따르면, 견인 업체가 불법 전동킥보드 견인을 통해 93억 원의 수익을 낸 일이 있다.

거 대여가 떠오르고 있다. 파스 방식의 전기자전거의 경우 개인형 이동장치가 아닌 자전거법의 적용 대상이기 때문에 면허 인증도 필요 없고, 아직은 주차 문제에서 자유로운 상황이다. 기존 전동킥보드 대여에서 전기자전거 또는 기존 기기를 활용할 수 있는 다른 방식의 수익 모델로 전환하지 않을까 싶다.

III. 해결방안 모색

1. 공유 모빌리티 앱 UX 개선

1) 상용 공유 모빌리티 앱 5종 UX 분석

현재 상용되는 공유 모빌리티 앱 5종을 직접 사용해보며 안전 이용과 관련된 UX를 분석해보았다. 자동차 대여 앱의 경우 대표 카셰어링 서비스인 쏘카를 조사했다. 전동킥보드 및 전기자전거 대여 앱의 경우 2023년 기준 퍼스널모빌리티 주요 7개 사 중 매출액 기준 상위 3사인 지쿠, 스윙, 빔을 조사했으며,[7] 자전거 대여 앱의 경우 따릉이를 조사했다.

(1) 쏘카(자동차 대여)

쏘카는 한국 최대 규모의 카셰어링 업체다. 카셰어링 서비스의 경우에도 렌터카 사업과 동일하게 여객자동차 운수사업법 내 '자동차대여사업자'에 해당한다. 여객자동차 운수사업법 시행령에 따라 운전면허

---

7 각주 2 참고.

가 없는 자에게 자동차를 대여한 자동차대여 사업자에게 과태료 300만 원을 부과하고 있으며,[8] 이러한 의무를 준수하기 위해 자체 앱 UI 내에 운전면허를 인증해야만 차량 대여가 가능하도록 제한하고 있다. 운전면허 인증 없이도 대여 가능한 차량 정보 등을 확인할 수 있지만, 대여 플로우로 진입하기 직전에 "운전면허를 등록해주세요"라는 하단 시트가 등장해 대여를 제한한다. 운전면허증을 카메라로 스캔하는 방식을 통해 운전면허 정보를 인증 및 등록할 수 있다.

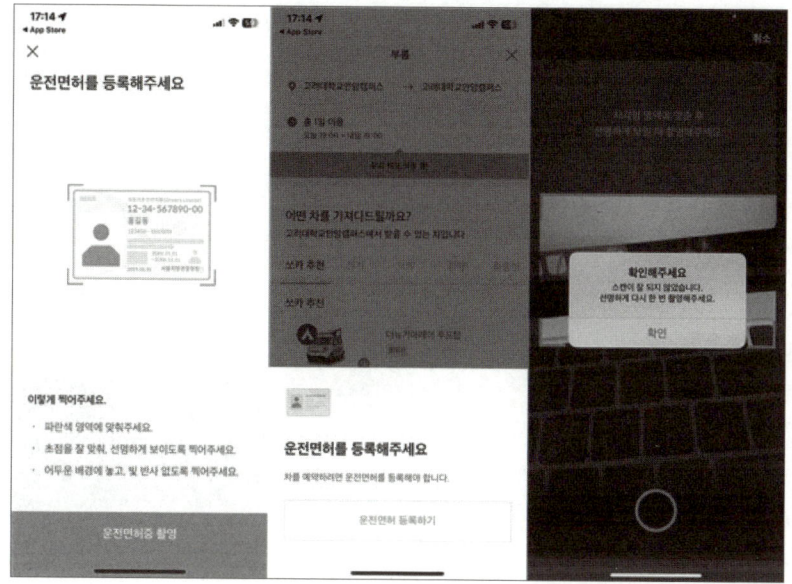

자료 3-8. 쏘카 앱 UI 일부
(좌: 운전면허 등록 시작, 중: 운전면허 미등록 상태에서 대여 시도, 우: 운전면허증 촬영)

---

8 여객자동차 운수사업법 시행령 [별표 6] 과태료의 부과기준 제2조 (처)목.

(2) 지쿠(전동킥보드, 전기자전거 대여)

지쿠의 경우, 운전면허를 인증하지 않아도 전동킥보드를 대여할 수 있으며, 별도 마이페이지를 통해 운전면허 정보를 직접 입력해 등록할 수 있도록 하는 기능을 제공한다. 대여 전 안전 수칙에 대한 설명은 없으나, 대여 중 화면 내 버튼을 클릭해 반납 제한 구역, 주차 금지 구역, 전동킥보드 운행 금지 및 속도 제한 구역 등 정보성 내용을 확인할 수 있다.

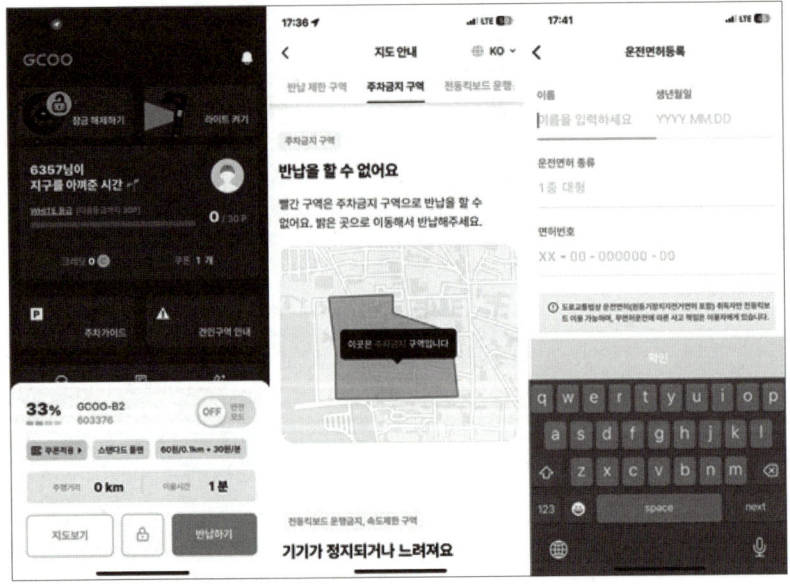

자료 3-9. 지쿠 앱 UI 일부(좌: 대여 중 화면, 중: 유의사항 안내, 우: 운전면허 등록)

(3) 스윙(전동킥보드, 전기자전거 대여)

스윙의 경우에도 앞서 살펴본 지쿠의 예시와 유사하다. 운전면허를 인증하지 않아도 전동킥보드를 대여할 수 있으며, 별도 마이페이지를 통해 운전면허 정보를 직접 입력해 등록할 수 있도록 하는 기능을 제공한다.

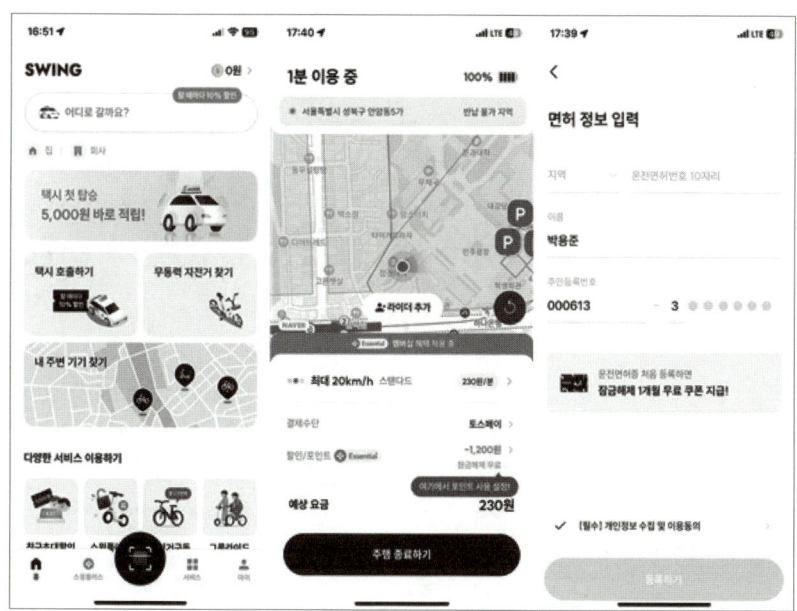

자료 3-10. 스윙 앱 UI 일부(좌: 홈 화면, 중: 대여 중 화면, 우: 운전면허 등록)

(4) 빔(전동킥보드, 전기자전거 대여)

빔의 경우, 최초 가입 시 운전면허 소지 여부에 대해 동의를 받을 뿐 별도 운전면허 인증이나 운전면허 정보를 직접 등록하는 기능이 없다. 빔모빌리티가 싱가포르에 본사를 두고 있어 대한민국의 특수한 상황에 대한 대응이 다소 둔감한 것으로 보인다. 최초 대여 전에 이용 수칙을 한 단계씩 넘어가는 퍼널 형식으로 제작해 앱 이용자가 반드시 읽고 넘어가게 한 점이 돋보인다.

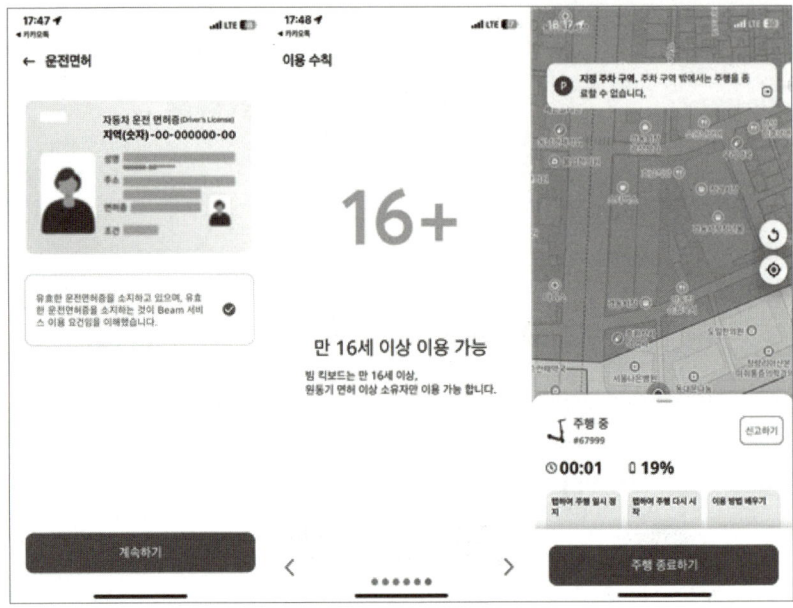

자료 3-11. 빔 UI 일부(좌: 운전면허 소지 여부 동의, 중: 이용 수칙 퍼널, 우: 대여 중 화면)

(5) 따릉이(자전거 대여)

따릉이의 경우, 앱 시작 시 안전 이용 수칙 캠페인 내용이 담긴 팝업이 뜬다. 대여할 자전거를 선택한 뒤 대여하기 직전에 "안전 수칙을 준수해주세요"라는 문구가 있을 뿐, 무엇이 안전 수칙인지 상세히 소개하지 않고 있다.

개선점을 정리하면 다음과 같다.

① 앱 시작 시 캠페인 등 안전 수칙 팝업을 띄움.
② 개인형 이동장치 대여 시 운전면허 인증을 강제함.
③ 대여 시마다 이동수단에 알맞은 안전 관련 유의사항 동의를 강제함.

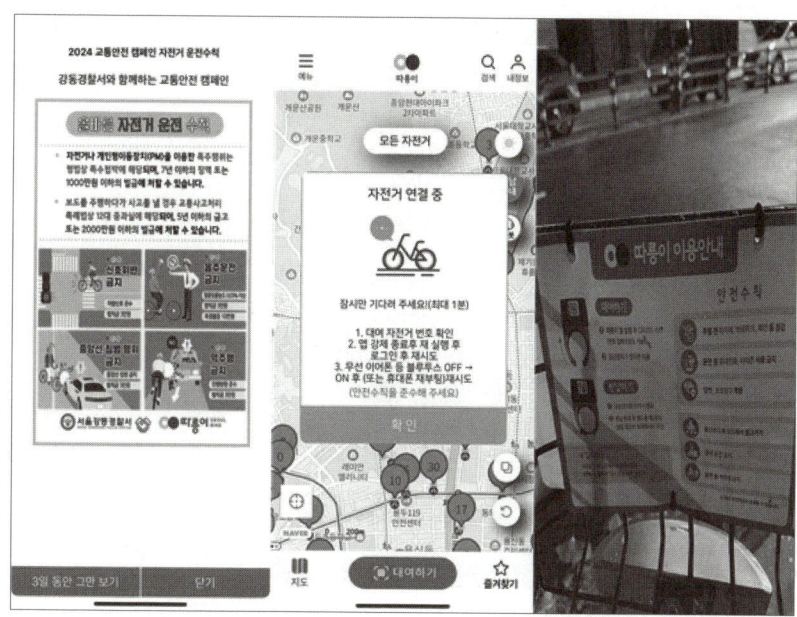

자료 3-12. 따릉이 UI 일부(좌: 앱 시작 시 팝업, 중: 대여 직전 팝업, 우: 이용 안내 전단)

2) UX 개선안

앞의 분석을 바탕으로 가상의 공유 모빌리티 앱 UI를 제작해보았다.

개선점 1에 대해, 앱 시작 시 팝업 형식으로 캠페인 등의 내용을 확인할 수 있으며, '오늘은 그만 볼래요' 버튼을 선택할 시 하루 동안 팝업이 나타나지 않도록 기획했다.

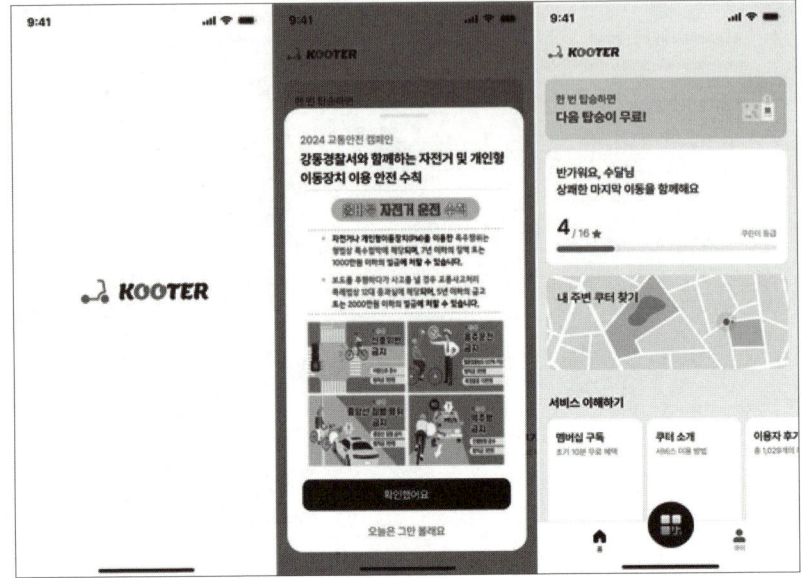

자료 3-13. 개선점 1 관련 UI(좌: 스플래시 화면, 중: 앱 시작 시 팝업, 우: 홈 화면)

    개선점 2에 대해, 공유 전동킥보드 대여 시 반드시 운전면허를 인증받도록 절차를 변경했다(자료 3-14).

    개선점 3에 대해, QR 코드를 스캔한 뒤, 이동수단 종류에 알맞은 안전 수칙 퍼널을 보여준다(자료 3-15). 해당 안전 수칙을 모두 확인한 뒤 넘기는 버튼을 직접 클릭하고 마지막 페이지에서 동의해야만 결제를 진행할 수 있도록 플로우를 구성해, 앱 이용자에게 안전 수칙을 숙지할 수 있도록 했다.
    이용 수칙 퍼널의 문구는 다음과 같다(자료 3-16).

자료 3-14. 개선점 2 관련 UI(좌: QR 코드 스캔, 중: 미등록 시 하단 시트, 우: 운전면허 등록)

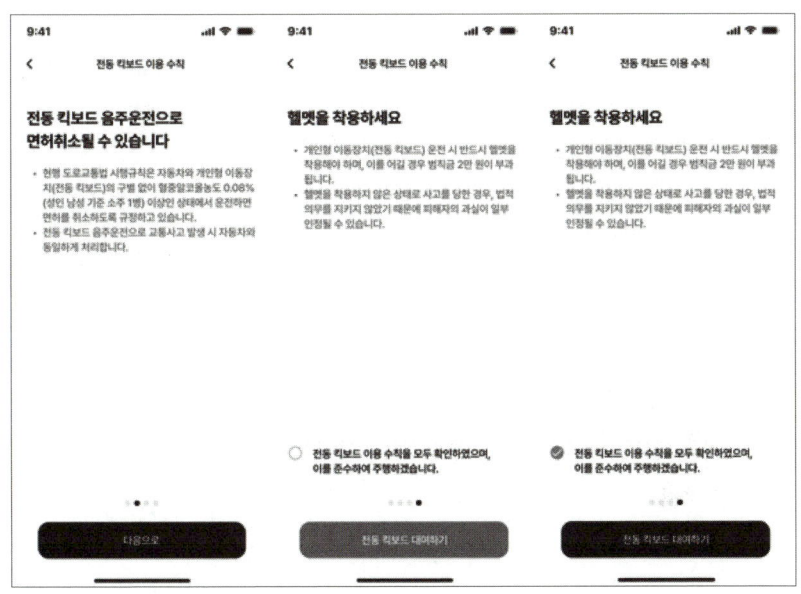

자료 3-15. 개선점 3 관련 UI(좌: 퍼널 기본 페이지, 중: 미동의 상태, 우: 동의 상태)

PART 03. SafeRide **135**

(전기)자전거 이용 수칙

1. 횡단보도와 인도에서는 자전거를 끌고 가세요
   - 자전거도로가 있다면, 자전거도로로 주행하세요.
   - 자전거도로가 없다면, 차도 우측 가장자리에 붙어서 통행해야 합니다.
   - 인도에서 주행 중 보행자를 다치게 하는 사고가 발생한 경우 교통사고처리특례법상 인도침범사고로 적용되어 형사책임을 질 수 있습니다.
2. 음주 상태로 자전거를 이용하지 마세요
   - 2018년부터 자전거 음주운전도 단속 대상입니다.
   - 단속 당시 혈중알코올농도 0.03%(성인 남성 기준 소주 2잔 반) 이상이면 3만 원의 범칙금이 부과됩니다.
   - 자전거 음주운전으로 인명피해 교통사고가 발생한 경우 5년 이하의 금고 또는 2,000만 원 이하의 벌금이 부과될 수 있습니다.
3. 교차로에서 좌회전은 훅턴 방식을 사용하세요
   - 좌회전 신호 시 1차선을 이용해 자동차와 함께 교차로 중심 안쪽으로 좌회전 하는 행위는 매우 위험합니다.
   - 직진 신호를 받아 교차로 건너편까지 도달한 뒤, 다시 직진 신호를 받아 목표하는 방향으로 진행하는 것이 안전하며, 이를 훅턴(2단계 좌회전)이라고 합니다.
4. 헬멧 착용을 권장드려요
   - 자전거 헬멧을 착용하지 않은 상태로 사고를 당한 경우, 법적 의무를 지키지 않았기 때문에 피해자의 과실이 일부 인정될 수 있습니다.

전동킥보드 이용 수칙

1. 횡단보도와 인도에서는 전동킥보드를 끌고 가세요(자전거 이용 수칙 1항과 동일)
2. 전동킥보드 음주운전으로 면허취소될 수 있습니다
   - 현행 도로교통법 시행규칙은 자동차와 개인형 이동장치(전동킥보드 등)의 구별 없이 혈중알코올농도 0.08%(성인 남성 기준 소주 1병) 이상인 상태에서 운전하면 면허를 취소하도록 규정하고 있습니다.

- 전동킥보드 음주운전으로 교통사고 발생 시 자동차와 동일하게 처리합니다.
3. 교차로에서 좌회전은 훅턴 방식을 사용하세요(자전거 이용 수칙 3항과 동일)
4. 헬멧을 착용하세요
    - 개인형 이동장치(전동킥보드 등) 운전 시 반드시 헬멧을 착용해야 하며, 이를 어길 경우 범칙금 2만 원이 부과됩니다.
    - 헬멧을 착용하지 않은 상태로 사고를 당한 경우, 법적 의무를 지키지 않았기 때문에 피해자의 과실이 일부 인정될 수 있습니다.

자료 3-16. 이용 수칙 퍼널 문구

2. 서울특별시 공공자전거 '따릉이' 적용 예시

지금까지 상용 공유 모빌리티 앱의 분석을 통해, 운전면허가 필수적임에도 면허 소지 여부를 잘 확인하지 않거나 이용자를 대상으로 한 안전 수칙 숙지 및 준수를 위한 노력이 부족한 점 등의 공유 모빌리티 앱 UX의 문제점을 파악했으며, 이를 바탕으로 운전면허 강제 확인 및 안전 관련 유의사항 강제 확인 등을 담을 UX 개선안을 자체적으로 제작해 해결방안으로 제시했다. 그러나 이러한 해결방안은 그 효용성을 떠나 사적으로 운영되는 회사들을 대상으로 제시해 적용하기에 어려움이 있다는 문제점을 지닌다.

이에 이번 장에서는 서울특별시에서 자체적으로 운영 중인 '따릉이'에 이러한 개선안을 적용해보고자 한다. 그 이유는 앞에서 분석한 여러 공유 모빌리티 앱들 중 하나인 따릉이는 서울시가 운영의 주체인 만큼 시민참여예산 등의 방식을 통해 타 업체들에 비해 높은 개선안 수용 가능성을 지니며, 서울특별시를 기준으로 높은 사용률을 보이는 만큼 단순히 '공유 자전거 따릉이 이용자'를 대상으로 하는 공유 자전거 안전사고 문제 해결이 아닌 공유 모빌리티를 이용하는 대다수에게 발생하는 안전사고 문제를 대상으로 삼을 수 있기 때문이다.

구체적으로는 '따릉이' 앱이 가지고 있는 안전 이용 수칙 관련 UX상의 문제점을 다시 한번 되짚어 보고, 이를 바탕으로 따릉이의 UX 개선안과 그 적용을 위한 예산을 추정해볼 것이다.

1) 개선점

앞서 분석한 다른 공유 모빌리티들과는 달리 따릉이는 자전거 대여 서비스를 운영하는 만큼, 운전면허 미소지 등으로 인한 문제점이 발생하지는 않는다. 그러나 따릉이 앱도 다른 앱과 비슷하게 이용자에 안전 수칙을 알리는 과정에서 그 수준이 미흡하다는 문제를 지닌다. 구체적으로는 따릉이 앱을 실행했을 때 어느 정도 자세히 서술된 안전 수칙이 제시되기는 하나, 이는 이용자 입장에서 제대로 인식되기 어려우며 결국 스쳐 지나가는 팝업 정도로만 인식된다. 반대로 대여 과정 등에서 따릉이 측이 제시하는 안전 관련 내용의 경우, 그 내용이 대부분 인지하고 있는 내용 정도라는 문제가 있다.

기본적으로 이윤 추구를 주된 목표로 삼는 다른 공유 모빌리티의 경우 안전 관련 개선이 이용자의 불편함을 만들어 이용 횟수가 떨어질 수 있다는 문제로 인해 이를 개선하는 것이 꺼려질 수 있으나, 따릉이는 서울특별시 주관하에 운영되고 있는 만큼 이러한 문제점들에 있어 자유롭기에 이용자가 어느 정도 불편함을 감수하게 되더라도 안전 수칙을 준수할 수 있도록 노력할 필요가 있다. 이에 따릉이 앱의 UX가 안전 이용 수칙과 관련된 상기된 문제점에 대한 개선안을 제시하려고 한다.

개선안은 대여 시마다 안전 관련 유의사항 확인 동의를 강제하는 것과 앱 시작 시 팝업 형식으로 캠페인 등의 내용을 확인하도록 하는 것을 목표로 한다. 우선 따릉이의 경우 자전거 대여 시 안전 수칙 준수를 한 번 더 강조하는 등 이용자들이 공유 자전거를 이용하기 전 한 번 더 안전 수칙을 확인해보는 과정이 부족한 만큼, 다른 앱에서 주의사항 등을 읽게 할 때 주로 활용되는 기술을 통해 자전거 이용 직전 관련 수칙을 한 번 더 체크해보는 과정을 통해 안전 수칙의 준수 정도를 높일 수 있을 것이다. 앱 시작 시 팝업 형식으로 안전 수칙 관련 캠페인 등의 내용을 확인하도록 하는 것의 경우, 지금도 따릉이 내에서 어느 정도 활용되기는 하나 상시 활용되지 않고 캠페인 등에만 사용되는 점과 이용자들이 이를 제대로 확인하지 않고 넘기는 등의 문제를 해결하기 위해 안전 수칙 공고를 상시 활용하는 것과 이용자들이 이를 확인할 수 있도록 어느 정도 강제성을 부여하는 것이 그 개선안이 될 수 있다.

2) 예산 추정

앞선 개선안을 적용하기 위해서는 우선 앱 내에 개선된 시스템을 적용하기 위한 프로그래머를 모집할 필요가 있으며, 또한 자체적으로 제작한 UX 개선안이 적용되는 데에 있어 불편한 점이나 문제점이 존재할 수 있기에, 디자인 관련 전문가를 고용할 필요가 있다. 그리고 개선안 적용 이후 이용자들의 의견과 더불어 따릉이로 인한 안전사고 발생을 줄이는 데 어느 정도 효과가 있었는지 확인하기 위해 만족도 조사 및 안전사고 분석을 진행할 필요가 있으며, 마지막으로 분석을 바탕으로 개선안을 유지하기 위한 따릉이 앱 유지·보강할 필요가 있다.

(1) 프로그래머 모집

앞서 말했듯 따릉이 앱 내 안전 이용 수칙 관련 문제점을 해결하기 위해 따릉이 UX의 개선안을 앱에 적용할 프로그래머를 크몽 등 웹사이트에서 모집할 필요가 있다. 보통 웹사이트 등에서 제시하는 프로그래머 1인에 대한 비용과 따릉이 앱이 어느 정도 틀이 잡혀 있는 점을 고려해보았을 때, 약 1,000만 원 정도의 비용이 발생할 것으로 보인다.

(2) 디자이너 모집

또한 문제점 해결을 위해 자체적으로 제작한 UX를 비롯한 디자인에서의 문제점을 확인하고 더욱 개선된 UX를 제시하는 것을 목적으로, 크몽 등 웹사이트에서 디자인 관련 전문가를 고용할 필요가 있다. 사이트 등에서 제시하는 디자이너 1인에 대한 비용을 고려해보면, 이 과정에서 약 500만 원 가량의 비용이 발생할 것으로 보인다.

(3) 만족도 조사 및 안전사고 분석

개선안의 적용 이후, 그 효과를 분석하고 추가적 개선안이 있는지 확인해보기 위해 만족도 조사 및 따릉이로 인해 발생한 안전사고를 분석할 필요가 있다. 타 사업에서 사업 시행 이후 만족도 조사 등에서 발생하는 비용으로 제시한 가격을 비교 및 고려해보면, 이를 시행하기 위해 약 400만 원 정도의 비용이 발생할 것으로 판단된다.

(4) 따릉이 앱 유지·보강

개선안 적용 이후, 만족도 조사 및 안전사고 분석을 통해 확인된 추가적인 개선안을 시행하기 위해 프로그래머·디자이너를 다시 모집할 필요가 있다. 앞서 제시한 비용을 생각해 이를 개선하는 데 어느 정도 비슷한 비용이 들 것을 고려해서, 약 1,000만 원 정도의 비용이 들 것으로 예상된다.

결론적으로, 서울특별시 공공자전거 대여 시스템 '따릉이' 앱을 개선하는 데에는 총 2,900만 원 정도의 예산 소요가 예상된다.

IV. 총평

1. 요약

1) 프로젝트 개요

날이 갈수록 성장해가는 국내 공유 모빌리티 서비스와 공유 모빌리티 시장 규모가 커짐과 동시에 늘어나는 안전 문제 위주로 프로젝트를 진행했다. 본 프로젝트에서 공유 모빌리티 이용에 관해 해결할 문제의 범위와 가설을 세워 보았다. 이 보고서에서는 시민참여예산제의 공공성을 고려해 따릉이 앱을 중심으로 제시했다. 본 프로젝트의 주된 가설은 대여 앱 사용자 경험의 개선을 통해 인식을 유의미한 정도로 개선할 수 있을 것이고, 이는 안전 수칙 준수와 성숙한 개인형 이동장치 문화 형성을 도모할 수 있을 것이라는 내용이다.

2) 문제 발굴

법률상 개인형 이동장치에 대한 분류를 조사해보며 프로젝트의 대상이 되는 개인형 이동장치에 대한 이해를 쌓았다. 인식한 문제가 실제로 유의미한 사람들에게 인식되는지, 어떠한 문제들이 사람들에게 주로 부각되어 보이는지에 대해 온라인 설문을 실시했다. 설문 결과, 사람들은 자신이 공유 모빌리티의 수칙을 잘 알고 있다고 생각하지만, 그중 많은 수의 사람이 제대로 이용 수칙에 대해 알고 있지 못했다. 우선 사적으로 운영되는 공유 모빌리티 대여 사업에는 적용이 어렵기 때문에 따릉이로 범위를 한정했지만, 다른 대여 플랫폼을 통해 대여되는 개인형 이동장치에도 프로젝트의 내용을 적용하려면 제도적 개선이 필요하다고 느껴 개인형 이동장치와 관련된 법률들의 진행 상황을 살펴본 후 허훈 서울시의회 의원님께 인터뷰했다. 인터뷰에서는 준비해 간 문항들 외에도 개인형 이동장치 대여 사업의 급진적인 규제의 실질적 어려움과 얽혀 있는 여러 이해관계 등 다양한 시선에서 문제를 바라볼 수 있는 답변을 들었다.

3) 해결방안 모색

공유 모빌리티 앱 UX 개선을 주된 해결방안으로 보고, 개선점을 찾기 위해 공유 모빌리티 앱들을 카셰어링 앱인 쏘카, 따릉이, 매출액 상위 3사의 UX를 분석했다. 분석의 결과로 안전 수칙 팝업 노출, 운전면허 인증 강제, 대여 시에 안전 관련 유의사항 동의의 강제를 꼽았고, 이를 바탕으로 가상의 공유 모빌리티 앱 UI를 제작했다. 앞의 내용들을 따릉이에 우선 적용해보고자 해서 예산 추정을 해보았다.

2. 한계점

이 프로젝트의 주된 가설은 프로젝트를 진행함으로써 공유 모빌리티 대여 서비스 사용자들의 인식을 유의미하게 개선할 수 있고, 인식 개선은 공유 모빌리티 사용 문화의 발전으로 이어진다는 것이었다. 하지만 이 프로젝트의 가장 큰 한계점은 인식 개선이 필연적으로 이용 수칙의 준수와 사용 문화의 발전으로 이어질지 미지수라는 점이다. 인식 개선은 장기적인 문화 정착의 기틀이 되지만, 즉각적인 행동 변화로 나타나지 않는 경우가 많다. 이를 해결하기 위해 안전 관련 유의사항 동의를 강제하는 등의 행동 유도 장치를 추가했다. 추후 만족도 조사와 안전사고 분석 등을 통해 인식 개선이 행동의 변화로 이어질 수 있도록 노력할 것이다.

참여예산 제안서

시정 분야	☐ 경제/노동 ■ 교통/안전 ☐ 주거/생활 ☐ 환경 ☐ 문화/체육/관광
사업명	따릉이 앱 내 안전 이용 수칙 관련 UX 개선
사업 위치	서울시 전역
소요예산	사업비: 총 29,000,000원
사업 기간	2026. 1. 1 ~ 2026. 12. 31
사업 목적 (제안 배경)	〈제안 배경〉 현재 서울시에서는 공유 자전거, 킥보드 등 공유 모빌리티로 인해 발생하는 안전사고 문제가 지속적으로 제기되고 있다. 이러한 사고의 주원인으로 시민들의 법규 위반에 대한 인식 부재, 안전 의식 부족 및 교육·단속 미흡 등이 지적되고 있는 만큼, 공유 모빌리티의 대표적 예시인 따릉이 앱의 안전 이용 수칙 관련 UX를 개선하는 사업을 기획했다. 본 사업은 꾸준히 증가하는 따릉이 이용자들이 안전 수칙을 준수해 각종 공유 모빌리티로부터 안전한 사회를 만드는 것을 목표로 한다. 〈사업 근거〉 제3조(시장 등의 책무) 제9조(안전교육 등) 제13조(대여 사업자 준수사항)
사업 내용	〈사업의 주요 내용〉 첫째, 따릉이 앱 내 안전 이용 수칙 관련 UX의 문제점을 파악한다. 기본적으로 각종 안전 수칙에 대한 설명이 미비한 점을 들 수 있으며, 안전 수칙을 알려주는 부분이 존재하기는 하나 이용자들이 이를 제대로 숙지하지 않는 점 등을 추가적 문제로 제시할 수 있다. 둘째, 파악한 문제점을 중심으로, 따릉이 앱의 UX를 개선한다. 셋째, UX 개선이 따릉이 안전사고에 미친 영향을 파악해, 추가로 발생하는 개선점들을 확인해 이를 바탕으로 앱 개선안을 지속적으로 유지 및 보강한다. 〈사업 추진 절차〉 안전 수칙과 관련된 미흡한 부분이 파악된 만큼, 우선 따릉이 앱의 개선을 위해 크몽(kmong) 등의 업체를 통해 프로그래머와 디자이너를 모집해 따릉이의 안전 수칙 관련 UX를 새롭게 개선한다. 개선안에 대한 만족도 조사 및 서울시 내 따릉이로 인한 안전사고의 추세를 통해 사업이 미친 영향을 파악

하고, 이를 바탕으로 추가적인 UX 개선을 시행한다.

항목	단가(천 원)
프로그래머 모집	10,000
디자이너 모집	5,000
만족도 조사 및 안전사고 분석	4,000
따릉이 앱 유지·보강	10,000
총액	29,000

사업 내용	〈사업비 세부 내역〉 1) 프로그래머 모집(10,000,000원) 　따릉이 앱 내 안전 이용 수칙 관련 문제점을 해결하기 위해 따릉이 UX의 개선안을 앱에 적용할 프로그래머를 크몽 등 웹사이트에서 모집. 2) 디자이너 모집(5,000,000원) 　문제점 해결을 위해 자체적으로 제작한 UX를 비롯한 디자인에서의 문제점을 확인하고 더욱 개선된 UX를 제시하는 것을 목적으로, 크몽 등 웹사이트에서 디자이너를 모집. 3) 만족도 조사 및 안전사고 분석(4,000,000원) 　사업 시행 후 효과 분석 및 추가적 개선안 확인을 위한 만족도 조사 및 따릉이 안전사고 분석. 4) 따릉이 앱 유지·보강(10,000,000원) 　사업 시행 이후, 만족도 조사 및 안전사고 분석을 통해 확인된 추가적인 개선안을 시행하기 위한 프로그래머·디자이너 고용.
사업 효과	본 사업은 기본적으로 따릉이 이용자들을 대상으로 여러 안전 수칙을 공유 및 교육해 이를 숙지하고 준수할 수 있도록 하는 것을 목표로 하고 있다. 이를 통해 따릉이 이용자들뿐 아니라 도보에서의 무분별한 공유 모빌리티 이용으로 위협을 겪던 보행자들, 혹은 차도에서 위협을 겪던 운전자들에게도 그러한 위협이 줄어드는 효과를 얻을 것이다. 마지막으로 서울시 내에서 따릉이 이용자가 꾸준히 증가하는 추세인 만큼, 이러한 이동장치 이용 시 안전 수칙을 대다수 이용자가 공유함으로써 궁극적으로 공유 모빌리티와 함께하는 안전한 사회를 만드는 것을 사업의 효과로 기대하고 있다.

PART 04

우리의 손짓은 신화가 되리라

고려대학교
청각장애인 학우를 위한
가수 공연 AI 수어 통역/자막 지원사업

김시온 | 박세진 | 신유성 | 이채현

I. 프로젝트 개요

1. 소개

　본 사업은 청각장애인을 포함한 장애인들이 축제와 같은 문화 행사에 온전히 참여하고, 이를 향유할 수 있도록 지원하는 방안을 제안한다. 특히, 장애인의 이동권 보장과 더불어 행사에서의 정보 접근성을 강화하는 것을 목표로 하며, 이를 위해 자막 및 수어 통역 시스템을 도입해 행사의 포용성과 접근성을 확대하고자 한다.

　현행 장애인 지원 정책은 주로 행사 장소까지의 물리적 접근성 개선에 초점이 맞춰져 있지만, 행사 자체의 정보 제공과 환경 조성은 여전히 미흡한 상태다. 이는 장애인들이 행사를 온전히 이해하거나 참여하기 어려운 환경을 조성하며, 결과적으로 이동권 보장을 위한 기존 노력의 효과를 제한시키는 주요 원인으로 작용한다. 본 사업은 이러한 한계를 극복하고, 장애인들이 단순히 행사에 '도달'하는 것을 넘어, 그 과정과 결과에서 동등한 권리를 누릴 수 있도록 돕는 것을 핵심 목표로 한다.

　본 사업에서는 AI 기술을 활용한 실시간 자막 생성 및 수어 통역 제공 시스템을 구축해 장애인에게 필요한 정보를 신속하고 정확하게 전달하고자 한다. 이 시스템은 기술적 효율성을 바탕으로 다양한 축제와 문화 행사에서 쉽게 적용할 수 있으며, 장애인과 비장애인 모두가 함께 어우러질 수 있는 환경을 조성하는 데 기여할 것이다. 또한, 이를 통해 장애인의 행사 경험을 향상하는 것은 물론, 지역사회 전체의 인식 개선과 포용적 문화 형성에도 긍정적인 영향을 미칠 것으로 기대된다.

2. 추진 배경

서울특별시에서는 지역 관광 개발 사업의 일환으로서 다양한 지역축제 및 프로모션 행사를 개최하고 있다. 이는 지역 주민 및 외지인을 대상으로 진행되는 행사이기에, 장애인들을 대상으로도 행사 장소까지의 이동권이 원활히 보장되도록 해야 할 것이다. 그러나 현재의 이동권 보장 정책은 여전히 물리적, 제도적, 사회적 한계를 극복하지 못하고 있다. 이는 장애인이 행사에 참여하기 위해 이동하는 과정에서 구조적인 장벽을 경험하게 하고, 이동권의 실질적 보장을 가로막는 주요 요인으로 작용한다.

우선, 물리적 접근성의 문제가 존재한다. 장애인들은 행사 장소로 이동하는 과정에서 대중교통, 보행로, 시설의 접근성 부족으로 인해 어려움을 겪는다. 대중교통은 여전히 휠체어를 사용하는 장애인이 접근하기 어려운 경우가 많으며, 특정 지역에서는 장애인 편의시설이 전혀 마련되지 않은 대중교통 시스템이 운영되고 있다. 또한, 보행로와 같은 공공 인프라도 장애인의 이동을 염두에 두고 설계되지 않아 이동 과정에서 사고의 위험이 존재한다. 이러한 물리적 장벽은 장애인이 행사 장소에 도달하기 위한 첫 번째 관문에서부터 참여를 저해하는 결과를 초래하고 있다.

이동권 보장과 관련한 제도적 한계 또한 문제의 핵심이다. 현재의 이동권 관련 정책은 대체로 도시 중심부에 초점이 맞춰져 있으며, 농촌 지역이나 소외된 지역의 장애인 이동권은 상대적으로 간과되고 있다. 이는 특정 지역에 거주하는 장애인들에게 행사 참여 기회 자체를 차단하는 결과를 낳는다. 또한, 장애인 이동권 보장을 위해 제공되는 지원 체계나 보조금 제도는 실질적인 요구를 충족하기에 부족하며, 관련 체계가 제공되는 경우에도 그 이용 절차가 복잡하거나 제한적인 경우가 많아 정책의 실효성을 떨어뜨린다. 나아가 사회적 요인 또한 이동권 문제를 심화시키고 있다. 장애인의 이동권 보장은 단순히 물리적 접근성과 제도적 지원에 국한되지 않으며, 이를 둘러싼 사회적 인식과 태도 역시 큰 영향을 미친다. 장애인의 이동 과정에서 마주치는 사회적 편견과 차별은 이동권 보장을 저해하는 또 다른 장벽으로 작용한다. 대중교통 이용 시 장애인에게 적절한 도움을 제공하지 않거나, 장애인의 이동권을 불편한 요소로 인식하는 태도는 이동 과정에서 추가적인 심리적 부담을 초래한다.

그러나 앞의 문제에 대한 해결을 위한 시스템적 접근은 다양한 차원에서 점진적으로 시도되고 있다. 우선, 정부와 지자체 차원에서 장애인의 이동권을 보장하기 위한 정책적 노력과 기반 시설 개선이 점차 확대되고 있다. 대표적으로, 장애인 편의시설이 설치된 저상버스와 같은 대중교통 수단의 도입이 꾸준히 이루어지고 있으며, 주요 도시에서는 지하철 및 철도에 장애인 승강기와 경사로를 설치하는 등 물리적 접근성을 강화하려는 움직임이 가시화되고 있다. 이러한 노력은 장애인이 좀 더 독립적으로 행사 장소에 도달할 수 있는 기본 여건을 마련하는 데 기여하고 있다.

또한, 제도적 측면에서도 장애인의 이동권 보장을 강화하기 위한 법적, 행정적 장치들이 마련되고 있다. 「교통약자의 이동편의 증진법」과 같은 법률은 장애인을 포함한 교통약자들의 이동권을 제도적으로 보장하는 기반을 제공하며, 이를 이행하기 위한 구체적 계획들이 수립되고 있다. 특히, 일부 지자체에서는 농촌 지역과 같이 이동권이 상대적으로 보장받지 못하는 소외 지역에 대한 이동 지원 서비스(예: 장애인 전용 콜택시 서비스)를 확대하고, 장애인의 이동권 보장을 위한 예산을 증액하는 등 보다 적극적인 정책을 도입하고 있다.

따라서 여기에서는 더 미시적인 차원에서 접근을 시도하고자 한다. 이동권이 행사 참여의 필요조건이라면 행사를 온전히 향유할 수 있는 환경의 조성은 충분조건으로 작용한다. 그러나 현재 대부분의 행사는 장애인의 필요를 충분히 반영하지 못한 상태로 기획 및 운영되고 있으며, 이는 장애인을 행사 경험에서 소외시키는 주요 원인으로 작용한다. 정리하자면, 지역 행사의 향유 그 자체에 대한 편의를 제공하는 부분에 있어서는 현재까지도 지역사회에서의 논의가 사실상 전무했다는 점에 주목하려는 것이다.

우선 정보 접근성의 부족 문제를 살펴봐야 한다. 장애인이 행사에서 제공되는 정보에 접근하는 방법은 매우 제한적이다. 청각장애인의 경우 행사에서 진행되는 발표, 공연, 강연 등 음성 중심의 정보를 충분히 이해할 수 있는 자막 및 수어 통역이 거의 제공되지 않고 있다. 특히, 대부분의 행사는 음성 정보에 의존하는 방식으로 기획되기 때문에, 청각장애인은 기본적인 행사 내용을 파악하는 데 어려움을 겪는다. 이는 단순히 행사 정보를 놓치는 것을 넘어, 장애인의 참여를 '관람'의 수준에서 제한해 적극적이고 능동적인 참여를 어렵게 만드는 결과를 초래한다. 또한, 행사 공간 내 물리적 편의시설 부족도 주요한 문제 중 하나다. 장애인을 위한 접근성 높은 무대, 이동 동선, 관람석 등이 충분히 마련되지 않은 경우가 많다. 예를 들어, 휠체어를 사용하는 장애인의 경우, 무대나 주요 행사 구역에 접근하기 어려운 구조적 문제를 경험할 가능성이 높다. 이러한 물리적 장벽은 단순히 이동권의 문제를 넘어 행사에 참여하고 활동하며 타인과 상호작용할 수 있는 기회를 제약한다. 더욱이 화장실, 식음료 공간, 휴게 공간 등 기본적인 편의시설이 장애인의 접근성을 고려하지 않고 설계되는 경우가 많아 행사 내에서의 전반적인 경험을 저해하는 요인으로 작용한다.

이와 함께 사회적 인식 부족도 장애인의 행사 향유를 가로막는 중요한 요인이다. 행사 기획 단계에서 장애인을 고려한 설계와 운영이 이루어지지 않는 이유 중 하나는 장애인의 참여를 '특수한 경우'로 간주하는 사회적 태도에 있다. 이는 장애인이 특정 소수 집단으로만 인식되며, 장애인의 참여를 일반적이고 필수적인 요소로 받아들이지 않는 관행에서 비롯된다. 결과적으로 장애인을 위한 자막, 수어 통역, 접근성 높은 공간 설계 등의 요소는 대부분 추가적인 비용으로 인식되어 행사 예산 책정 과정에서 우선순위에서 배제된다. 이는 장애인의 행사 참여를 비장애인과 동일한 수준으로 보장하려는 노력의 부재를 보여준다.

이러한 문제들은 궁극적으로 장애인이 행사에서 온전한 경험을 누리지 못하게 하며, 이에 따라 행사의 사회적 가치와 포용성도 저하된다. 장애인을 포함한 모든 참가자가 동등한 수준으로 행사를 향유할 수 있는 환경을 조성하는 것은 단순한 배려를 넘어, 행사 자체의 질적 향상을 위한 필수적인 조건이다. 행사는 단순히 참여하는 것만으로 의미를 가지는 것이 아니라, 이를 통해 각 개인이 얻는 경험과 상호작용, 그리고 행사로부터 파생되는 사회적 가치를 통해 그 진정한 의미를 확보할 수 있다. 따라서 행사 자체의 향유를 위한 편의를 강화하는 것은 장애인의 권리를 보장하는 것을 넘어, 행사의 본질적 목적을 달성하는 데도 중요한 과제라고 할 수 있다.

3. 추진 근거

본 사업 추진의 근거는 '서울특별시 시청각장애인의 권리보장 및 지원에 관한 조례(이하 '서울특별시 조례')'에 따른다.

서울특별시 조례 제1조는 시청각장애인의 사회참여 촉진, 권리 보호, 인간다운 삶의 영위에 이바지하는 것을 목적으로 한다. 본 사업은 청각장애인이 지역축제 및 대학교 행사에 참여할 수 있는 동등한 환경을 조성하고, 이를 통해 그들의 정보 접근과 의사소통을 지원하며, 인간다운 삶의 질 향상을 실현하는 데 기여한다.

서울특별시 조례 제3조는 시장이 시청각장애인의 권리 보장 및 지원을 위해 종합적인 복지서비스 시책을 추진해야 한다고 명시하고 있다. 본 사업은 서울시장이 주도적으로 지원할 수 있는 복지서비스 시책의 구체적인 사례로, 시청각장애인이 공공 행사에 참여할 권리를 실질적으로 보장하는 역할을 한다.

서울특별시 조례 제8조는 시청각장애인의 의사소통 지원과 문화·여가활동 참여를 포함한 다양한 지원사업을 추진할 수 있도록 규정하고 있다. 특히, '의사소통 양식 및 관련 보조기기의 연구·개발·보급(8조 1항 6호)'을 명시함으로써 본 사업에서 제공하는 실시간 속기 및 수어 통역 서비스의 도입 근거를 제시하고 있다. 또한, 제8조 2항은 시장이 지원사업을 추진하는 자치구 및 법인·단체 등에 필요한 경비를 보조할 수 있다고 규정하고 있어, 본 사업의 재정 지원 가능성을 뒷받침한다.

서울특별시 조례 제11조는 시장이 종합적인 복지서비스 제공을 위해 자치구, 관련 단체, 시설 등과 긴밀히 협력하도록 규정하고 있다. 본 사업은 성북구, 대학교, 축제 주최 측, 청각장애인 관련 단체와의 협력체계를 구축해 조례의 취지를 실질적으로 구현할 수 있다.

서울특별시 시청각장애인의 권리보장 및 지원에 관한 조례

제1조(목적) 이 조례는 서울특별시에 거주하는 시청각장애인의 권리보장 및 지원에 필요한 사항을 규정함으로써 시청각장애인의 사회참여를 촉진하고, 권리를 보호하며, 인간다운 삶의 영위에 이바지함을 목적으로 한다.

제3조(시장의 책무) 서울특별시장(이하 "시장"이라 한다)은 시청각장애인이 인간다운 삶을 영위할 수 있도록 시청각장애인의 권리보장 및 지원을 위한 종합적인 복지서비스 시책을 적극 추진하여야 한다.

제8조(시청각장애인 지원사업) ① 시장은 시청각장애인을 지원하기 위하여 다음 각 호의 사업을 추진할 수 있다.
1. 의사소통 및 이동지원
2. 자립생활 교육·훈련, 직업재활
3. 자조모임 운영·활성화 및 네트워크 구축
4. 심리상담, 문화·여가활동 참여
5. 원활한 의사소통 및 일상활동을 위한 전문인력 교육·양성 및 파견
6. 의사소통 양식 및 관련 보조기기의 연구·개발·보급
7. 시청각장애인 관련 사회문화적 인식 개선 및 홍보
8. 그 밖에 시청각장애인 지원을 위하여 필요한 사업

② 시장은 시청각장애인 지원사업을 추진하는 자치구 및 법인·단체 등에 대하여 예산의 범위에서 필요한 경비의 전부 또는 일부를 보조할 수 있다.

제11조(협력체계 구축) 시장은 시청각장애인에게 종합적인 복지서비스를 제공하기 위하여 중앙정부, 자치구 및 시청각장애인 관련 단체 및 시설, 의료기관 등과 긴밀한 협력체계를 마련하도록 노력하여야 한다.

자료 4-1. 서울특별시 시청각장애인의 권리보장 및 지원에 관한 조례
[시행2021. 5. 20], [서울특별시조례 제8016호, 2021. 5. 20, 제정]

또한, 본 사업은 '서울특별시 성북구 한국수화언어 통역 활성화 지원 조례(이하 '성북구 조례')'에 근거해서도 추진 근거를 갖는다.

우선, 성북구 조례 제1조는 청각장애인의 사회활동 참여 증진과 언어 권리 신장을 명시적으로, 목적으로 삼고 있다. 본 사업은 이러한 목적에 따라 청각장애인이 지역축제 및 대학교 행사에서 동등하게 참여할 수 있는 환경을 조성하며, 이를 통해 실질적인 사회활동 참여를 보장한다.

성북구 조례 제4조는 성북구청장이 청각장애인의 정보 접근과 의사소통 지원을 위해 자막 및 수어 통역을 제공해야 할 의무를 명시하고 있다. 특히, 공공 행사에서 수어 통역을 지원해야 한다고 규정함으로써, 대학축제 및 지역축제와 같은 공공적 성격의 행사에 대한 지원이 가능하다는 근거를 제공한다.

성북구 조례 제5조는 한국수어 활성화를 위해 청각장애인의 사회활동을 지원하고, 수어 통역사의 역량 개발과 고용 확대를 적극적으로 추진해야 한다고 규정하고 있다. 본 사업은 이러한 취지에 따라 수어 통역사를 현장에 배치하고, 전문 인력의 고용을 확대하는 데 기여할 것이다.

또한, 성북구 조례 제6조는 청각장애인 편의 증진과 한국수어 활성화를 위해 법인, 단체 등에 행정적·재정적 지원을 할 수 있다고 명시하고 있으며, 공공 행사에서의 수어 통역 제공 경비를 지원할 수 있도록 규정하고 있다. 이를 바탕으로, 대학 및 축제 주최 측이 수어 통역 및 자막 서비스 제공을 위한 비용을 지원받아 실질적인 사업 실행이 가능하다.

서울특별시 성북구 한국수화언어 통역 활성화 지원 조례

제1조(목적) 이 조례는 서울특별시 성북구의 청각장애인을 위한 수화언어의 활성화를 도모함으로써 청각장애인의 사회활동 참여 증진 및 언어권리 신장을 목적으로 한다.

제4조(청각장애인 편의 증진) ① 서울특별시 성북구청장(이하 "구청장"이라 한다)은 청각장애인의 정보접근과 의사소통 지원을 위하여 청각장애인이 요구할 경우 자막 및 수어 통역을 제공하여야 한다.

② 공공기관 등과 공공시설 등은 공공 행사, 공공시설이용, 인터넷방송 등 공익상 필요하다고 인정하는 경우에는 수어 통역을 지원하여야 한다.

③ 공공기관 등과 공공시설 등은 한국수어 영상서비스를 지원할 수 있는 시설과 청각장애인을 위한 편의시설을 설치할 수 있다.

제5조(수어활성화) ① 구청장은 한국수어와 농문화 발전을 위하여 노력하여야 한다.

② 구청장은 청각장애인의 원활한 사회활동을 지원하기 위하여 한국수어 활성화 방안을 마련하도록 노력하여야 한다.

③ 구청장은 성북구민과 공공기관 직원 등의 한국수어 능력 향상을 위하여 교육을 실시할 수 있다.

④ 구청장은 수어 통역사 인력확대 및 역량개발을 위한 교육지원을 확대하고 수어 통역사와 수어 통역 관련 전문 인력 처우개선과 고용안전을 위하여 적극 노력하여야 한다.

제6조(지원) ① 구청장은 청각장애인 편의 증진과 한국수어 활성화를 위한 목적으로 활동하는 법인, 단체 등에 대하여 행정적 또는 재정적 지원을 할 수 있다.

② 공공기관 등의 장은 직접 주관 또는 주최하는 행사에 수어 통역을 제공하는 경우 수어 통역에 필요한 경비를 지급할 수 있다.

③ 제1항에 따라 재정적 지원을 하는 경우에는 「서울특별시성북구지방보조금관리조례」에 따른다.

자료 4-2. 서울특별시 성북구 한국수화언어 통역 활성화 지원 조례
[시행2017. 12. 28], [서울특별시성북구조례 제1185호, 2017. 12. 28]

따라서 본 시범사업은 서울시의 환경 정책 방향에 따라 자원 절약과 순환을 통해 환경오염을 최소화하려는 노력의 일환으로, 공공기관 내에서의 자원 순환 체계를 강화하는 실질적 방안으로서 그 정당성을 확보한다. 나아가 환경적 지속가능성을 강화함으로써 자원 순환 체계 구축을 도모할 수 있는 효율적인 방안이라고 할 수 있다.

II. 문제 발굴

1. 대학축제 현황 분석

1) 대구대학교

대구대학교는 2017년 청각장애인 학우들을 위해 축제 기간 수어 통역과 자막 지원을 제공한 사례로 주목받았다. 2017년 6월 1일 축제에는 래퍼 지코의 공연이 있었는데, 빠르고 현란한 속도로 이어지는 지코의 랩에, 옆에 있던 수어 통역사도 흥겹게 리듬을 타며 수어를 전했다.[1] 당시 공연을 촬영한 영상은 대구대학교 공식 유튜브 채널 등에 올라와 인기를 끌었다. 이렇듯 대구대학교의 축제 '대동제'에서는 가수들의 공연 중 무대에 수어 통역사가 함께 올라와 노래를 수어로 전달한다. 더해서 무대 뒤편 전광판에는 자막도 표시되어 청각장애인 학생들이 함께 공연을 즐길 수 있다.

---

[1] SBS 뉴스. 2017. 대학축제에 등장한 수화통역사…배려심에 '환호'『SBS 뉴스』. 6월 5일.
https://news.sbs.co.kr/news/endPage.do?news_id=N1004230820

대구대학교는 장애 학생들을 위한 배리어 프리 환경 조성에 앞장서며 긍정적인 평가를 받고 있다. 캠퍼스 내 모든 건물에 엘리베이터, 자동 출입문, 경사로 등을 설치하고, 초저상 버스와 리프트카를 운영해 장애 학생들의 이동편의를 도모하고 있다. 그 배경에는 대구대학교가 '특수 교육의 산실'이라는 특수성이 있다. 전국 최초로 특수교육과가 설치된 곳이며, 장애 학우 복지가 우수한 것으로 명성이 높다. 전국에서 가장 많은 사회복지사를 배출하는 대학이기도 하다.

그러나 2023년 대구대학교 축제에는 수어 통역사가 무대에 오르지 못했다. 수어 및 속기 통역 관련 농대학생 연합회 동아리 '손누리'에 따르면 대구대학교 측이 수어, 속기 중 하나만 하루에 두 시간씩 지원하라고 지시했다고 한다. 문제는 예산이었다. 대구대학교 학생문화팀 관계자는 수어, 문자 통역과 관련해 통역사 시급 문제 조율에 난항을 겪었다며, 한정된 예산에서 통역사 임금 지급과 관련해 과도한 경비가 우려되었다고 밝혔다. 특히 교내에 수어를 모르는 학생들이 많다는 것을 파악해 수어 통역은 포기하고 자막만 제공하기로 했다는 것이다.

학생문화팀은 기획처를 통해 수어, 문자 통역 별도 예산을 마련하겠다고 대책을 내놓았다. 2024년 봄 축제에서 다시 수어 통역사가 무대에 올랐다. 그러나 이번에는 자막 지원이 빠졌다. 대구대학교에는 구어 사용 청각장애인이 수어 사용 농인보다 그 수가 더 많은데, 구어 사용자를 위한 속기 지원은 없었고 수어 통역만 진행된 것이다. 이마저도 통역사의 미숙으로 수어가 제대로 전달되지 못했다. 수어 통역사의 공연 통역에 대한 이해와 사전 준비가 부족했다. 학생문화팀 관계자는 한정된 예산에서 수어 통역 업체를 찾은 만큼 높은 완성도가 나오지 못했다며, 2024년 가을 축제에서는 속기사와 수어 통역사를 모두 배치할 것이라고 했다. 실제로 2024 가을 축제에서는 수어 통역과 실시간 자막(아티스트 한정)이 모두 제공되었다.

　대구대학교의 축제 수어 통역/자막 지원 정책의 성과와 한계를 분석하면 다음과 같다. 대구대학교는 축제에서 청각장애인 학우를 위한 수어 통역과 자막 지원을 도입하며, 배리어 프리 환경 조성의 선도적 역할을 했다. 청각장애인을 포괄하는 포용적 접근을 통해 장애 학우들의 문화적 참여 기회를 확대하는 데 중요한 역할을 한 것이다.

　그러나 대구대학교의 정책은 지속가능성과 일관성 면에서 한계가 있었다. 예산 부족으로 인해 수어 통역과 자막 지원 중 하나를 선택해야 하는 상황이 발생했다. 결과적으로 2023년 대동제에서는 자막만 제공되면서 수어 통역은 배제되었고, 2024년 대동제에서는 그 반대 상황이 펼쳐졌다. 이는 장애 학우의 문화적 접근권 보장을 위한 체계적 지원의 부재를 시사한다. 축제 수어 및 자막 지원이 단기적인 예산과 행정적 판단으로 좌우되는 것이다. 장애 학우들의 접근권 보장을 위한 안정적이고 지속가능한 지원 체계 구축이 필요하다.

　인권 보장과 관련한 사안은 실제적 예산 산정 과정에서 효율성 측면에서 평가절하되는 경향이 크다. 대구대학교도 그러한 사례다. 이 지점에서 우리는 축제에 수어 통역과 자막을 지원하는 사업을 학교 내 사업이 아니라 정부 차원의 사업으로 확대할 필요성을 제기한다. 대구대학교 사례를 반면교사 삼아 성북구 주민참여예산을 통해 정부 차원에서 지원해 안정성과 지속가능성을 제고할 필요가 있다.

　대구대학교 사례와 본 사업의 유사성은 수어 통역과 자막 지원을 통해 청각장애인 학우들의 축제 접근성을 보장한다는 것이다. 그러나 본 사업은 대구대학교와 달리 AI 기반 자막 지원 서비스 도입을 핵심으로 차별성을 추구한다. 대구대학교는 전문 속기사를 고용해 무대 전광판에 자막을 제공하지만, 본 사업은 한국AI속기사협회와 협업해 AI 기술을 활용함으로써 차별성을 가진다.

2) 성북구 내 8개 대학에서의 지원 실태 분석

성북구는 서울 자치구 중 가장 많은 수의 대학이 소재하고 있어 '대학 도시'로 유명한 구다. 성북구에 있는 대학은 고려대학교(안암동), 성신여자대학교(돈암동), 국민대학교(정릉 3동), 동덕여자대학교(월곡동), 서경대학교(정릉 4동), 한국예술종합학교(석관동), 한성대학교(삼선동), 동방문화대학원대학교(성북동)로 8개다. 온라인 동영상 플랫폼을 통해 조사한 결과, 축제 전광판에 실시간 속기나 수어 통역을 지원하는 대학교는 단 한 곳도 확인되지 않았다. 이는 청각장애 학우들이 대학축제라는 주요 문화적 공간에서 소외되고 있음을 보여준다.

구분	고려대	성신여대	국민대	동덕여대	서경대	한예종	한성대	동방문화대
실시간 자막	×	×	×	×	×	×	×	×
수어 통역	×	×	×	×	×	×	×	×

자료 4-3. 성북구 소재 8개 대학 자막 지원 및 수어 통역 지원 실태(2024. 12. 19 기준)

3) 시범사업 대상: 고려대학교

축제에 자막/수어 통역을 시범 도입하기 가장 적절한 환경이 바로 고려대학교 축제다. 그 이유는 다음과 같다.

첫째, 많은 사람들의 관심과 참여가 존재해 시범사업 도입 시의 효과를 측정하기에 적절하다. 성북구에는 많은 대학이 있고, 특히 고려대학교는 성북구 내 대학들 중 교내 학생뿐만 아니라 외부인들의 관심도 높은 큰 규모의 대학축제(입실렌티 : 지야의 함성)를 개최한다. 이는 해당 축제에 많은 관심과 참여가 존재하며, 자연스럽게 청각장애인분들도 많이 참여하는 축제임을 말한다. 따라서 고려대학교 축제에 자막/수어 통역을 시범 도입할 때 그 효용을 효과적으로 측정할 수 있다.

둘째, 대학의 특성상 배리어 프리 사업인 해당 사업을 실시하기 용이하다. 다양성과 사회적 책임을 중시하는 대학에서는 해당 가치에 관한 관심이 높으며, 가치를 실현하기 위한 예산도 따로 마련되어 있다. 더불어 축제를 주관하는 주체가 학생인 만큼 시범 도입에 대한 적극적인 협조가 가능하다. 따라서 고려대학교 특성상 배리어 프리 사업인 자막/수어 통역 지원사업을 시범 도입하기 용이하다.

셋째, 시범사업 도입 시 인권, 장애인식 개선 효과가 크다. 대학축제에 자막과 수어 통역을 지원하는 것은, 학생들에게 장애인 지원사업의 접근성을 높이고, 청각장애인들의 소통 방식을 이해할 수 있도록 유도할 수 있다. 따라서 고려대학교에 자막/수어 통역 지원을 할 시에 미래 사회를 이끌어갈 대학생들의 인권, 장애인식을 개선하고 다양성을 존중하는 사회를 만들 수 있다.

2. 지역 공공 축제 현황 분석

성북구 산하, 축제를 주관하는 성북 문화재단의 주요 축제는 총 4개이며, 축제의 이름은 성북 세계음식축제 누리마실, 성북 문화바캉스, 성북거리문화축제 다다페스타, 성북 책모꼬지다. 해당 축제에서는 다양한 강연, 무대 공연을 진행하고 있다. 그러나 이러한 축제들에서 청각장애인을 위한 자막 및 수어 통역 서비스는 대부분 제공되고 있지 않다. 성북 문화재단의 전화 인터뷰를 통해 조사한 결과, 성북구 지역축제의 메인 무대 및 거리 공연에서 자막/수어 통역 현황은 다음과 같다.

구분	성북 세계음식축제 누리마실	성북 문화바캉스	성북 거리문화축제 다다페스타	성북 책모꼬지
자막 지원	×	×	×	×
수어 통역 지원	○	×	×	×

자료 4-4. 성북구 지역축제 공연 자막/수어 통역 제공 현황

자료 4-5. 성북 세계음식축제 누리마실 수어 통역 장면 (출처: 성북 세계음식축제 누리마실)

성북 세계음식축제 누리마실의 수어 통역을 제외하고는 다른 주요 축제에서는 자막, 수어 통역이 전혀 지원되지 않는 상황이다.

III. 해결방안 모색

1. 수혜 관계자 인터뷰를 통한 효능 점검

1) 고려대학교 청각장애인 학우 인터뷰

2024년 11월 23일, 고려대학교 온라인 커뮤니티 에브리타임으로 고려대학교 청각장애인 학우분을 찾는 글을 통해 인터뷰를 추진했다. 11월 27일, 청각장애인 학우분과 연락이 닿아 간단히 신원을 검증하는 절차를 거친 후 당일 비대면 인터뷰를 진행했다. 해당 학우분은 수어 사용자가 아닌, 중증 청각장애인임에도 인공 와우를 착용해 건청인과 비슷한 청력을 가지고 있었다.

인터뷰 질문은 2가지로, 청각장애인 학우분의 고려대학교 축제 입실렌티에 참여한 경험, 해당 축제에 수어 통역/자막이 지원되었을 때 그 효과는 어떠할지를 질문했다.

입실렌티 참여 경험의 경우, "인공 와우를 착용해 아티스트 공연 시 기존에 알고 있던 노래는 완전히 즐길 수 있지만, 큰 소음과 잡음이 많이 발생하는 축제 공연의 특성상 진행자의 멘트와 모르고 있던 노래의 가사를 알아들을 수 없어 불편함을 느꼈으며, 본인 주변의 청각장애인 학우분들도 이와 비슷한 경험을 공유하고 있다"라고 답변했다.

또한 축제에 수어 통역/자막이 지원되었을 때 그 효과의 경우, "자막 지원은 본인을 비롯한 주변의 청각장애인 학우분들이 평소에 느끼는 불편함을 해소할 수 있다"라고 했다. 수어 지원의 경우 본인은 "소리가 들리기 때문에 수어를 잘 모르지만, 수어를 사용하시는 청각장애인에게는 꼭 필요한 사업이다"라고 답변했다.

따라서 해당 인터뷰를 통해 고려대학교에 자막, 수어 통역 지원에 필요성을 느끼는 복수의 학우들이 존재함을 파악했고, 축제에서의 자막, 수어 통역 지원은 청각장애인 학우분들의 불편함을 해소할 수 있는 실효성 있는 사업임을 확인했다.

2) 고려대학교 장애인권위원회장 인터뷰

2024년 11월 28일, 고려대학교 장애인권위원회에 메일을 보내 인터뷰를 요청했으며, 당일 답신이 와 비대면 인터뷰를 진행하기로 했다. 2024년 11월 29일, 고려대학교 장애인권위원회 위원장님과 비대면 ZOOM 인터뷰를 실시했다.

인터뷰 질문은 3가지로, 고려대학교 내의 청각장애인 학우분들이 불편함을 느끼는 학교 행사, 시설, 시스템 등은 무엇이 있는지, 장애인권위원회가 청각장애인 학우들의 문화생활 향유를 위해 실시하는 배리어프리 사업은 무엇이 있는지, 축제에 수어 통역/자막을 지원하는 사업의 실효성은 어떻게 예측하는지 질문했다.

청각장애인 학우분들이 불편함을 느끼는 대학교 내의 인프라의 경우, "대학교 수업의 속기지원과 관련한 불편함을 가장 크게 느낀다"라고 답변했다. 현재 고려대학교는 일반 수업에서 속기가 필요하면, 학기마다 고려대학교 장애지원센터에서 실시하는 수요조사 혹은 학생의 직접 신청을 통해 속기를 지원받을 수 있는 시스템이 마련되어 있으나 이러한 속기는 한계가 존재함을 강조했다. 이에 "수식이 많이 나오는 이과 강의는 속기사분이 해당 내용을 이해하기 어려워 속기를 지원받기 어렵고, 관련 예산이 한정되어 있어 계절학기에는 전체 강의에 대해 지원받기 어렵다"라는 것을 이유로 꼽았다.

장애인권위원회가 실시하는 배리어 프리 사업의 경우, "청각장애인과 시각장애인 모두를 대상으로 배리어 프리 영화제와 축제 때의 배리어 프리석 사업을 실시한다"라고 답변했다. 배리어 프리 영화제는 영화 상영 시 자막과 음성 해설을 통해 장애인 학우분들도 온전히 즐길 수 있도록 하는 사업이며, 교내 축제의 배리어 프리석은 이동이 불편한 학우분들을 위해 따로 공간을 마련해 사람이 많은 공간 속에서도 축제를 즐길 수 있게 하는 사업임을 설명했다.

축제에 수어 통역/자막을 지원하는 사업의 실효성의 경우, 두 부분 모두 매우 긍정적으로 답변했다. 먼저 사업의 실효성에 대해 "해당 사업은 청각장애인 학우분들의 문화생활을 보장하는 것뿐만 아니라 장애인식 개선 효과까지 존재한다"라고 언급했다. "전체 청각장애인의 70% 정도는 잔존 청력이 있어 인공 와우와 보청기의 도움으로 건청인과 비슷하게 청력을 가지는 것은 사실이나, 각종 소음과 마이크 울림이 생기는 축제에서 원활한 공연 관람을 위해서는 자막이 큰 역할을 할 수 있다"라고 했다. 수어 통역에 관해, 수어가 제1언어인 학우의 경우, 오히려 한국어에 익숙하지 않을 가능성이 높아 자막 지원만으로는 학우들의 관람권을 보장할 수 없다는 것을 이유로 수어 통역 지원의 필요성을 강조했다. 또한 대학생을 비롯한 많은 사람이 모이는 상징적인 공간인 대학축제에 전광판을 통해 자막과 수어 통역이 지원되는 모습은 배리어 프리 사업에 대한 접근성을 높여 장애인식 개선에도 큰 효과가 있을 것이라고 답변했다.

해당 인터뷰를 통해, 축제에 자막, 수어 통역을 지원하는 사업의 실효성에 대해 다시금 점검했다. 청각장애인 학우분들이라는 직접적인 수혜 대상을 제외하고도 대학축제라는 공간이 주는 장애인식 개선 효과가 존재함을 확인했다. 더불어 청각장애인 학우분들이 불편함을 느끼는 학내 인프라와 이를 해결하기 위한 장애인권위원회의 배리어 프리 사업 등을 통해 배리어 프리적 성격을 가지고 있는 해당 사업의 필요성이 인정되었다.

2. 협력 관계자 인터뷰를 통한 효능 점검

1) AI 속기사 : 한국AI속기사협회 인터뷰

2024년 11월 29일에 한국AI속기사협회와 전화 인터뷰를 진행했다. 협회에 해당 사업의 취지와 방식에 대해 자세히 설명했고, 사업 참여에 대한 여부와 비용에 대해 문의했다. 청각장애인을 위한 복지 사업이라는 측면에서 사업 참여에 대한 긍정적인 답변을 했다. 속기사 섭외 비용에 관해, "축제의 기간에 따라 다르다"라고 답변했다. "축제를 하루만 진행한다면 자원봉사 차원에서 무료로 속기 제공이 가능하며, 여러 날 진행할 경우 상황에 따라 단가가 다르다"라고 답변했다. 이에 입실렌티에 협조 가능한지 문의했으며, "홍보 목적으로 속기사분들과 공연을 일부 촬영할 예정이기에, 해당 부분을 고려대학교 응원단 측과 협의하면 적극적으로 속기사 지원이 가능하다"라고 강조했다.

2) 고려대학교 응원단 인터뷰

한국AI속기사협회의 요청에 따라 응원단에 인터뷰 의사를 밝혔으며, 2024년 12월 15일에 응원단에게 사전 전달한 인터뷰 질문에 대한 서면 응답을 받았다. 인터뷰 질문은 2개로 입실렌티에 청각장애인 학우를 위한 자막, 수어 통역 지원사업에 대한 협조 의향, 한국AI속기사협회의 홍보 목적의 촬영 가능 여부다.

청각장애인 학우를 위한 자막, 수어 통역 지원사업에 대한 협조 의향의 경우, 많은 학우분이 다양한 방법을 사용해 입실렌티 : 지야의 함성 축제를 즐길 수 있다면 매우 좋은 일이며, 현재 시스템상으로도 대행사와의 협의를 통해 충분히 가능한 사업이라고 답변했다. 구체적으로, "수어 통역 지원은 단상 뒤편의 LED 전광판에 기능을 추가하는 것이 가능할 것"이라고 답했다.

한국AI속기사협회의 홍보 목적의 촬영 가능 여부의 경우, "청각장애인 학우분들의 문화생활 향유라는 목적에 따라 충분히 감수할 수 있으며 한국AI속기사협회의 요청을 받아들일 의향이 있다"라고 답변했다. 고려대 지속가능원이 주관하는 체인지메이커스 프로그램의 예산 100만 원을 고려대학교 입실렌티: 지야의 함성의 자막/수어 통역 지원 시범사업 추진에 있어서 활용할 것이다. 구체적인 활용 계획은 다음과 같다.

3) 성북문화재단 및 성북구청 주민참여예산제 담당자 인터뷰

성북 문화재단 및 성북구청 주민참여예산제 담당자와의 인터뷰를 통해 성북구 주요 지역축제 및 대학 행사의 자막 및 수어 통역 지원사업이 지역 내에서 확장 가능성이 높은 사업임을 확인할 수 있었다. 이 사업은 기술적 실현 가능성과 정책적 적절성을 모두 충족하며, 성북구 내 공공 행사와 타 대학축제로의 확장 가능성을 모색할 수 있는 기반을 제공한다.

성북 문화재단 인터뷰 결과 성북구 내 지역축제에서 자막 및 수어 통역 지원은 기술적으로 충분히 구현할 수 있는 사업임을 확인했다. 특히 성북세계음식축제 누리마실에서 몇 년간 수어 통역을 시행한 경험과 자막 지원의 기술적 간소성을 언급하며, 이와 같은 접근성을 다른 축제나 행사로 확장하는 데 큰 기술적 장애가 없음을 강조했다.

성북구청 주민참여예산제 담당자는 본 사업이 주민참여예산제의 취지에 부합하며, 청각장애인을 포함한 지역 주민들의 복지 증진과 사회적 포용을 촉진하는 적절한 사업임을 확인했다. 이는 사업의 목적성과 효과에 대한 공감을 바탕으로, 성북구 차원에서 제도화할 가능성을 열어두고 있음을 시사한다.

성북구는 지역 내 대학과 공공기관, 주민단체 간의 협력 네트워크가 활성화되어 있어 본 사업을 타 대학축제 및 지역 공공 행사로 확대할 수 있는 유리한 환경을 갖추고 있다. 성북문화재단은 이미 예술극장 등에서 수어 통역과 자막 지원사업을 시도한 경험을 보유하고 있으며, 이러한 경험을 기반으로 협력 범위를 넓힐 수 있다.

성북 문화재단과 주민참여예산제 담당자와의 인터뷰를 통해 자막 및 수어 통역 지원사업이 성북구 내 타 대학과 지역 공공 행사로 확장될 가능성을 확인했다. 기술적 실현 가능성과 정책적 적절성을 바탕으로 지역사회 협력을 강화하고 배리어 프리 환경 구축을 위한 제도적 기반을 마련한다면, 본 사업은 성북구를 포함한 다른 지역으로까지 확장할 수 있는 지속가능한 모범 사례로 자리 잡을 수 있을 것이다.

2024년 12월 13일, 성북 문화재단과 전화 인터뷰를 진행했다. 인터뷰 질문은 크게 2가지로 성북구 지역축제에 실시간 자막과 수어 통역 지원의 기술 도입 가능성과 해당 사업에 대한 축제 개최의 주체로서의 의견을 질문했다.

기술 도입 가능성의 경우, 대부분의 축제 기술 관련 업무를 담당하는 용역이 미정인 이유로 확답할 수는 없으나, 현재 성북구 누리마실 축제에 몇 년간 수어 통역을 지원하고 있으며 자막 지원도 크게 복잡한 작업이 아니기 때문에 충분히 기술적으로 가능할 것이라고 답변했다.

축제 개최의 주체로서 해당 사업에 관한 의견을 전달해주었다. 성북 누리마실 축제뿐만 아니라 예술극장 등에서 수어 통역, 자막을 지원하는 사업을 시도했으며, 성북구 차원에서도 장애인을 위한 배리어 프리 사업을 실시하는 상황을 언급했다. 만약 주민참여예산제를 활용해 수어 통역, 자막 지원을 위한 예산이 배정된다면 충분히 실현할 수 있는 사업이라고 답했다.

자료 4-6. 성북문화재단 인터뷰 요약

성북구 주요 지역축제에 자막, 수어 통역 지원사업이 주민참여예산제로 적절한지 판단하기 위해 주민참여예산제 담당자와 2024년 12월 13일, 전화 인터뷰를 진행했다. 담당자에게 해당 사업을 자세히 설명했고, 그 후 사업의 적절성을 질문했다. 지역축제에 자막, 수어 통역을 지원하는 것은 기존부터 한정적으로 도입된 사업이었고, 청각장애인을 위한 복지 차원에서 충분히 주민참여예산제로 적절한 사업임을 확인받았다. 또한 사업의 목적성과 효과에 크게 공감해 꼭 주민참여예산제 사업으로 제안해주었으면 좋겠다고 담당자님의 개인적인 의견 또한 청취할 수 있었다.

자료 4-7. 성북구 주민참여예산제 담당자 인터뷰 요약

3. 고려대학교 사례에 기반한 성과 검증

1) 체인지메이커스 예산 활용 계획

고려대 지속가능원이 주관하는 체인지메이커스 프로그램의 예산 100만 원을 고려대학교 입실렌티: 지야의 함성의 자막/수어 통역 지원 시범사업 추진에 있어서 활용할 것이다. 구체적인 활용 계획은 다음과 같다.

(1) 대구대학교 방문

대구대학교는 앞서 기술된 바와 같이 자막/수어 통역 지원사업을 지난 몇 년간 진행했다. 물론 예산 문제로 최근 자막 지원사업만 실시한 사실이 있기는 하나, 학생회 측에서 내년부터 다시 자막/수어 통역 지원사업을 모두 실시할 계획임을 확인했다. 이에 대구대학교를 방문해 대구대학교 학생회 측과 인터뷰를 진행할 예정이다. 실제로 자막/수어 통역 지원사업을 실시했던 관계자에게 자막/수어 통역 사업 전반의 실효성, 가능성 점검에 관해 문의할 것이다. 또한 사업을 실시하면서 생겼던 문제점을 질문해 고려대학교 시범사업에는 해당 문제점을 보완할 것이다. 앞의 인터뷰를 진행하기 위해 발생하는 교통비, 다과비 등을 예산으로 사용할 것이다.

(2) 설문조사 진행

고려대학교 축제 이후 자막, 수어 통역 지원사업의 효과를 측정하기 위해서 청각장애 학우분들을 대상으로 온라인 인터뷰 및 설문조사를 진행할 예정이다. 해당 조사를 진행하는 데 있어서 학우분들의 참여가 저조할 것으로 예상되므로, 참여를 유도하기 위해 소정의 상품을 준비할 것이다. 이 과정에서 발생하는 비용을 예산으로 사용할 것이다.

(3) 속기사, 수어 통역사 추가 섭외비

자막 지원의 경우, 입실렌티 : 지야의 함성을 하루만 속기를 지원할 시에, 한국AI속기사협회의 지원에 따라 비용이 발생하지 않는다. 그러나 고려대학교의 대표 축제 중 하나인 대동제까지 속기 지원을 확대할 시에 대동제는 약 3일간 무대가 진행되므로 비용이 발생할 것으로 예상된다.

수어 통역의 경우, 속기사보다 시간당 인건비가 비싸며 특정 협회의 지원을 약속받은 상황 또한 아니기 때문에 속기사를 섭외하는 것보다 더 큰 예산이 들 것으로 예상된다. 따라서 응원단 차원에서 수어 통역사를 섭외하는 예산이 부족할 경우에 본 프로젝트에 비용이 발생할 것이다.

앞의 2가지 비용이 발생할 경우에 속기사, 수어 통역사 추가 섭외비를 예산으로 사용할 것이다.

2) 성과 평가 계획
(1) 정량적 측정 방안

정량적 차원에서의 실태조사를 위해 청각장애 학우 참여율 조사를 실시할 예정이다. 본 사업 시행 전후를 비교해 청각장애 학우의 축제 참여 인원 증가율을 측정한다. 이는 고려대학교 장애학생지원센터를 통해 데이터를 수집하며, 참여 인원 증가율은 본 사업이 청각장애 학우의 문화적 접근성을 얼마나 효과적으로 개선했는지 확인할 수 있는 주요 지표가 될 것이다.

또한, 청각장애 학우 만족도 조사를 실시할 것이다. 축제 종료 후 청각장애 학우를 대상으로 설문조사를 실시해 자막 및 수어 통역 서비스에 대한 만족도를 평가한다. 설문 항목은 정보 접근성, 서비스 품질, 실시간 대응 속도와 같은 구체적인 영역을 포함하며, 5점 척도(리커트 척도)를 통해 응답을 수집한다. 이를 통해 본 사업이 제공한 서비스의 질적 수준과 청각장애 학우들의 만족도를 정량적으로 분석할 수 있다.

(2) 정성적 측정 방안

축제 참여 후 청각장애 학우들을 대상으로 심층 인터뷰를 진행할 예정이다. 인터뷰의 초점은 축제를 통해 경험한 변화, 정보 접근성 개선의 체감도, 축제 참여가 가지는 개인적·사회적 의미를 중심으로 한다. 이를 통해 서비스의 질적 영향과 청각장애 학우들이 느끼는 문화적 소외 해소 여부를 파악한다.

또한, 해당 조사와 병행해 비장애인 학우의 인식 변화를 조사할 것이다. 해당 조사에서는 축제에 참여한 비장애 학우들을 대상으로 자막 및 수어 통역 서비스가 장애인 인권에 대한 인식에 미친 영향을 조사한다. 비장애 학우들이 서비스 도입을 통해 장애인 문화 접근권에 대한 인식을 확장했는지, 장애인과 비장애인이 공존하는 축제 환경의 의미를 어떻게 받아들였는지를 중심으로 조사한다. 이는 축제에서 정보적 접근성 개선이 학내 공동체의 다양성과 포용성을 강화하는 데 기여했는지를 평가할 수 있는 중요한 정성적 지표가 된다.

(3) 장기적 영향 분석

본 사업은 대학 이미지 차원에서도 상당한 긍정적 제고 효과를 가져올 수 있을 것으로 기대된다. 이에, 본 사업이 장애인의 권리와 배리어 프리 환경 구축에 미친 영향을 평가하기 위해 학내외 반응을 조사할 것이다. 언론 보도를 통해 고려대학교가 장애인 인권과 접근성 개선의 선도 대학으로 평가받았는지 여부를 분석할 예정이며, 사회적 반응과 공공 여론(예: SNS, 커뮤니티 반응)을 조사해 사업이 대학 이미지와 사회적 신뢰도에 미친 장기적 영향을 확인하고자 한다.

또한, 지속가능한 배리어 프리 환경을 조성하는 데 주목하고자 한다. 본 사업을 계기로 축제 외의 학내 행사(졸업식, 신입생 오리엔테이션 등)로 정보적 접근성 지원이 확장되었는지 평가할 예정이다. 서비스 적용 범위의 확장성과 이를 통한 장애 학우의 장기적 참여율 증가 여부를 분석한다. 배리어 프리 환경 구축이 학내 정책으로 제도화되었는지, 성북구 내 다른 대학 및 공공 행사로 확산되었는지를 확인할 것이다.

본 사업의 성공 여부는 단기적 성과뿐만 아니라, 장기적으로 고려대학교가 포용적 학내 공동체의 모범 사례로 자리매김했는지에 달려 있다. 정량적 데이터와 정성적 인터뷰를 결합한 평가 방안은 서비스의 실질적 효과와 사회적 기여를 입증하는 데 중요한 역할을 할 것이다. 이는 장애 학우의 권리 보장을 넘어, 대학과 지역사회의 배리어 프리 문화 확산에 기여하는 핵심적인 지표가 될 것이다.

4. 참여예산제 활용 방안

1) 수어 통역 비용 산정

수어 통역 비용 산정을 위해 대학축제 담당 기관과 성북구 수어 통역 센터에 문의한 결과, 구체적인 비용은 공개가 불가한 사안이라는 답변을 받았다. 이에 대안으로 ㈜브레이브모바일에서 서비스 중인 전문가 매칭 서비스 플랫폼 '숨고'에 문의해보았다. 이에 따르면 수어 통역은 시간당 비용이 달라진다. 수어 통역 평균 비용은 시간당 70,000원이다. 최저 비용은 30,000원, 최고 비용은 200,000원으로 책정되고 있다. 예상 견적은 '숨고'에서 '고수'가 책정하는 견적 데이터를 기반으로 산출되었다.

수어 통역 비용이 다양한 이유는 다음과 같다. 우선 통역 서비스 종류에 따라 가격이 달라진다. 수어 통역은 크게 동시통역과 순차통역으로 나눌 수 있다. '동시통역'은 화자가 말할 때 거의 동시에 통역을 진행하는 것을 말한다. '순차통역'은 각 문장이 끝난 후에 통역하는 것을 말한다. '원격통역'은 컴퓨터나 스마트폰의 화상 카메라를 통해 이루어진다. 이 외에도 메시지를 제삼자가 통역한 후 이를 다시 중계해 통역하는 '중계통역' 등이 있다. 통역 장소와 상황 등을 요청서에 작성하면 통역사에게 어떤 통역이 가장 적합한지 상담을 받을 수 있다.

또 통역 서비스 분야에 따라 가격이 달라진다. 각 상황과 분야에 따라 수어 내용의 난이도가 다르므로 비용이 매우 다르다. 따라서 세미나 통역, 대외행사 통역, 방송통역 등 통역이 필요한 상황과 맥락을 요청서에 작성하는 것이 중요하다.

다음으로 통역 서비스 시간에 따라 가격이 달라진다. 2~3시간의 짧은 행사에서 통역이 필요할 때도 있고, 여러 날에 걸쳐 필요한 경우도 있다.

성북구 주요 축제에서 수어 통역 서비스를 도입하기 위해 축제별 예상 운영 시간과 수어 통역사 배치를 기준으로 인건비 예산을 산출했다. 수어 통역 서비스는 청각장애인의 문화적 접근권을 보장하며, 성북구가 포용적 지역사회를 실현하는 데 중요한 역할을 할 것으로 기대된다.

구분	예상 운영 시간	수어 통역사 수	시간당 비용 (원)	총인건비 (원)
성북세계음식축제 누리마실	6시간	2명	70,000	840,000
성북진경축제	8시간	2명	70,000	1,120,000
성북동문화재야행	5시간	2명	70,000	700,000
성북 책모꼬지 (Book Festival)	4시간	2명	70,000	560,000
총예산(원)		3,220,000		

자료 4-8. 수어 통역 서비스 인건비 예산(성북구 축제별) (출처: 성북 세계음식축제 누리마실)

비용의 산출 기준은 다음과 같다. 먼저, 시간당 수어 통역사 인건비를 70,000원으로 책정하고, 수어 통역사는 교대 및 안정적인 서비스 제공을 위해 행사당 2명씩 배치하는 것으로 설정했다. 운영 시간의 경우, 각 축제에서 공시한 예상 운영 시간을 기준으로 산출했다.

다음으로 성북구 내 8개 대학에서 축제에 수어 통역 서비스를 도입하기 위해 예상되는 인건비를 산출했다. 본 예산 분석은 축제 운영 시간과 통역사 배치 기준을 기반으로 이루어졌으며, 장애 학우 및 지역 주민의 문화적 접근성을 보장하기 위한 실질적 데이터를 제공한다.

항목	내용
수어 통역사 시간당 비용	70,000원
하루 운영 시간	6시간
축제 운영 기간	2일
필요 통역사 수	2일
대학별 총인건비	6시간 × 2일 × 2명 × 70,000원
총비용(원)	1,680,000원

자료 4-9. 수어 통역 서비스 인건비 예산(성북구 축제별)

따라서 성북구 8개 대학축제 총예산은 다음과 같다. 대학별 총인건비는 1,680,000원이고 성북구 내 8개 대학 총합은 1,680,000원이므로, 8개 대학 전체를 대상으로 한 사업 집행에 소요되는 예산은 13,440,000원이다.

비용 산출 과정은 다음과 같다. 먼저, 시간당 수어 통역사 인건비를 70,000원으로 설정하고, 수어 통역사는 교대 및 안정적인 서비스 제공을 위해 행사당 2명씩 배치하는 것으로 설정했다. 운영 시간의 경우, 하루 평균 6시간 운영되는 것으로 설정했다(이틀간 진행되는 축제를 기준으로 설정).

추가로 고려할 필요가 있는 사항들은 다음과 같다. 첫째로 효율적인 자원 배치가 필요하다. 축제별 세부 프로그램의 특성을 분석해 통역이 특히 필요한 시간대에 집중적으로 배치하는 전략이 필요하다. 둘째로 기술적 대안 병행이 필요하다. 비용 절감을 위해 일부 프로그램에서는 AI 기반 수어 통역이나 자막 생성 기술을 병행 활용할 수 있다. 셋째로 확장 가능성을 검토해야 한다. 본 사업을 성공적으로 시행한 이후 성북구 내 다른 공공 행사로 적용 범위를 확대할 가능성을 검토해야 한다.

항목	내용
성북구 축제 총합	3,220,000원
성북구 내 대학축제 총합	13,440,000원
총비용(원)	16,660,000원

자료 4-10. 수어 통역 서비스 인건비 예산(종합)

2) AI 속기 자막 지원 비용 선정

축제에서 전광판을 통해 실시간 속기 자막을 지원하려면 속기사 인건비, 전광판 장비 사용료, 소프트웨어 비용, 기술 지원 비용 등 다양한 항목을 고려해야 한다. 다음은 해당 예산을 심층적으로 분석한 결과다. 먼저, 속기사의 평균 시간당 인건비는 50,000~70,000원으로, 안정적인 서비스 제공을 위해 2명의 속기사를 교대 배치하는 것으로 설정했다. 즉, 하루 6시간 기준으로 총 720,000원의 인건비가 소요된다. 또한 전광판 임대 및 운영 비용의 경우, 학교에서 전광판을 자체 보유하고 있지 않아 외부 장비를 임대해야 할 경우 크기와 사양에 따라 300,000~1,000,000원의 비용이 필요하다. 또한 전광판에 자막을 송출하기 위해 기술 지원 인력이 필요하며 사전 테스트와 실시간 운영을 포함해 200,000~500,000원의 예산이 요구된다. 그 외에 사전 테스트, 예비 장비 대여, 오류 발생 대비를 위한 비용으로 100,000~300,000원을 추가로 책정했다.

구분	상세 내용	예산 범위(원)
속기사 인건비	속기사 2명 배치 (시간당 60,000원, 6시간 기준)	720,000
전광판 임대 및 운영	전광판 임대료 또는 학교 내 장비 사용료	300,000 ~ 1,000,000
기술 지원	전광판 송출 및 운영 기술 인력(IT 전문가 등)	200,000 ~ 500,000
기타 비용	사전 테스트, 오류 대비 및 예비 비용	100,000 ~ 300,000

자료 4-11. AI 속기 자막 지원 비용 산정 항목

따라서 예산 총계를 해보면, 최소 예산은 1,420,000원이고, 최대 예산은 2,820,000원이다. 이를 기반으로 한 성북구 8개 대학축제 총예산은 다음과 같다. 평균 비용은 2,120,000원으로 산정하면 총비용은 16,960,000원이다.

같은 방식으로 성북구 주요 축제 속기 자막 지원 예산을 책정한 결과는 다음과 같다.

축제명	운영 시간(1일)	최소 예산(원)	최대 예산(원)
성북세계음식축제 누리마실	6시간	1,320,000	2,520,000
성북진경축제	8시간	1,560,000	2,760,000
성북동문화재야행	5시간	1,200,000	2,400,000
성북 책모꼬지 (Book Festival)	4시간	1,080,000	2,280,000

자료 4-12. AI 속기 자막 지원 비용(성북구 축제별)

성북구 주요 축제에서 하루 동안 실시간 속기 자막 서비스를 제공하는 데 필요한 총예산은 5,160,000 ~ 9,960,000원으로 추산된다. 평균 7,560,000원으로 책정할 수 있다.

항목	내용
성북구 축제 종합	7,560,000원
성북구 내 대학축제 총합	16,960,000원
총비용(원)	24,520,000원

자료 4-13. AI 속기 자막 지원 비용(총합)

따라서 최종적으로 다음과 같은 1년 예산이 필요하다.

구분	상세 내용	예산 범위(원)
수어 통역 지원 비용	성북구 주요 축제 및 대학축제	16,660,000
AI 속기 자막 지원 비용		24,520,000
총합		41,180,000

자료 4-14. 사업 최종 예산 추정

그러므로 본 사업의 실행을 위해 총 41,180,000원의 예산이 필요하다. 이는 청각장애인을 포함한 지역사회 구성원들이 축제의 모든 프로그램에 동등하게 접근할 수 있도록 지원하며, 성북구의 포용적 문화 환경 조성을 위한 핵심적 투자로 활용될 것이다.

IV. 총평

현재 고려대학교를 비롯한 성북구 내 주요 대학축제에서는 청각장애인을 위한 자막 지원이나 수어 통역과 같은 정보 접근성 보장 조치가 시행되지 않고 있다. 이는 축제의 본질적인 즐거움을 경험할 권리가 사실상 청각장애인들에게 제한되고 있음을 의미한다. 단순한 편의 제공의 부재를 넘어 청각장애 학우들이 대학 공동체의 일원으로서 느껴야 할 소속감과 유대감을 약화시키고, 사회적 통합의 기회를 박탈하는 결과를 초래할 위험이 있다. 청각장애인은 문화예술 및 여가활동에 참여할 권리가 있으며, 이러한 권리는 법적으로도 명확히 보장된다. 우리나라의 장애인차별금지 및 권리구제 등에 관한 법률(장차법) 제15조는 장애인의 문화, 체육, 관광 등 모든 여가활동에 있어 차별 없이 접근할 수 있도록 해야 한다고 명시하고 있다. 또한, 유엔 장애인권리협약(UN CRPD) 제30조는 모든 장애인이 동등하게 문화생활에 접근할 수 있도록 보장해야 한다고 규정하고 있다.

청각장애인은 대학교 축제라는 문화생활에서 소외되었을 때 다른 장애 유형 학우보다 소외를 상대적으로 더 크게 경험할 가능성이 크다.[2] 장애인과 비장애인의 통합교육이 활발해지고 있는 현재, 통합교육을 받는 청각장애 특수교육 대상자 중 71% 이상이 완전통합 형태로 교육받고 있다. 즉 청각장애인은 보통 일반학교에서 비장애인들과 함께 교육을 받는다. 그러나 청각장애인들은 일반학교에서 비장애학생과 동등

---

[2] 김하얀. 2020. "통합교육 환경에서 청각장애인이 경험한 장애의 의미". 국내석사학위논문 한국교원대학교 대학원. 충청북도.

하게 참여하지 못하고, 학교 환경으로부터 소외를 경험하고 있다. 통합교육 환경에 놓인 청각장애인은 특수학교에 있는 청각장애인보다 자주 '이방인' 경험을 하게 되는 것이다. 비장애인 중심으로 이루어진 일반학교 환경에서 소통의 단절과 정보 접근의 어려움은 청각장애인이 사회적 통합을 이루는 데 근본적인 장애 요인으로 작용한다. 따라서 청각장애인의 문화적 소외를 해소하기 위한 구체적인 지원이 필요하다.

문화예술 접근성에 관한 연구에 따르면, 시각 및 청각장애인을 포함한 장애인이 문화예술 활동에 참여하려면 단순히 물리적 접근성을 넘어서 정보적·예술적 체험의 소외 문제까지 해결해야 한다.[3] 연구 참여자들은 수어 통역, 자막, 화면 해설 등의 기본적인 접근성을 보장받는 것을 넘어 장애 유형별 감각을 극대화할 수 있는 형태로 접근성의 개념이 확장되어야 한다고 주장한다. 이는 공연 및 축제를 단순한 정보 전달의 공간이 아니라 예술적 체험을 공유하는 장으로 발전시키는 실천적 접근이 필요하다는 점을 시사한다.

특히 대학축제는 일반적인 문화 축제와 구분되는 독특한 특성이 있다. 이는 대학이라는 교육 환경과 학문적·사회적 특수성을 배경으로 해서 학생들이 중심이 되어 기획하고 운영하는 활동이기 때문이다.[4] 대학축제는 학생들의 적극적인 참여를 통해 소속감을 형성시키고, 대학 생활의 문화 발전 및 학내 교류를 촉진하는 사회적 활동으로서 역할을 한다. 또한 축제는 학생들에게 소속된 대학의 가치와 매력을 발견하게 하

---

[3] 문영민, 김원영. 2015. 시·청각장애인의 문화예술 접근성 연구 -공연예술 접근성을 중심으로-. 재활복지, 19(2), 99-128.
[4] 정원지, 이재현, 김세비, 정철. 2022. 대학축제 체험이 학교생활 만족도, 대학축제 만족도, 교우관계 증진 및 재참여의도에 미치는 영향. 예술과 과학기술, 18(4), 77-106.

고 공동체적 유대를 강화하는 과정에서 중요한 기능을 수행한다. 학생 집단이 축제를 '공통으로 체험'하게 됨으로써 남다른 유대를 형성하게 되는 것이다.

지역축제 역시 중요하다. 지역축제는 단순히 지역사회의 문화를 공유하는 행사가 아니라 주민 간 유대를 강화하고 공동체 의식을 고취하는 중요한 장이다. 그러나 청각장애인이 이러한 축제에서 소외된다면 이는 그들이 지역사회의 일원으로 느껴야 할 소속감과 문화 향유의 기회를 제한하는 결과를 초래할 수 있다. 청각장애인의 참여를 보장하는 것은 단순히 물리적 접근성을 넘어 정보적·예술적 소외 문제를 해결하고, 이들이 지역사회의 주체로서 적극적으로 활동할 수 있는 환경을 조성하는 데 기여한다.

따라서 대학축제와 지역축제에 청각장애인을 위한 자막 및 수어 통역 서비스를 제공하면 단순히 정보 접근성을 보장하는 데 그치지 않고 그들의 문화적 경험을 풍부하게 만들어주는 효과를 발휘할 수 있다. 축제라는 공간은 단순한 정보 전달의 장이 아니라 예술적 체험을 공유하는 장으로 발전해야 하며 이를 통해 청각장애인은 더욱 깊이 있는 문화 향유 경험을 할 수 있다. 이는 축제의 참여 만족도를 높이고 나아가 장애인과 비장애인이 공존하며 함께 문화를 즐길 수 있는 사회적 환경을 조성하는 데 기여할 것이다.

청각장애인을 포함한 장애인이 축제에서 적극적으로 참여하는 모습은 비장애인들에게도 큰 영향을 미친다. 자막 및 수어 통역 서비스는 단순히 장애인을 위한 배려 차원을 넘어 장애인의 문화적 권리와 가능성을 강조하며, 비장애인들에게 장애에 대한 인식 전환의 계기를 제공할 것이고, 지역사회 내의 포용성과 다양성을 강화하는 데 기여할 것이다.

자막/수어 통역 지원사업은 도입과 운영에 큰 비용이 드는 것은 사실이다. 하지만 이러한 비용은 장기적인 사회적 투자의 측면에서 바라봐야 한다. 해당 사업은 단순한 서비스 제공과 배려를 넘어, 모든 사람이 동등하게 문화를 향유할 수 있는 권리를 보장하는 사회적 책임의 실천이기 때문이다. 앞서 서술한 시, 구의 조례에서도 확인할 수 있듯 시청각장애인의 권리를 보장하는 것은 포용적 사회를 구축하는 필수적 요소임이 틀림없다. 이에 비용의 크기만을 따져 사업을 배제한다면, 더 큰 가치를 실현하지 못하며 청각장애인을 문화의 변두리에 내놓는 것이다. 따라서 축제에 자막/수어 통역 지원사업은 실시되어야 마땅한 사업임을 주장하는 바다.

참여예산 제안서

시정 분야	☐ 경제/노동 ☐ 교통/안전 ☐ 주거/생활 ☐ 환경 ■ 문화/체육/관광
사업명	성북구 내 주요 축제에 대한 자막/수어 통역 지원사업
사업 위치	성북구
소요예산	사업비: 41,180,000원
사업 기간	2026. 1. 1 ~ 2026. 12. 31
사업 목적 (제안 배경)	〈제안 배경〉 청각장애인의 지역축제에 참여하는 문화생활 향유에 관해, 이동권이 행사 참여의 필요조건이라면 행사를 온전히 향유할 수 있는 환경의 조성은 충분조건으로 작용한다. 그러나 현재 대부분의 행사는 장애인의 필요를 충분히 반영하지 못한 상태로 기획 및 운영되고 있으며, 이는 장애인을 행사 경험에서 소외시키는 주요 원인으로 작용한다. 정리하자면, 지역 행사의 향유 그 자체에 대한 편의를 제공하는 부분에 있어서는 현재까지도 지역사회에서의 논의가 사실상 전무했다는 점에 주목하려는 것이다. 따라서 본 사업은 장애인의 행사 참여와 향유를 실질적으로 지원하기 위한 핵심 방안으로 자막 및 수어 통역 시스템의 도입을 중심에 두고자 한다. 〈사업 근거〉 • 서울특별시 시청각장애인의 권리보장 및 지원에 관한 조례 • 서울특별시 성북구 한국수화언어 통역 활성화 지원 조례
사업 내용	〈사업의 주요 내용〉 청각장애인의 문화향유권 보장을 위해 성북구 내 대학 8개(고려대학교, 성신여자대학교, 국민대학교, 동덕여자대학교, 서경대학교, 한국예술종합학교, 한성대학교, 동방문화대학원대학교)의 대동제와 성북구 성북대표축제 4개(성북 세계음식축제 누리마실, 성북 문화바캉스, 성북거리문화축제 다다페스타, 성북 책모꼬지)에 수어 통역과 AI 속기 자막을 지원한다. 수어 통역의 경우 전문 수어 통역사를 고용한다. AI 속기 자막의 경우 한국AI속기사협회를 통해 속기사를 고용한다. 축제 진행자의 멘트를 수어로 통역하고 속기 자막을 지원함으로써 청각장애인의 문화향유권을 보장하고 장애인 인식 문화 개선을 도모한다. 〈사업 추진 절차〉 대학축제의 경우 각 대학의 대동제를 주관하는 총학생회와 연락해 축제 기간 수어 통역과 AI 속기 자막 지원이 필요한 구체적인 시간대와 범위를 산정한다.

사업 내용	지역축제의 경우 성북구의 축제를 주관하는 성북문화재단과 연락해 축제 기간 수어 통역과 AI 속기 자막 지원이 필요한 구체적인 시간대와 범위를 산정한다. 필요한 수어 통역사와 AI 속기사를 모집해서 고용한다. 축제 이후 설문조사를 통해 산출된 효과를 측정한다. **〈사업비 세부 내역〉** | 수어 통역 서비스 인건비 예산(종합) | | 항목 | 비용 | |---|---| | 성북구 축제 종합 | 3,220,000원 | | 성북구 내 대학축제 종합 | 13,440,000원 | | 총비용 | 16,660,000원 | | AI 속기 자막 지원 비용(종합) | | 항목 | 비용 | |---|---| | 성북구 축제 종합 | 7,560,000원 | | 성북구 내 대학축제 종합 | 16,960,000원 | | 총비용 | 24,520,000원 | | 최종 예산 | | 항목 | 세부 내용 | 총비용 | |---|---|---| | 수어 통역 지원 비용 | 성북구 주요 축제 및 대학축제 | 16,660,000원 | | AI 속기 자막 지원 비용 | 성북구 주요 축제 및 대학축제 | 24,520,000원 | | 종합 | | 41,180,000원 | ※ 사업주제를 달성하기 위한 구체적인 제안 (추진 절차, 사업비 - 세부 항목 정리 등 세부적으로 정리)
사업 효과	본 사업은 2가지 주요 효과를 기대할 수 있다. 첫째, 자막/수어 통역 지원을 통해 청각장애인이 온전히 행사를 즐길 수 있게 할 수 있다. 이는 청각장애인의 문화생활 향유권이라는 권리 보장의 영역에 해당한다. 둘째, 인권, 장애인 인식 개선이 가능하다. 해당 사업은 장애인을 위한 배려 차원을 넘어 장애인의 문화적 권리를 강조하며, 비장애인들에게 장애에 대한 인식 전환의 계기를 제공하며 지역사회 내의 포용성과 다양성을 강화하는 데 기여할 것이다.

PART 05

같이 탑시다

성북구 마을버스 노선도 개선 프로젝트

박지하 | 김석규 | 김지호 | 박상민

I. 프로젝트 개요

현대 사회에서 이동권은 기본적인 사회적 권리로 간주된다. 그러나 코로나19 이후 마을버스 운용상에 적자가 발생함에 따라 마을버스를 이용하는 시민들의 이동권 제약 문제는 이전에 비해 더욱 심각해졌다. 더불어 고령화가 심화하고 있는 사회적 흐름 속에서 마을버스를 이용하는 노년 세대의 경우, 마을버스를 이용할 때 노선도를 보고 정보를 습득하는 것에 있어 많은 어려움을 겪는 것으로 확인되었다. 이러한 과정에서 버스 운전기사들은 노선도를 대신해 고령자들의 질문에 답하다 보니 이는 배차 시간 간격을 지켜야 하는 그들에게도 곤란한 부분이다.

이를 바탕으로 우리는 다음과 같은 문제의식을 발견했다. 첫째, 노선도 디자인의 활용성이 떨어진다. 둘째, 마을버스의 경우 시내버스와 달리 시에서 주도적으로 관리하기보다 각 자치구에서 광고업체에 위임해 노선도를 관리하고 있다. 이는 마을버스 노선도가 일관적으로 관리되지 못하는 문제를 불러왔다. 이러한 문제점을 바탕으로, 우리는 다음의 해결책을 제시한다. 첫째, 노선도에서 정보 획득에 필요하지 않은 정류장을 지움으로써 공간 활용도를 높인다. 둘째, 더 직관적이고 알아보기 쉬운 디자인 방식을 통해 (예컨대 주요 거점 표시, 환승 정류장 표시) 노선도의 가시성을 제고한다. 이러한 해결책은 현재 서울특별시에서 진행하고 있는 주민참여예산제를 활용해 지방자치단체와의 협력을 통해 문제를 해결하고자 하며, 이를 위해 헌법과 법률, 조례 등의 다양한 법적 근거와 함께 여러 문헌 검토, 업계에서 종사 중인 여러 이해관계자와의 인터뷰를 통해 문제 해결의 근거를 마련했다. 일련의 과정을 통해 고령자의 이동권을 보장하는 일은 중요한 사회적 가치를 지닐 것으로 생각된다.

II. 문제 발굴

1. 프로젝트에 대한 문제의식 및 근거

1) 선행 문제의식 및 한계
(1) 성북구 마을버스 인프라 개선

본 프로젝트를 시작하고 첫 번째로 떠올린 주제는 성북구의 마을버스 인프라 문제를 해결하는 것이었다. 성북구의 마을버스 운송회사들은 코로나 이후 심한 적자를 겪고 있다. 관련 상황에서 마을버스 운전자에 대한 처우는 악화했고, 버스 운행 간격은 길어지게 되었다. 마을 운송업체는 기존에 비해 마을버스를 운영하기 어려워졌고, 마을 주민들은 마을버스를 이용하기 어려워졌다. 이는 이동권의 제약을 가져옴으로써 코로나가 끝난 이후 일상생활로 복귀하기 위한 사람들의 발걸음에 어려움을 가져오므로 문제를 해결하고자 했다.

해당 문제와 관련해 마을버스 준공영제 도입이라는 해결책을 떠올렸다. 그러나 이는 현실적으로 시행에 어려움이 있었다. 2004년부터 시행되어온 서울 시내버스 준공영제와 달리, 마을버스의 경우 각각의 구에서 마을버스 운용을 담당하는 업체가 다르며, 이에 따라 관련 이해관계자의 수가 많고 큰 규모의 예산이 요구되었기 때문이다.

(2) 시각장애인 버스 음성 안내기 설치

두 번째 문제의식은 시각장애인의 버스 이용과 관련한 것이었다. 버스는 시각장애인이 두 번째로 자주 이용하는 교통수단인 동시에 가장 불편하게 여기는 교통수단이라는 점에 기반해 시각장애인이 편하게 버스를 탈 수 있는 환경을 제공하고자 했다. 시각장애인의 경우, 버스 도착 안내 표지판에서 흘러나오는 음성 안내만을 이용해 버스를 이용하기에는 어려움이 있다. 정류장에 여러 버스가 동시에 도착하는 경우, 안내 표지판에서는 여러 버스가 도착했다는 음성이 한꺼번에 흘러나오지만, 어느 버스가 먼저 도착했는지에 관한 정보는 안내되지 않기 때문이다. 음성을 듣고 움직여야 하는 시각장애인으로서는 원하는 버스를 찾는 데 시간이 걸리고, 이에 따라 버스가 먼저 출발하는 일이 발생할 수 있다. 따라서 도착하는 버스 외부에 음성 안내기를 설치하는 방안을 떠올렸고, 이를 실제로 시행하고 있는 지자체가 있는지 조사했다.

조사 결과, 지자체 차원에서 버스에 음성 안내기를 설치해 이를 개선한 사례가 있었기 때문에 이를 반영해 전술한 것처럼 버스 외부에 음성 안내기를 설치하는 방향을 고려했다. 그러나 비콘 안내기가 가격이 비싸 널리 상용화되지 못한 것처럼, 외부에 음성 안내기를 설치하는 것의 비용 역시 상당히 비싼 것으로 조사되었다. 그리고 버스 외부에 음성 안내기를 달 경우, 소리를 키우더라도 도로의 소음과 겹쳐 실질적인 도움이 될 수 있을지에 관해 의문이 제기되었다. 결국 해당 방안 또한 실현하기 어렵다는 결론을 내렸다.

더불어 해당 주제의 이해관계자인 버스 운수 종사자와의 인터뷰는 이후 방향성 수정에 큰 영향을 주었다. 버스 운수 종사자의 경험에 따르면, 장애인들이 버스를 이용하는 것은 1년에 1~2번 정도에 불과하며 대부분의 경우, 안내인과 함께 버스에 탑승한다고 한다. 이처럼 시각장애인 중 버스 이용자의 수가 적을 경우 해결책을 도입해도 그 영향력을 측정하는 것이 상당히 어려울 수 있다. 이에 보다 보편적으로 사회 구성원에게 도움을 줄 수 있을 주제를 고민하게 되었다.

2) 현행 문제의식

버스 운송 종사자와의 인터뷰는 기존의 문제의식을 관두게 되는 계기였지만, 동시에 새로운 문제의식을 느끼게 하는 계기로서 작용했다. 해당 인터뷰에서 우리가 파악한 주요 내용은 다음과 같았다. 첫째, 주로 노년층이 노선의 경유지를 묻는 경우가 많다는 점이다. 둘째, 노선도의 활용성이 떨어진다는 점이었다. 인터뷰 내용을 종합해볼 때, 노년층 승객들은 노선의 경유지를 자주 물어보는 경향이 있다. 특히, 자주 이용하는 노선임에도 불구하고 반복해서 동일한 질문을 하는 경우도 있었는데, 이는 노년층 승객의 버스 노선에 대한 정보 접근성이 부족하고, 노년층 승객들이 정보를 익히는 데 어려움을 겪고 있다는 점을 보여준다.

이는 어르신들이 노선도를 활용하는 것에 어려움을 겪는다는 점을 시사한다. 결국, 운전기사에게 지속적으로 해당 노선이 맞는지 물어보는 방식을 취하게 되는 데, 이는 버스 운행에 지연을 초래하기도 한다. 이와 관련해 노선도 디자인의 활용성이 떨어진다는 점이 중요한 문제로 지적되었다. 특히 지나가는 정류장이 많은 경우, 노선도에 정보가 빼곡하게 적혀 있어 시각적으로 쉽게 인지하기 어려운 문제가 있었다. 이러한 점에서 정류장 노선에 대한 정보 제공 방식에 대한 개선이 필요함을 확인할 수 있었다. 더 많은 승객이 쉽고 빠르게 정보를 이해할 수 있도록 시각적 디자인을 보완할 필요가 있다고 판단했다.

3) 서울특별시 고령자의 버스 승차 관련 애로사항

앞서 인식한 문제의식이 정말 문제를 일으키고 있는지에 대한 추가적인 정보를 얻고자 문헌조사를 실시했다. 자료조사 결과, 교통약자 특히 고령자가 버스 승차의 과정에서 겪는 어려움이 주목을 받고 있다는 것을 알 수 있었다. 2022년 국토교통부가 발간한 <제4차 교통약자 이동 편의 증진계획(2022-2026) - 모든 사람이 차별 없이 편리하게 이동할 수 있는 환경 조성->을 살펴보면, 장래인구추계를 살펴보았을 때 2025년을 기점으로 65세 이상 인구가 전체 인구 중 20%를 넘어가는 초고령사회에 진입하게 될 것으로 예측한다. 교통 복지에 대한 국민적·사회적 관심도 또한 지속적으로 증가하는 추세로, 제22대 국회의 1호 법안도 교통약자법으로 제출되었을 만큼 우리 사회는 현재 인구 통계적 변화에 따라 그 흐름에 어울리는 법 개정에 관심이 쏠리고 있다. 예컨대

< 전국 지역별 교통약자 인구 및 비율 현황(2021년말 기준)>

지역	총 인구[1] (천명)	소계 (천명)	소계 (%)	장애인[6] (천명)	장애인 중복제외[7]	고령자[2]	영유아 동반자[3]	어린이[4]	임산부[5]
전국	51,639	15,509	30.0	2,645	1,238	8,851	1,943	3,216	261
서울특별시	9,509	2,621	27.6	392	180	1,597	308	491	46
부산광역시	3,350	1,075	32.1	176	80	682	112	187	14
대구광역시	2,385	719	30.1	127	60	417	85	145	11
인천광역시	2,948	823	27.9	149	74	435	113	186	15
광주광역시	1,442	415	28.8	70	36	213	58	100	8
대전광역시	1,452	414	28.5	72	37	221	55	93	7
울산광역시	1,122	311	27.7	51	26	153	47	79	6
세종특별자치시	372	110	29.7	13	6	37	25	38	4
경기도	13,565	3,749	27.6	579	292	1,881	573	927	76
강원도	1,538	525	34.1	102	45	333	53	86	7
충청북도	1,597	517	32.4	98	47	302	61	100	8
충청남도	2,119	715	33.7	135	60	420	84	140	11
전라북도	1,787	630	35.2	132	56	398	59	110	8
전라남도	1,833	682	37.2	140	57	445	64	108	8
경상북도	2,627	929	35.4	183	76	596	92	152	12
경상남도	3,314	1,061	32.0	190	89	608	125	223	16
제주특별자치도	677	212	31.3	37	18	111	29	50	4

주1) 행정안전부 「주민등록인구현황」
주2) 행정안전부 「주민등록인구현황」의 만 65세 이상의 인구현황
  (고령자 정의 : 만 65세 이상의 노인, 「노인복지법」제1조2 제5호)
주3) 행정안전부 「주민등록인구현황」의 만 0-5세 인구현황
  (영유아 정의: 만 6세미만의 취학 전 아동, 「영유아보육법」제2조 1항)으로 대체
주4) 행정안전부 「주민등록인구현황」의 만 6-12세 인구현황
  (어린이 정의: 만 13세미만인 사람, 「도로교통법」제2조 23항)
주5) 통계청 출생·사망통계의 출생아수로 대체(2021년 잠정통계)
주6) 보건복지부 「장애인 등록 현황」
주7) 보건복지부 「장애인 등록 현황」 중 0~12세과 65세 이상의 수를 제외한 수

자료 5-1. 전국 지역별 교통약자 인구 및 비율 현황(2021년 말 기준)

2022년 1월, 교통약자법 제14조의 개정에 따라 2023년 1월 19일부터 노선버스를 대·폐차하게 될 경우 저상버스를 의무 도입하게 되었으며(최평천 2023), 제2차 국가기간교통망계획 계획의 비전 중 하나로 '이동의 자유'를 명시했고, '차별 없는 이동권 보장'을 목표로 설정했다.

우리나라 교통약자의 수는 2025년 초고령사회에 진입하게 될 예정인 만큼 고령화가 지속적으로 증가하고 있으며, 2021년 말을 기준으로 했을 때 전체 인구 중 약 30%가 교통약자에 해당한다. 문제는 우리나라의 총인구가 제4차 증진계획 기간 중 감소할 것으로 예측되지만, 교통약자의 인구는 지속적으로 증가할 것으로 전망된다는 점이다. 2022년 기준으로 약 30%에 해당하는 교통약자의 인구는 2026년까지 약 1,682만 명으로 증가해, 1년에 약 2%씩 증가할 것으로 예측된다. 이 중

<제4차 증진계획 기간의 전국 교통약자 추계인구>

구분	총 인구[1] (천명)	교통약자 인구(천명)							
		소계		장애인[6]		고령자[2]	영유아 동반자[3]	어린이[4]	임산부[5]
		(천명)	(%)	(천명)	중복제외[7]				
2022년	51,622	15,511	30.0	2,660	1,245	9,012	1,867	3,141	246
2023년	51,550	15,777	30.6	2,674	1,252	9,492	1,720	3,080	233
2024년	51,492	16,040	31.2	2,689	1,259	10,000	1,601	2,946	234
2025년	51,439	16,401	31.9	2,704	1,266	10,577	1,515	2,795	248
2026년	51,388	16,818	32.7	2,719	1,273	11,188	1,473	2,623	261
증가율	-0.1%	2.0%	-	0.5%	0.6%	5.6%	-5.8%	-4.4%	1.5%

주1) 통계청 「장래인구추계」
주2) 통계청 「장래인구추계」 중 만 65세 인구
주3) 통계청 「장래인구추계」 중 만 6세미만 인구로 대체
주4) 통계청 「장래인구추계」 중 만 6-12세 인구
주5) 통계청 「장래인구추계」 출생아수로 대체
주6) 보건복지부 「장애인현황」 과거 10년(2012~2021년) 자료를 활용 등차급수법으로 예측
주7) 2021년 장애인과 타 교통약자 유형이 중복제외 비율(46.8%) 고정 적용

자료 5-2. 제4차 증진계획 기간의 전국 교통약자 추계인구

에서 고령자가 연평균 약 5.6%씩 급속도로 증가할 것으로 전망되며, 어린이나 영유아 동반자의 숫자는 감소할 것으로 예측된다.

우리나라 국민의 대중교통 이동 실태를 조사한 결과, 지역 내 이동에 있어 교통약자와 비교통약자를 가리지 않고, 모두 버스를 가장 많이 이용하는 것으로 조사되었다. 이때 교통약자 유형별로는 고령자가 58.2%로 임산부(60.7%) 다음으로 가장 많이 버스를 이용하는 것으로 알려졌다.

고령자의 디지털 접근성은 60대가 넘어가면서 급격히 떨어지고, 휴대전화를 다루다가 어려운 점이 생기더라도 다른 사람들에게 해결 방법을 잘 묻지 않고 혼자 해결하거나 아예 포기하는 경우가 대다수다. 또한 '서

< 지역 내 이동(동일 지역(市·道)) 시 주로 이용하는 교통수단 >

(단위 : %)

구 분		버스	지하철	걸어서/휠체어	자가용	장애인택시	특별교통수단	무료셔틀버스	택시	기타
전체		53.7	14.7	13.4	8.3	3.1	2.1	2.5	2.0	0.2
일반인		58.7	15.8	11.6	11.2	0.1	0.3	1.8	0.2	0.3
교통약자		51.6	14.2	14.2	7.0	4.4	2.9	2.8	2.7	0.1
	지체장애인	38.9	15.4	12.3	7.0	8.1	11.9	0.9	5.5	0.0
	시각장애인	34.6	7.2	13.5	4.3	20.2	2.4	5.3	12.5	0.0
	청각장애인	50.8	14.1	18.6	5.1	6.2	0.6	1.7	2.8	0.0
	장애인	40.4	13.1	13.9	6.0	10.7	7.1	2.1	6.7	0.0
	임산부	60.7	13.3	8.6	12.9	0.0	0.0	4.5	0.0	0.0
	고령자	58.2	15.8	17.3	5.1	0.4	0.1	2.6	0.1	0.4

• 특별교통수단 일반인 탑승 수치는 장애인 동승자

버스 교통약자 51.6 비교통약자 58.7 53.7
지하철 교통약자 14.2 비교통약자 15.8 14.7
도보(휠체어) 교통약자 14.2 비교통약자 11.6 13.4
자가용 교통약자 7.0 비교통약자 11.2 8.3

자료 5-3. 지역 내 이동(동일 지역(시·도) 시 주로 이용하는 교통수단)

울 동행 앱'과 같이 서울시에서 제공하고 있는 대중교통 보조 앱의 존재 자체를 모르거나, 전술했듯 앱을 다루는 과정에서 복잡함의 이유 등으로 그 효율은 떨어진다고 할 수 있을 것이다.

제4차 교통약자 이동편의 증진계획의 비전과 목표를 달성하기 위해 국토교통부는 4개의 추진 전략과 9개의 정책 과제, 26개의 세부 과제를 추진했으며, 그중 우리 프로젝트에 적합한 추진 전략-정책 과제-세부 과제로 다음의 내용을 제시할 수 있을 것이다. <물리적 장애물 없는 환경 조성-정보통신기술을 활용한 교통약자 이동권 강화-교통 이용 정보 공유를 위한 정보시스템 구축>이 바로 그것이다. 국토교통부에서는 이를 위해 "'교통약자 이동편의정보관리시스템' 구축 및 공공 데이터 개방을 통한 교통약자 이동 경로 서비스 제공"을 목표로 하고 있으며, 교통수단·여객시설·보행환경에 설치된 이동편의시설 DB를 구축하고, 민간 지도 서비스 사업자에 대해 공공 데이터 개방을 통해 정보 활용도 제고를 목표로 하고 있다(자세한 내용은 국토교통부가 발간한 보고서(2022)를 참조하자).

해당 조사를 통해 우리가 발견한 문제가 실질적으로 해결될 필요가 있다는 점을 파악할 수 있었다. 노선도에 적힌 버스정류장을 보려고 하더라도 노선도의 생김새를 단번에 이해하기 어렵고, 글씨가 작아 눈이 어두운 노인들은 노선도를 잘 살피지 않는 경향이 있다. 따라서 이들은 버스정류장 옆에 있는 사람에게 길을 묻거나, 혹은 정류장에 도착하는 버스마다 어느 방향으로 가는 것인지, 어느 정류장에 들르는 것인지 묻는다. 이러한 과정은 주변 이용객과 버스 운행 사원 모두 피로감을 느끼는 과정이기에, 당사자가 겪는 문제점이 무엇인지 파악하고 이를 토대로 문제 해결을 위한 방안을 떠올렸다.

이에 다음과 같은 협력 대상 및 이해관계 당사자를 설정했다.

① 서울특별시 성북구 마을버스를 이용하는 고령자(교통약자)
② 서울특별시 마을버스 운송 사업 조합
③ 서울특별시 성북구청 교통행정과
④ 서울특별시 성북구의회
⑤ PXD 디자이너
⑥ 마을버스 광고업체(애드케이)

각각의 협력 대상 및 이해관계자와의 협업 과정은 차후에 자세히 기술한다.

4) 법적 근거

프로젝트 진행 및 참여예산제 제안과 관련한 법적 근거는 다음과 같다.

□ **헌법**

(1) 제10조

모든 국민은 인간으로서의 존엄과 가치를 가지며, 행복을 추구할 권리를 가진다. 국가는 개인이 가지는 불가침의 기본적 인권을 확인하고 이를 보장할 의무를 진다.

(2) 제11조

① 모든 국민은 법 앞에 평등하다. 누구든지 성별·종교 또는 사회적

신분에 의하여 정치적·경제적·사회적·문화적 생활의 모든 영역에 있어서 차별을 받지 아니한다.

(3) 제34조
① 모든 국민은 인간다운 생활을 할 권리를 가진다.
② 국가는 사회보장·사회복지의 증진에 노력할 의무를 진다.
④ 국가는 노인과 청소년의 복지향상을 위한 정책을 실시할 의무를 진다.
⑤ 신체장애자 및 질병·노령 기타의 사유로 생활능력이 없는 국민은 법률이 정하는 바에 의하여 국가의 보호를 받는다.

언급된 헌법 조항들은 이 프로젝트를 통해 불편함을 덜어드리고자 하는 주요 대상, 즉 고령자를 비롯한 교통약자들에 대한 권리 보장을 언급하고 있다. 인터넷이 전 세대에 걸쳐 보급되었음에도 젊은 세대에 비해 노년 세대의 경우 특정한 직업이나 사회적 신분 등에 의해 디지털 장치를 반복적으로 학습할 수 있는 환경에 있지 않은 이상 디지털 활용 능력이 떨어지는 것이 일반적이다. 이에 따라 서울시에서 제공하고 있는 '서울 동행 지도'를 비롯해 '네이버 지도', '카카오맵' 등의 앱 활용에 익숙하지 않은 대부분의 고령자는 정류장에 설치되어 있는 노선도를 통해 행선지를 파악하거나, 주변 행인들 또는 정차한 버스 운전사에게 길을 물어 버스를 이용한다. 이러한 패턴은 교통수단을 이용하려는 고령자뿐만 아니라 대답하는 시민들 또한 어려움을 겪는다. 특히 버스 배차 시간을 맞춰야 하는 의무가 있는 버스 운전사로서는 그러한 질문을 받을 때 고령자에게 자세한 답변을 하기 어려워 대충 얼버무리거나,

"이 버스는 어르신께서 가고자 하는 목적지로 가지 않는다"라고만 대답하는 등 불친절한 모습을 보이는 사례가 발견된다.

이는 헌법에 명시된 차별을 받지 않을 권리, 행복을 추구할 권리, 사회적으로 지닌 신분이나 지위 등에 상관없이 자유롭고 평등하게 사회 기반 시설을 이용할 수 있는 권리가 제대로 보장되지 못하고 있는 현실이라고 볼 수 있을 것이다.

☐ **교통약자의 이동편의 증진법**(약칭: 교통약자법)

(1) 제3조(이동권)

교통약자는 인간으로서의 존엄과 가치 및 행복을 추구할 권리를 보장받기 위하여 교통약자가 아닌 사람들이 이용하는 모든 교통수단, 여객시설 및 도로를 차별 없이 안전하고 편리하게 이용하여 이동할 수 있는 권리를 가진다.

(2) 제7조(지방교통약자 이동편의 증진계획의 수립 등)

① 특별시장·광역시장·특별자치시장·특별자치도지사·시장(이하 "시장"이라 한다)이나 군수(광역시에 있는 군의 군수는 제외한다. 이하 같다)는 교통약자 이동편의 증진계획에 따라 관할 지역에 있는 교통약자의 이동편의 증진을 촉진하기 위하여 대통령령으로 정하는 바에 따라 주민과 관계 전문가의 의견을 들어 5년 단위의 지방교통약자 이동편의 증진계획(이하 "지방교통약자 이동편의 증진계획"이라 한다)을 수립하여야 한다. 다만, 시장이나 군수가 지방교통약자 이동편의 증진계획의 내용을 다른 교통 관련 계획에 반영하여 수립한 경우에는 국토교통부장관의 승인을 받아 해당 지

방교통약자 이동편의 증진계획을 따로 수립하지 아니할 수 있다. <개정 2013. 3. 23>

② 지방교통약자 이동편의 증진계획에는 제6조 제2항 각 호의 사항과 관할 지방자치단체의 지역적 특성을 고려한 교통약자의 이동편의 증진에 관한 사항이 포함되어야 한다.

③ 시장이나 군수가 지방교통약자 이동편의 증진계획을 수립할 때에는 미리 관계 교통행정기관과 협의하여야 한다.

④ 특별시장·광역시장·특별자치시장 또는 특별자치도지사는 지방교통약자 이동편의 증진계획을 수립하려면 「국가통합교통체계효율화법」 제110조에 따른 지방교통위원회(이하 "지방교통위원회"라 한다)의 심의를 받아야 한다.

⑤ 시장이나 군수가 제3항 및 제4항에 따라 지방교통약자 이동편의 증진계획을 수립하였을 때에는 대통령령으로 정하는 바에 따라 특별시장·광역시장·특별자치시장 또는 특별자치도지사는 국토교통부장관에게, 시장(특별시장·광역시장·특별자치시장 또는 특별자치도지사는 제외한다) 또는 군수는 도지사에게 이를 각각 제출하여야 한다. <개정 2013. 3. 23>

⑥ 국토교통부장관이나 도지사는 제5항에 따라 지방교통약자 이동편의 증진계획을 받으면 교통약자 이동편의 증진계획에 부합하는지 등을 검토한 후 부합하지 아니한 내용이 있거나 지방교통약자 이동편의 증진계획 간의 연계성 및 통합성을 유지하기 위하여 필요하다고 판단되는 내용이 있을 때에는 국가교통위원회 또는 지방교통위원회의 심의를 거쳐 해당 시장이나 군수에게 지방교통약자 이동편의 증진계획의 수정·보완을 요청할 수 있다. <개정 2013. 3. 23>

⑦ 시장이나 군수는 제6항에 따른 요청이 없으면 제5항에 따라 제출

한 지방교통약자 이동편의 증진계획을 확정하며, 제6항에 따른 요청을 받았을 때에는 특별한 사유가 없으면 요청받은 내용을 반영하여 지방교통약자 이동편의 증진계획을 확정하여야 한다.

⑧ 시장이나 군수는 제7항에 따라 지방교통약자 이동편의 증진계획을 확정한 경우에는 대통령령으로 정하는 바에 따라 그 내용을 고시하고 일반인이 열람할 수 있도록 하여야 한다.

⑨ 시장이나 군수는 교통약자 이동편의 증진계획이 변경되거나 지방교통약자 이동편의 증진계획에 포함된 사항을 변경할 필요가 있는 경우에는 지방교통약자 이동편의 증진계획을 변경할 수 있다.

⑩ 지방교통약자 이동편의 증진계획의 변경에 관하여는 제3항부터 제8항까지의 규정을 준용한다. 다만, 대통령령으로 정하는 경미한 사항을 변경하는 경우에는 그러하지 아니하다.

[전문개정 2012. 6. 1]

(3) 제14조(노선버스의 이용 보장 등)

① 「여객자동차 운수사업법」제3조 제1항 제1호에 따른 노선 여객 자동차운송사업을 경영하는 자(이하 "노선버스 운송사업자"라 한다)는 교통약자가 안전하고 편리하게 버스를 이용할 수 있도록 다음 각 호의 사항을 준수하여야 한다. <개정 2018. 2. 21>

  1. 교통약자에게 승하차 시간을 충분히 줄 것

  2. 교통약자에게 승하차 편의를 제공할 것

  3. 저상버스 및 휠체어 탑승설비를 장착한 버스 등 교통약자가 편리하고 안전하게 이용할 수 있는 구조를 가진 버스(이하 "저상버스 등"이라 한다)를 보유하고 있는 경우 일반버스와 저상버스 등의 배차순서를 적절히

편성할 것

② 국토교통부장관 또는 시·도지사는 「여객자동차 운수사업법」 제4조에 따른 여객자동차운송사업 면허를 할 때에는 같은 법 제5조에 따른 면허기준을 갖추고 저상버스 등을 대통령령으로 정하는 대수(臺數) 이상 운행하려는 자에게 우선적으로 노선 여객자동차운송사업 면허를 할 수 있다. <개정 2013. 3. 23, 2018. 2. 21>

③ 시장·군수가 지방교통약자 이동편의 증진계획을 수립하거나 도지사가 교통약자 이동편의 증진 지원계획을 수립할 때에는 저상버스 등의 도입, 저상버스 등의 운행 및 교통약자의 접근성을 고려한 버스정류장과 도로 등 시설물의 정비 계획을 반영하고, 이에 따라 저상버스 등을 도입하여야 한다.<개정 2013. 3. 22, 2018. 2. 21, 2020. 10. 20>

④ 국가와 지방자치단체는 제3항에 따라 저상버스 등을 도입(휠체어 탑승설비를 기존 버스에 장착하는 경우를 포함한다)할 경우 대통령령으로 정하는 노선버스 운송사업자에게 예산의 범위에서 재정지원을 하여야 한다. 이 경우 국가와 지방자치단체의 부담비율은 교통약자의 인구현황과 국가 및 지방자치단체의 재정여건 등을 고려하여 대통령령으로 정한다.<개정 2018. 2. 21>

⑤ 도로관리청은 저상버스 등의 원활한 운행 및 교통약자의 접근성 개선을 위하여 필요한 경우에는 버스정류장과 도로를 정비하는 등 필요한 조치를 하여야 한다. <개정 2020. 10. 20>

⑥ 국가는 제5항에 따른 버스정류장의 정비 등 필요한 조치에 소요되는 비용의 일부를 지원할 수 있다.

⑦ 노선버스 운송사업자가 대통령령으로 정하는 운행형태에 사용되는 버스를 「여객자동차 운수사업법」 제84조 제2항에 따라 대폐차하는

경우에는 저상버스로 도입하여야 한다. 다만, 도로의 구조·시설 등이 저상버스의 운행에 적합하지 아니하여 해당 노선의 노선버스 운송사업자가 국토교통부령으로 정하는 바에 따라 소관 교통행정기관의 승인을 받은 경우에는 그러하지 아니하다. <신설 2022. 1. 18>

⑧ 노선버스 운송사업자가 제7항 본문에 따라 저상버스를 도입하는 경우에는 「환경친화적 자동차의 개발 및 보급 촉진에 관한 법률」 제2조 제2호에 따른 환경친화적 자동차를 우선 도입하도록 노력하여야 한다. <신설 2022. 1. 18>

[전문개정 2012. 6. 1]

교통약자법에는 헌법에서 명시한 차별받지 않을 권리, 평등한 대우를 보장받을 권리 등을 보장하기 위해 더욱 구체적으로 대통령을 비롯한 행정부, 그리고 각 지방자치단체의 장 또는 의회가 해야 할 업무를 명시하고 있다. 제3조에서 헌법의 취지를 다시 한번 명시하고 있으며, 제7조에서 그러한 목적에 따라 정책적 목표를 수립하고 달성하기 위한 구체적인 법률적 근거를 명시하고 있다.

□ 서울특별시 교통약자의 이동편의 증진에 관한 조례

(1) 제1조(목적)

이 조례는 「교통약자의 이동편의 증진법」에 따라 서울특별시 교통약자의 교통수단·여객시설 및 도로에 대한 접근성 및 교통안전을 보장함으로써 교통약자의 사회 참여와 복지 증진에 이바지함을 목적으로 한다. <개정 2020. 1. 9>

(2) 제3조(시장의 책무)

① 서울특별시장(이하 "시장"이라 한다)은 교통약자가 안전하고 편리하게 이동할 수 있도록 교통수단과 여객시설의 이용편의 및 보행환경 개선을 위한 정책을 수립하고 시행하여야 한다.

② 시장은 교통약자 이동편의 증진사업의 재정 확보를 위해 노력해야 하며, 이를 예산 편성에 적극적으로 반영하여야 한다.

③ 시장은 교통약자가 이용하는 이동편의시설과 특별교통수단의 보건위생을 증진시키기 위해 「감염병의 예방 및 관리에 관한 법률」 및 「서울특별시 감염병의 예방 및 관리에 관한 조례」에 따른 감염병 예방 및 위해(危害) 방지를 위한 방역에 적극 노력하여야 한다. <신설 2020. 5. 19, 2021. 9. 30>

(3) 제5조(교통약자 이동편의 증진계획의 수립)

① 시장은 5년 단위의 교통약자 이동편의 증진계획(이하 "이동편의 증진계획"이라 한다)을 수립하여야 한다.

② 이동편의 증진계획에는 법 제6조 제2항 각 호의 사항 외에 다음 각 호의 내용이 포함되어야 한다. <개정 2021. 3. 25>

1. 이동지원센터의 설치 및 운영계획
2. 서울특별시 여객시설의 조사와 개선계획
3. 교통약자의 특성을 고려한 이동편의정보 제공 및 개선계획
4. 저상버스 및 버스 운전자, 특별교통수단 운전자에 대한 교육계획
5. 교통약자를 위한 도로 및 버스정류장 등 시설물 정비에 관한 사항
6. 교통약자 이동편의 증진을 위한 사업의 우선순위에 관한 사항
7. 노후화 등으로 교체되는 특별교통수단의 공급에 관한 사항

8. 그 밖에 시장이 필요하다고 인정하는 사항

제1조 목적에서 해당 조례는 고령자와 같은 교통약자의 교통수단에의 접근성을 보장하는 것이 목적임을 정의하고 있으며, 제3조에 '시장은 교통약자 이동편의 증진사업의 재정 확보를 위해 노력해야 하며, 이를 예산 편성에 적극적으로 반영하여야 한다'라고 되어 있다. 이는 주민참여예산제의 주요한 근거로 기능할 수 있을 것으로 보인다. 또한, 제5조 제2항 3호에 '교통약자의 특성을 고려한 이동편의정보 제공 및 개선계획'은 우리 프로젝트에서 진행하고 있는 마을버스 노선도 개선을 통한 시각 정보 공유성 제고의 목표와도 맞닿아 있다고 볼 수 있으며, 동조 동항 제5호에 '교통약자를 위한 도로 및 버스정류장 등 시설물 정비에 관한 사항'에서 시설물 정비에는 노선도 또한 포함될 것으로 생각된다. 따라서 이 '서울특별시 교통약자의 이동편의 증진에 관한 조례'는 이 프로젝트의 핵심 근거가 된다고 할 수 있다.

III. 해결방안 모색

1. 문헌조사

주제와 관련한 기존의 연구를 파악하기 위해 문헌조사를 진행했다. 서울 마을버스정류장에 부착된 노선도는 서울 시내버스 노선도와 유사한 모습으로 되어 있다. 보통 서울 시내버스의 정류장 노선도는 U자형과 I자형으로 나뉘는데, 2가지 유형의 노선도는 정류장 수가 얼마나 많은지에 따라 다르게 사용된다(송민정, 구하나 2016).

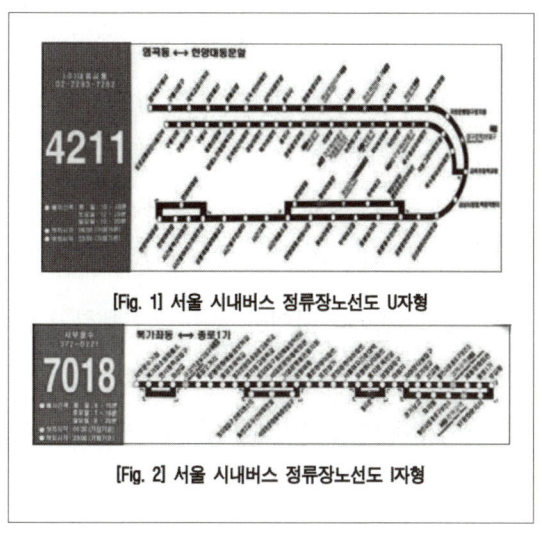

자료 5-4. 서울 시내버스정류장 노선도 U자형 & I자형

정류장 수가 60개 이상일 경우 U자형 노선도가 사용되고, 그렇지 않은 경우에는 I자형 노선도가 사용된다. 글씨체의 경우, 노선번호는 HY견고딕을 사용해 100pt로 표기하지만, 국문으로 표기하는 정류장의 이름과 지하철역 및 기타 표기 사항 같은 경우는 HY각 헤드라인 M체를 사용해 각각 13pt, 14pt, 15pt로 표기하는데, 이는 사용자가 정류장을 찾기 불편한 서체이기 때문에(최민지 외 2013) 눈이 침침한 고령자의 경우 글자가 잘 보이지 않는다는 등의 불편함을 호소한다. 노선번호의 배경과 지하철역 명의 경우, 눈에 잘 띄게 하도록 버스와 같은 색을 칠하거나 다른 굵기, 색 등을 사용해 차별점을 두었다는 장점이 있지만, 그런데도 여전히 디자인의 특성과 글자의 크기를 고려했을 때 고령자들이 버스 노선도를 보고 단번에 행선지를 찾기에는 어려움이 존재한다. 또

한 마을버스정류장 노선도마다 글자 크기 또는 자간이 통일되지 않고 글자 수, 노선도의 크기, 정류장의 수에 따라 다르게 조절되어 있다. 이에 따라 한눈에 보았을 때 알아보기 적합한 정도의 여백 없이 표기되어 시각적으로 복잡하고, 이를 통해 목적지로 가는 방법을 파악하는 데 어려움이 따르는 경우가 존재한다.

그뿐만 아니라 노선도의 레이아웃 차이는 버스를 이용하는 승객들에게 더욱 혼란을 줄 수 있는데, 연구에 따르면 조사 대상 중 과반수의 승객이 U자형과 I자형 노선도의 차이를 모르고 이용하고 있다고 조사되었다. 또한, 일부 노선의 경우 하나의 노선에서 2개의 노선으로 갈라지고 다시 합쳐지는 이유에 대해 알기 어려우며, 이에 따라 복잡해지는 노선도의 디자인은 이용자에게 시각적 혼란을 불러일으키므로 레이아웃에 있어 개선이 요구되며, 노선도의 레이아웃을 통일할 필요성 또한 제기된다(김태선 2016). 또한 노선도의 타이포그래피 간 적절한 여백, 크기와 자간을 동일하게 맞춤으로써 노선도 이용자들이 노선도를 쉽게 읽을 수 있도록 해야 하며, 노선도에 표시된 정류장 중 주요 거점, 또는 사람들이 많이 이용하는 곳일 경우 주변 지명이나 시설, 환승할 수 있는 교통수단 등을 구체적으로 표기함으로써 노선도 이해에 도움을 줄 필요가 있다. 추가로 정보의 우선순위를 정하고 중복 표기를 막을 경우 이용자의 편의 개선에 도움이 된다(김태희, 김승인 2018).

아울러 버스 노선도에 표시되는 기호 의미를 즉각적으로 이해할 수 있는지는 이용자에게 노선도를 통해 정보를 수집하는 방법과 행인에게 직접 길을 물어 정보를 수집하는 방법, 그리고 인터넷과 같은 앱의 검색을 통해 정보를 수집하는 방법 등의 여러 선택지 중 무엇을 통해 정보를 수집하는 것이 최적의 효율성을 얻을 수 있는지 결정하게 하는 데 영향을 줄 수 있다. 즉 노선도를 간단하게 표기하는 것은 합리적 판단에 따라 정보 수집에 드는 비용을 최소화하고자 하는 승객들에게 도움이 될 것이므로, 현 노선도의 복잡한 디자인을 개선할 필요가 있는 것이다.

2. 현장 조사

1) 인터뷰

실제로 어려움을 느끼는 주민들이 있는지 파악하기 위해 현장 조사를 실시했다. 성북구 내 마을버스를 이용하는 사람들에게 직접 인터뷰를 요청함으로써 마을버스를 이용하면서 느낀 불편함에는 어떤 것들이 있는지, 마을버스를 이용할 때 노선도를 자주 이용하는지, 노선도를 통해 가고자 하는 목적지를 파악하려고 할 때 가장 어려운 점은 무엇인지 등을 물어보았다.

- 질문 1. 평소 마을버스를 탈 때 불편함을 느끼신 적이 있습니까?
- 질문 2. 평소 마을버스를 탈 때 정류장에 표시된 노선도를 활용하십니까? 활용하신다면 얼마나 자주 활용하십니까? 활용하지 않으신다면 그 이유는 무엇입니까?
- 질문 3. 말씀하신 노선도로 인한 불편함 중 '이 부분이 해결되었으면 좋을 것 같다'라고 생각하시는 문제점은 무엇입니까?
- 질문 4. 노선도에 적혀 있는 정류장의 이름을 살펴볼 때, 글자의 크기와 정렬 중 어떤 것이 더 불편하십니까?

인터뷰 결과, 마을버스 이용객들이 노선도를 활용하지 않는 이유는 다양했는데, '네이버 지도'와 같은 휴대전화 앱 활용에 익숙한 젊은 세대의 경우 굳이 복잡한 노선도를 이용해서 목적지로 가는 방법을 파악하기보다 앱 검색 기능을 활용해 정보를 수집하는 것이 더 편리하고 빠르다고 답변했다. 하지만 고령 세대의 경우 그러한 앱 활용도가 상대적으로 떨어지고, 노선도의 복잡함 때문에 노선도를 직접 보고 길을 찾기보다, 주위 사람들에게 도움을 요청해 정보를 수집하는 게 더 편하기 때문으로 파악되었다.

　노선도를 이용하는 과정에서 겪는 불편함이나 어려움이 구체적으로 무엇인지 조사한 결과, 노선도를 보는 행위 자체가 불편하다고 말하는 답변이 많았는데, 그 이유로는 노선도의 키가 너무 커서 올려 봐야 하고, 노선도의 키가 크기 때문에 그만큼 표시된 글자들이 눈으로부터 멀리 떨어져 있으며, 글씨 크기 또한 작아 눈이 침침한 사람의 비율이 높은 고령자의 경우 더욱 불편함을 겪는다고 응답했다. 그들은 접근성을 주로 꼽았는데, 올려 보는 것으로 인해 편한 자세로 자세히 보기가 불편하다고 답변했다. 아울러 노선도에 표시된 글자 또한 문제점으로 지적되어 이에 대해 불편함을 묻자, 글자의 정렬보다 글자의 크기가 중요하다고 답변했다. 글자의 크기가 크다면 정렬이 어지럽고 간단하지 않은 형식으로 되어 있다고 하더라도 살펴보기에 큰 어려움이 없지만, 글자 크기가 작으면 아예 보이지 않기 때문에 어려움을 겪는다고 답했다. 인터뷰하기 위해 성북구의 여러 노선을 둘러보며 촬영한 사진은 다음과 같다.

자료 5-5. 성북구 내 마을버스 노선도

위의 사진을 통해 파악할 수 있는 성북구 마을버스 노선도의 문제점은 다음과 같다.

① 정류장 개수가 많은 노선도일수록 글자 크기가 작다.
② 마을버스가 지나가는 정류장임에도 불구하고, 노선도가 정류장에 배치되어 있지 않다.

③ 디자인이 노선도마다 제각각으로, 통일되어 있지 않은 디자인 탓에 혼란을 준다.
④ 노선도의 위치가 사람의 키보다 더 높은 곳에 있어 편하게 보기 어렵다.

이러한 문제점을 통해 다음과 같은 해결책을 떠올릴 수 있다.

① 노선도에 표시된 정류장의 개수를 줄인다.
② 노선도의 디자인을 통일한다.
③ 더 직관적이고 알아보기 쉬운 글씨체, 크기, 자간 등을 활용한 디자인을 만든다.
④ 노선도의 높이를 사람의 키와 비슷하게 조정한다.

앞서 언급한 가상의 해결책은 실제 버스 노선도 디자인 개선에 참여한 적 있는 디자이너와의 인터뷰를 통해 수정, 보완되었고, 다음은 그 과정을 담은 것이다.

3. 노선도 시안 협업 과정

1) 시안 제작 및 적용과 관련한 이해관계자 탐색

노선도 시안을 개선하는 것과 관련해 가장 먼저 연락을 취한 이해관계자는 서울시 버스운송조합이었다. 이에 운송조합 메일을 통해 연락을 취했다. 연락의 내용은 '버스정류장의 노선도를 개선하는 것에 대한 필요성이 해당 조합을 통해 제기되고 있는지', '버스정류장에 새로운 형태의 노선도 설치가 가능한지', '이와 관련해 협력을 구할 수 있는지'를 중심으로 구성되었다. 이에 대해 버스운송조합은 버스정류장 및 노선도의 관리는 자치구에서 행정적으로 총괄하고 있으며, 민원도 자치구를 통해 전달된다고 답변했다.

이후 이해관계자로 탐색한 것은 성북구에서 마을버스를 운영하는 회사였다. 총 5곳에 연락을 돌렸으나 연락을 받은 업체는 '석계운수' 하나였다. 노선도 개선과 관련해 해당 업체는 광고회사가 노선도 관리를 맡는 대신, 자율적으로 광고를 하는 계약이 되어 있다고 설명했다.

이에 석계운수가 소개한 광고회사인 '애드케이'에 연락을 취했다. 애드케이 측은 회사가 성북구의 일부 노선을 관리하는 것은 사실이나 노선에 따라 다른 회사가 관리해 일괄적인 관리는 이루어지지 않고 있다고 설명했다. 또한, 애드케이 역시 노선도 개선의 필요성을 느끼고 관련 예산을 지자체에 요청했으나 허용해주지 않았다고 말했다.

마지막으로 공적 기관인 성북구 의회에 연락을 취했다. 해당 연락에 대해 성북구 의회는 노선도 관련 사항을 도로교통과와 함께 확인해보겠다고 답변했다. 또한, '같이 탑시다' 팀이 시안을 제작하고 있다면, 완성 이후 다시 연락을 취할 것을 부탁했다.

2) 업계 종사 디자이너 인터뷰
(1) 인터뷰 전

노선도 개선 프로젝트를 진행하기 위해 여러 자료를 찾아보던 중 우리가 프로젝트를 진행하기 이전에도 서울특별시 노선도 개선에 관심을 가지고 활동을 한 주체가 있다는 것을 알게 되었다. UX 디자인 회사인 ㈜pxd였다. pxd의 한상택 디자이너는 회사의 블로그에 '정류장

맥락 노선도 디자인'이라는 이름으로 서울시 노선도를 개선한 디자인을 제시했다. 블로그에 제시된 내용은 관련 특허로 등록되었고(출원번호: 1020150077331), 서울 디자인 재단은 회사의 블로그 내용 및 관련 특허 내용을 참고해 2017 서울 시내버스 내부 정보 디자인 가이드라인을 개발했다(서울디자인재단 2017).

해당 내용을 확인한 뒤 pxd 회사 메일을 통해 pxd 측에 협력을 요청하는 메일을 전송했다. 메일의 내용은 '해당 블로그에 사용된 디자인 활용에 대한 허가를 받을 수 있을지', '해당 디자인이 서울 디자인 재단을 통해 일정 부분 서울시에 도입된 것으로 보이는데, 서울시에 적용하면서 있었던 어려움에 대해 알 수 있을지', '프로젝트 진행과 관련한 인터뷰를 진행하고 이후 지속적으로 조언 및 도움을 얻을 수 있을지'를 중심으로 작성되었다. 지속적인 연락을 위해 프로젝트 팀장의 메일 주소 및 전화번호를 첨부했다. 3일 뒤 해당 메일에 대한 답변을 받을 수 있었다. 해당 메일의 답을 요약하면 다음과 같았다.

먼저, pxd 회사 블로그에 사용된 디자인을 활용할 수 있는지와 관련해서는 공공서비스 개선을 위해 개발했던 만큼 출처만 명시해서 사용할 수 있으면 괜찮다는 답변을 받았다. 둘째로, 해당 디자인을 서울시에 적용하면서 있었던 어려움과 관련해서는 해당 디자인과 관련된 프로젝트가 버스 내부 노선도 개선으로 한정된 것 같다는 답을 해주셨다. 이후 서울시의 공공디자인 가이드라인에서 버스 외부의 정류장 노선도를 찾지 못했다고 말하며, 구 단위에서 시범사업으로 적용하고 효과를 입증해서 널리 사용될 수 있으면 좋겠다는 의사를 밝혀주었다. 마지막으로 인터뷰 및 조언과 관련해서도 도움을 줄 수 있다고 밝히며, 열심히 프로젝트를 진행해 정류장에 적용되는 것까지 나아갔으면 좋겠다고 했다.

이후 프로젝트 진행 과정에서 고려해야 할 부분에 대한 업계 종사자의 인사이트를 얻기 위해 한상택 디자이너와 인터뷰를 진행하기로 했다. 메일을 통해 몇 번에 걸쳐 '같이 탑시다' 팀 및 한상택 디자이너의 일정을 조율한 결과, 11월 22일 금요일 오전으로 일정을 정하게 되었다. 대면 인터뷰를 할 경우, 현장감 있게 인터뷰를 진행할 수 있다는 장점이 있지만, ㈜pxd의 위치가 판교이며, 고려대학교와 멀리 떨어져 있는 점을 고려할 필요가 있었다. 결과적으로 시간과 비용의 절약을 위해 인터뷰는 온라인을 통해 진행하기로 약속했다.

(2) 인터뷰 진행

11월 22일 금요일 오전 10시 학교에서 온라인으로 한상택 디자이너와 인터뷰를 진행했다. 인터뷰를 진행하기 전 한상택 디자이너의 요청으로 고려대 체인지 메이커스 활동이 무엇인지, 고려대 체인지 메이커스 및 시민정치리빙랩 활동의 하나로서 '같이 탑시다' 팀이 현재까지 어떠한 활동을 진행했는지 설명했다. 이후 디자이너님은 현재의 일차적인 목적이 무엇인지 질문했다. 이에 성북구의 특정 노선(성북 20번)을 대상으로 개선된 디자인을 고안하고 적용을 제안하는 것, 이후 적용을 확대해 나가는 것을 목적으로 하고 있다고 밝혔다. 이러한 목적을 고려해 인터뷰를 진행하는 것이 좋겠다고 이야기를 나눈 후 사전에 준비한 질문지를 기반으로 질의응답의 시간을 가졌다. 해당 내용을 정리하면 다음과 같다.

Q1. 현장 조사 및 문헌조사를 통해 버스 노선도에 반영되어야 할 14가지 요소를 발견했다. 디자이너의 시각에서 보았을 때, 이것이 적절한가? 혹은 버스

노선도 디자인에 반영되어야 할 요소가 더 있는데, '같이 탑시다' 팀이 놓친 부분은 없는가?

A1. 14가지 요소가 과거에 프로젝트를 진행했을 때, 찾았던 요소와 유사하다. 잘 찾은 것 같고, 필요한 내용이 모두 포함된 것 같다.

Q2. 버스 노선도가 적용될 정류장의 모습이 일정하지 않다. 특히 현장 조사에서 문제가 나타난 경우는 표지판 형태로 버스정류장이 디자인된 경우다. 노선도가 높은 곳에 있어 시선이 닿기 어려울 뿐만 아니라, 멀리서 글자를 읽다 보니 더 작게 보여서 읽기 어렵다는 의견이 많았다. 해당 문제점을 해결할 수 있을까?

A2. 버스 노선도 및 정류장에도 여러 종류가 있다. 현장 조사에서 문제점으로 지적된 정류소는 보행의 편의성을 위해 기둥만 세우고 표지판의 내용을 높은 곳에 위치시킨 것으로 보인다. 노선도가 높이 있어 잘 보이지 않는 것은 분명히 문제이지만, 모든 문제를 해결할 수 없다면 정보 디자인 개선에 집중하는 것이 좋아 보인다.

Q3. 중간발표를 진행하면서 가장 많이 지적받았던 부분 중 하나다. 어떤 정류장이든 버스 노선도를 붙여 놓는 위치가 제한되어 있는데, 노선도가 분리되었다 합쳐지는 것을 따로 제시하거나, 노선도의 글자 크기를 키우거나, 간격을 늘리는 등의 해결책을 적용해야 한다. 이 경우 공간이 부족해 붙일 수 없는 문제를 어떻게 해결할 수 있을까?

A3. 이전에 회사에서 관련 업무를 위해 여러 연령층을 인터뷰해본 적 있다. 당시에 들은 답변 중 하나가 '노선도에 정류장 개수가 너무 많다'라는 것이었다. 실제로 정류장에서 볼 때, 노선도에 전체 정류장이 필요

한 것이 아니다. 내가 타고 있는 정류장에서 반환점까지의 정보만 전달해도 충분하다. 모든 정류장마다 다 다르게 노선도를 그리는 것이 너무 비싸다면, 전체 노선도를 그리고 필요 없는 부분을 제거하는 방식으로 진행할 수 있다.

(3) 인터뷰 결과

인터뷰를 통해 노선도에 반영되어야 할 디자인적 요소를 찾을 수 있었다. 첫째는 노선도를 제작하면서 고려해야 하는 것은 노선도의 개별화(customization)였다. 이것은 2가지의 효용을 가지는 것으로 이해된다. 하나는 노선도에 반영되는 정류장의 숫자를 줄임으로써 이용자의 노선도 이용을 개선하는 것이다. 다른 하나는 노선도에 반영되는 정보의 개수를 제한함으로써 이번 프로젝트와 관련해 가장 지적받았던 부분 중 하나인 공간의 부족 문제를 해결하는 것이다. 둘째는 유니버설 온고딕 서체의 사용이다. 해당 서체는 저시력자 및 노약자를 염두에 두고 제작된 서체다. 인터뷰 이후 공공적 목적을 위해 제작된 해당 서체를 무료로 내려받을 수 있다는 것을 확인했다. 셋째는, 정류장을 지나는 노선을 지도에 간략하게 나타냄으로써 필터링 효과를 제공하는 것이다. 정류장에 오는 사람들은 해당 정류장에 자신이 필요한 노선이 있다는 것은 알지만, 해당 노선이 정확히 몇 번인지 모를 수 있다. 지도 위에 각 노선의 방향을 제시하는 것은 자신에게 필요한 노선이 무엇인지 빠르게 파악할 수 있는 필터링 효과를 제시한다. 마지막으로, 노선도를 제작할 때, 중요 정류소를 기반으로 노선도의 청크(chunk)를 제시하는 것이 필요하다. 중요 정류소를 기준으로 이용자가 쉽게 자신이 가고자 하는 정류장을 찾을 수 있기 때문이다.

해당 인터뷰를 통해 이후의 활동 방향성도 정할 수 있었다. 현장 조사 때는 노선도가 높은 곳에 있어 시선을 두기 어렵고, 글자가 잘 안 보인다는 문제가 중점적으로 제시되었다. 그래서 정류장 형태를 개선하는 것과 관련한 의견도 팀 내부에 존재했다. 하지만, 이번 인터뷰 이후 정보 디자인을 개선하는 쪽으로 프로젝트의 방향성을 확고히 잡을 수 있었다. 또한, 인터뷰를 통해 얻은 디자인적 가이드를 반영해 시안을 제작해 보낼 경우, 이에 대한 피드백을 줄 수 있다는 답변을 얻었다. 이후 팀 차원에서 1차 시안 제작을 우선적인 목표로 두기로 계획했다.

3) 1차 시안 제작
(1) 1차 시안용 장소 선정
시안을 그리기 위한 버스 노선으로 성북구 마을버스 노선 20번을 택했고, 장소는 돈암시장입구로 설정했다. 그 이유는 다음과 같다. 첫째, 성북 20의 경우 현장 조사가 용이하다. 둘째, 성북구 내 마을버스 중 성북 20의 승하차량이 다른 대부분의 노선에 비해 더 많으며, 이때 돈암시장입구의 경우 해당 정류장을 지나는 버스 노선의 개수가 과도하지 않다는 점이다. 이는 마을버스 노선도를 관리하는 광고업체에 문의한 결과, 문제를 해결하는 과정에서 문제 해결에 대한 수요의 정도와 문제 해결을 통해 얻을 수 있는 효용을 고려할 필요가 있다는 조언을 반영한 것이며, 노선도를 단순화했을 때 그 효과가 가시적으로 드러나야 하기 때문이다. 시안을 기반으로 적용 범위를 확대하기 위해서는 노선도 개선의 효과가 가시적으로 보여야 했다. 마지막으로, 성북 20의 경우 해당 노선의 특성상 환승이 가능한 정류장, 그리고 다른 마을버스 노선과 겹치는 정류장이 있으며, 이때 각 노선이 다른 방향을 향하고 있다는 것을 알 수 있었다. 돈암시장입구의 노선도에 시안을 적용한 이후 다른 정류장 노선도와의 비교를 통해 문제 해결의 효용이 얼마나 큰지 비교할 수 있을 것이다.

(2) 1차 시안용 의뢰

자료 5-6은 현재 미술과 관련된 학업에 종사하고 있는 대학생에게 부탁해 아이디어를 얻은 다음, 해당 아이디어를 바탕으로 우리 팀원이 다시 제작한 시안이다. 해당 시안의 특징은 다음과 같다. 첫째, 지하철이나 다른 마을버스 등으로 환승할 수 있는 정류장을 각각의 목적에 어울리는 색을 칠함으로써 청크 표시를 했다. 이는 시각적 요소를 활용해 노선도를 보는 이들에게 다른 교통수단의 활용 및 자신이 가고자 하는 목적지를 더욱 빠르고 정확하게 인지할 수 있도록 돕기 위함이다. 둘째,

자료 5-6. 1차 시안용 마을버스 노선도

승하차량이 많은 곳을 초록색으로 색칠했다. 이는 성북 20의 색이 초록색이기 때문이거니와, 또한 승하차량이 많은 곳은 해당 노선의 여러 정류장 중 거점으로서 역할을 수행할 수 있기 때문이다. 셋째, 현 위치와 종점에 해당하는 정류장을 글자로 표시함으로써 사람들에게 제공할 수 있는 기준점의 수를 늘렸다.

(3) 1차 시안 피드백 노선도 자동화 프로그램

제작한 시안을 기반으로 시민정치리빙랩 14주 차 수업에서 교수자의 피드백을 받았다. 시안을 제작하는 단계에서 넘어가 성북구 전체에 개선된 노선도를 적용하고자 할 경우, 각 정류장 및 노선에 커스터마이징된 노선도를 제시하는 데 드는 비용을 고려할 필요가 있다. 성북구의 각 정류장, 노선에 맞춘 노선도를 많이 생산해야 할 텐데 각각을 디자이너가 커스터마이징할 경우 비용이 크게 들 것이다. 해당 피드백을 통해 프로젝트의 목적에 부합하는 노선도를 자동으로 만들 수 있는 프로그램이 존재하는지 확인할 필요성이 있다는 점을 인지했다.

해당 프로그램이 존재하는지 확인하기 위해 pxd의 한상택 디자이너에게 연락을 취했다. 그 결과, 현재에는 온라인상에 각 노선의 API가 존재하기 때문에 이를 활용할 수 있으면, 노선도 자동화 프로그램을 제작할 수 있을 것 같다는 답변을 얻을 수 있었다. 해당 API를 사용할 수 있을지의 여부를 알아보겠다는 연락도 받을 수 있었다.

IV. 총평

1. 결론

　마을버스는 공공의 목적을 위해 운용되는 교통수단이다. 따라서 마을버스 노선도는 공적 정보(public information)를 담고 있어야 한다. 이때 공적 정보는 누구나 이용하기 쉽고 편리하게 접근할 수 있어야 함에도, 현재 마을버스 노선도의 관리는 사적 기업에 의해 운용되고 있으며, 현장 조사 결과 낙후된 게시판, 표시되지 않은 정류장 정보 등 제대로 된 관리가 이루어지지 않고 있었다. 이는 현대 사회에서 중요한 기본권 중 하나인 사회권이 효과적으로 보장되지 않는다는 점을 상기시킨다. 우리는 여러 이해관계자와의 인터뷰와 문헌조사를 통해 공적 정보에 대한 접근 가능성을 실질적으로 제고하고, 누구나 평등하게 권리를 보장받을 수 있기 위해 어떠한 제도적 해결방안을 시행할 수 있을지 고민했고, 그 결과 가장 기초적이고 직관적인 노선도 해결을 통해 권리를 보장할 수 있을 것이라는 결론을 내리게 되었다. 노선도의 복잡한 정류장 정렬 방식을 바꾸고, 누구나 알아볼 수 있는 글씨체를 사용하며, 아울러 글자 크기를 확대함으로써 보는 데 불편함이 없도록 함으로써 노선도의 활용성을 높일 수 있을 것으로 예상된다. 이는 점차 이해관계가 복잡해지고 다양화되는 현대 사회 속에서 누구나 평등한 대우를 받아야 한다는 헌법의 기본적 가치에도 부합할 것으로 기대한다.

2. 향후 계획

1) 노선도 관련 소비자 인식 조사

교수자의 피드백을 통해 우리 팀이 제작한 노선도에 대한 소비자 인식 조사를 진행할 예정이다. 기존 정류장에 비치된 노선도와 우리가 제작한 노선도 시안을 비교해 어느 것이 시각 정보를 습득, 인지하기에 더 편리한지 묻고 답변에 대한 이유를 청취하며, 노선도 시안에 대한 피드백 또한 조사하고자 한다.

2) 구의원과의 면담 및 참여예산제

메일을 통해 성북구의회 양순임 의원과 연락을 시도했고, 노선도 시안을 가져오면 그것을 기반으로 참여예산제 작성 및 노선도 시안 적용을 위한 방법을 같이 의논할 수 있을 것 같다는 긍정적인 답변을 받았다. 현재 지속적으로 도움을 받고 있는 pxd 한상택 디자이너로부터 시안에 대한 피드백을 받고 수정한 후 참여예산제의 구체적인 내용을 설계, 작성할 예정이다.

참여예산 제안서

시정 분야	☐ 경제/노동 ■ 교통/안전 ☐ 주거/생활 ☐ 환경 ☐ 문화/체육/관광
사업명	마을버스정류장 표지판 및 노선도 교체 사업
사업 위치	성북구 내 마을버스 노선의 정류장
소요예산	사업비: 총 1억 3,560만 원
사업 기간	2025. 6. 30 ~ 2025. 12. 31
사업 목적 (제안 배경)	〈제안 배경〉 우리나라 국민의 대중교통 이동 실태를 조사한 결과, 지역 내 이동에 있어 교통약자와 비교통약자를 가리지 않고 모두 버스를 가장 많이 이용하는 것으로 조사되었다. 이때 교통약자 유형별로는 고령자가 58.2%로 임산부(60.7%) 다음으로 가장 많이 버스를 이용하는 것으로 알려졌다. 고령자의 디지털 접근성은 60대가 넘어가면서 급격히 떨어지고, 휴대전화를 다루다가 어려운 점이 생기더라도 다른 사람들에게 해결 방법을 잘 묻지 않고 혼자 해결하거나 아예 포기하는 경우가 대다수다. 또한 '서울 동행 앱'과 같이 서울시에서 제공하고 있는 대중교통 보조 앱의 존재 자체를 모르거나, 전술했듯 앱을 다루는 과정에서 복잡함의 이유 등으로 그 효율은 떨어진다고 할 수 있을 것이다. 한편, 노선도에 적힌 버스정류장을 보려고 하더라도 노선도의 생김새가 단번에 이해하기 어렵고, 글씨가 작아 눈이 어두운 노인들은 노선도를 잘 살피지 않는 경향이 있다. 따라서 이들은 버스정류장 옆에 있는 사람에게 길을 묻거나, 혹은 정류장에 도착하는 버스마다 어느 방향으로 가는 것인지, 어느 정류장에 들르는 것인지 묻는다. 이러한 과정은 주변 이용객과 버스 운행 사원 모두 피로감을 느끼는 과정이기에, 그 해결이 필요하다고 생각해 해당 사업을 제안하게 되었다. 〈사업 근거〉 • 교통약자의 이동편의 증진법 • 서울특별시 교통약자의 이동편의 증진에 관한 조례 등
사업 내용	〈사업의 주요 내용〉 개선된 마을버스 노선도를 성북구 내 452개 마을버스정류장에 적용한다. [개선 시안은 다음 첨부]

사업 내용	**〈사업 추진 절차〉** 지역의 버스정류장 현황을 분석한다. 이를 기반으로 마을버스 노선도를 제작 및 설치할 업체를 선정한다. 이후 개선된 마을버스 노선도에 대한 만족도 조사를 실시한다. **〈사업비 세부 내역〉** 노선도 비용(장당 약 5만 원 예상) 표지판 등 시설물 설치비용(개당 약 25만 원 예상) 총 1억 3,560만 원 **〈개선 시안〉** 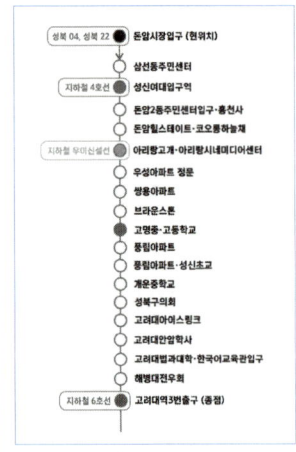
사업 효과	본 사업을 통해 다음과 같은 효과를 기대할 수 있다. 첫째, 마을버스 노선도를 일관성 있는 디자인으로 제공할 수 있다. 정류장의 노선도는 형식을 통일함으로써 이용자가 다른 위치에서도 편리하게 노선도를 이해할 수 있다. 둘째, 노선도의 가시성을 개선할 수 있다. 현재 노선도는 많은 양의 정류장 정보를 제공해 노선도의 정보를 한눈에 파악하기 어렵다. 본 사업을 통해 해당 문제점을 해결할 수 있다. 셋째, 노선도 이용의 편리성을 향상할 수 있다. 필터링, 청크 등의 기법을 도입함으로써 이용자가 빠르게 정보를 습득하도록 할 수 있다.

PART 06

고대로 병원으로

고려대로 일대 구급차 운행 환경 개선 프로젝트

고영민 | 박재한 | 양경준 | 강서현 | 정하은

I. 프로젝트 개요

1. 주제 선정 및 필요성

본 프로젝트에서는 '고려대로'에서 발생하는 '긴급차량(주로 구급차) 통행'에 대한 문제 인식을 바탕으로 문제를 해결하는 방안을 모색했으며, 그 과정에서 해당 문제의 이해 당사자에 대한 설문조사와 인터뷰를 진행하며 정보를 수집했다.

고려대로는 고대앞 사거리에서 보문역 일대로 이어진 2, 3차선의 도로로, 인근에 안암병원이 존재해 평소 구급차 통행이 빈번한 곳이다. 하지만 고려대로를 구성하는 교통안전시설물(신호등; 신호체계), 도로안전시설물(차선분리대), 안암역 교차로 동시 보행신호 등의 도로교통 요소와 더불어 구급차 통행에 대한 낮은 시민의식 등은 구급차의 원활한 통행을 심각하게 저해하는 요인이 된다.

위의 요인들로부터 비롯되는 구급차 통행 문제의 파급력은 다양한 양상으로 나타날 수 있다. 우선 가장 핵심적으로, 구급차의 신속한 통행이 방해됨으로써 구급차에 탑승하고 있는 환자의 건강권 및 생명권은 그 경중을 떠나서 침해받을 가능성이 크다. 또한 고려대로를 자주 통행하는 구급차 운전자의 경우, 앞의 요인들로부터 발생하는 이송 지체는 단순 고충을 넘어서 직업적 사명으로부터 발생하는 심각한 스트레스로 이어질 수 있다. 나아가 앞의 요인들로부터 비롯된 구급차 통행 문제를 목격하는 시민들은 의료서비스의 전반적인 질이 훼손될 수 있다는 인식이 생길 수 있고, 이는 시민적 불편을 호소하는 배경으로 작용할 수 있다.

2. 협력 기관 및 이해 당사자

앞의 문제의식을 바탕으로, '고려대로 일대 구급차 운행 환경 개선'이라는 프로젝트를 구체화하기 위해 관련 이해 당사자와 협력이 요구되는 기관을 검토, 확정해 세분화했다. 특히 협력 기관의 경우, 해결방안에서 제시하고 있는 '가변형 차선분리대 설치'와 '긴급차량 우선 신호 시스템 도입'에 초점을 맞춰 면담 대상자를 각각 구분했다.

먼저, 차선분리대와 관련해서는 ① 서울시 북부 도로교통사업소 관계자(행정직원 및 실무자), ② 차선분리대로 사용될 울타리를 제조하는 국내외 관련 업체 등을 면담 대상으로 설정했다. 다음으로, 긴급차량 우선 신호 시스템 도입과 관련해 ① 서울시 교통운영과 신호체계 담당자, ② 긴급차량 우선 신호 시스템을 최초 도입한 수원시 신호체계 담당자(이병호 주무관) 등을 대상자로 설정했다.

또한, 프로젝트와 관련한 이해 당사자들의 문제 인식 및 입장, 견해 등을 구체적으로 조사하기 위해 설문조사와 비대면 인터뷰, 관계자 동행 현장 답사 및 대면 인터뷰를 진행했다. 그리고 서울시 북부 도로교통사업소 행정직원, 서울시 교통운영과 담당자, 성북소방서 소속 구급차 운전기사를 대상으로 인터뷰를 진행했다. 서울시 북부 도로교통사업소 실무자와는 고려대로 인근을 직접 동행해 현장 답사를 실시하고, 대면 인터뷰를 진행하며 문제와 해결방안에 관한 입장 및 견해를 확인하고, 프로젝트의 진행을 위한 조언을 구했다. 또한 고려대로를 이용하는 주민들을 대상으로 구글폼을 활용한 설문조사를 진행함으로써 문제와 해결방안에 대한 주민들의 인식을 조사했다.

3. 프로젝트 구성 및 방향

구급차 통행 문제를 해결하기 위해 적절한 대안을 강구할 필요가 있다는 인식하에, 본 프로젝트는 구급차 통행을 원활하게 하는 차원으로 문제에 접근함으로써 크게 3가지의 해결방안을 검토했다.

첫 번째로, 도로안전시설인 차선분리대 교체 방안을 검토했다. 기존에 설치된 고정형 펜스 대신 이동식 혹은 가변형 차선분리대를 설치함으로써 응급차량 통행 시 우회 주행이 가능하게끔 하거나, 차량 통행 자체를 원활하게 하는 방안이다. 유연한 소재로 구성된 차선분리대는 기존에 설치된 차선분리대보다 그 탄성과 회복성이 높을 것이라고 예상했다.

두 번째로, 고려대로 일대에 긴급차량 우선 신호 시스템 도입을 검토했다. 이는 스마트 교통관리시스템을 구축해 교통 신호를 자동 제어함으로써 구급차가 신호 구간에 진입 시에 대기시간 없이 통과할 수 있게 하는 방안으로, 수원시에서 최초로 도입해 현재는 서울시(마포구, 강남구)로 전면 확대 중이다.

세 번째로, 구급차 관련 사전교육 및 인식 개선 캠페인 진행을 검토했다. 이는 지역 주민과 고려대로 일대를 통행하는 운전자들에게 '구급차 길 터주기'에 대한 인식을 강화하기 위해 해당 지역에 도로 현수막을 설치하는 캠페인과 파급력이 높은 SNS와 뉴미디어 등을 활용해 구급차 통행에 대한 인식 개선 방안과 대중적 요소를 담은 콘텐츠를 제작해 홍보를 진행하는 방안을 포함한다. 또한 구급차 통행 환경 개선을 위한 포스터 및 슬로건 공모전을 계획했다. 고려대로에서의 구급차 운행 환경 개선을 위한 교육 및 캠페인 대상자는 고려대로를 주로 이용하는 운전자, 고려대학교 학생, 교직원 및 시설물 관리자, 일반 주민으로 세분화했다.

4. 프로젝트 결과 요약

본 프로젝트를 진행하면서 계획 수립-이행 단계에서 수정, 삭제된 사항, 최종 목표까지 도달하지 못한 사항이 여럿 존재한다. 프로젝트 초기에는 가변형 차선분리대를 해외 제품(MRG)으로 선정했지만, 회사와 연락이 되지 않아 샘플 모델 제작 업체를 국내 기업으로 변경했다. 또한 프로젝트 계획 단계에서 가변형 차선분리대와 긴급차량 우선 신호 시스템의 적용 범위를 고려대로 일대로 선정했지만, 전문가 인터뷰 및 현장 동행 답사를 통해 일부 구간에만 설치하는 것으로 계획을 변경했다.

긴급차량 우선 신호 시스템의 고려대로 내 도입과 관련해, 각종 전문가 인터뷰와 현장 답사를 통해 해당 시스템이 '고려대로'라는 한정적인 공간에 적용되기에는 현실 가능성과 기대효과가 현저히 떨어진다는 점을 최종적으로 확인할 수 있었다. 이에 향후 성북구 전체로 확대하는 방안으로 계획을 변경했다.

고려대로 일대 구급차 통행 환경 개선에 관해, 해당 문제를 해결할 수 있는 여러 분야의 전문가로부터 조언을 구했으며, 구체적인 예산안을 마련했다.

II. 문제 발굴

1. 프로젝트 관련 현황 및 배경

프로젝트를 진행하기 위해 '고려대로 인근에서의 구급차 통행의 불편함'이라는 문제 인식에 대한 타당성을 검토하고자 설문조사를 진행했다. 그 결과, 구급차 통행에 대한 조 구성원들의 문제 인식은 단순히 주관적인 차원에만 머무르는 것이 아니며, 고려대로를 이용하는 불특정 다수의 주민을 대상으로 한 설문조사 답변을 통해 그 심각성이 널리 공유되고 있음을 확인할 수 있었다.

전체 설문 응답자 40명 중 82.5%(33명)는 고려대로 인근에서 구급차가 통행에 불편함을 겪는 현상을 목격했다고 답변했다. 또한, 문제의 원인이 무엇이라고 생각하느냐는 질문에 전체 응답자 중 57.6%(23명)는 '상-하행 차선 사이에 설치된 고정형 울타리로 인해 길 터주기가 불가하다'를 꼽았고, 22.5%(9명)는 '신호체계의 문제(지나치게 짧거나 비효율적인 통행/주행 신호 시간의 문제)'를 그 원인으로 지목했으며, 12.5%(5명)는 '구급차에 관한 시민의식 부재'를 문제의 원인으로 꼽았다. 해당 설문조사 결과는 본 프로젝트가 가지는 문제 인식과 더불어 문제 해결을 위한 방안을 제시하는 과정에 정당성을 부여한다.

하지만 대안을 적용하기 위해 협력이 필요한 관련 기관의 담당자와 면담을 통해 본 접근의 문제점과 한계도 동시에 드러났다. 우선 긴급차량 우선 신호 시스템 도입을 위해 서울시 교통운영과 신호체계 담당자와 문의한 결과, 해당 지역의 신호체계에 대한 프로젝트의 문제 인식에는 공감하나, '고려대로'라는 특정 구간에만 긴급차량 우선 신호 시스템을 도입하기에는 한계가 있다는 답변을 받았다. 이는 신호 시스템이 유기적으로 연결되어 있어 최소 구 단위의 적용이 검토되어야 하며, 신호 시스템 도입을 위한 구간별 교통량 데이터 확보, 구급차 제공 단말기 비용(개당 500만 원) 등의 요소가 모두 고려되어야 한다는 사실에 기인한다. 따라서 고려대로라는 협소한 사업 범위에 대한 전면 재검토가 이루어져야 함을 파악할 수 있었다.

또한, 고려대로에 가변형 차선분리대를 도입하기 위해 북부도로사업소 실무자와 면담한 결과, 고려대로의 구조적인 한계인 도로의 좁은 폭, 상-하행 간 많은 교통량과 더불어 가변형 차선분리대의 기술적 완성도, 유지보수 문제 등의 복합적인 요인으로 인해 당장 이를 도입하기에는 한계가 있다는 답변을 받았다.

2. 프로젝트의 중요성

구급차를 포함한 긴급차량의 통행 문제에 대한 인식은 지역적 차원의 논의를 넘어서는 전국적 차원의 문제다. 이에 긴급차량 우선 통행을 공론화하고 해결하기 위해 전국적 차원에서 캠페인이 지속되고 있다(『광명포스트』. 2022. 11. 30; 『구미뉴스』. 2023. 8. 23; 『서울일보』. 2023. 12. 7; 『일간경기』 2023. 9. 21; 『헤드라인제주』 2023. 5. 17). 문제 해결을 위한 전국적 움직임은 긴급차량 통행 문제의 심각성에 대한 공동의 인식을 반영한 것으로, 본 프로젝트의 필요성을 간접적으로 드러내며, 근본적인 문제 인식과 맞닿아 있다.

가장 핵심적으로, 구급차의 신속한 통행이 보장되지 못할 경우, 구급차에 탑승하고 있는 환자의 생명권은 그 경중을 떠나서 침해받을 가능성이 크다. 따라서 응급 치료가 요구되는 환자들의 생명권과 의료서비스의 원활한 제공을 위해서는 구급차량의 신속한 운행이 보장되어야 한다.

또한, 고려대로를 자주 통행하는 구급차 운전자의 경우 구급차의 신속한 운행이 제한되는 상황으로 인해 업무상 스트레스를 체감할 심산이 크다. 직업에 대한 사명감이 큰 개인일수록, 그리고 환자 이송 과정에서 신속한 운행이 불가능한 상황이 지속될수록, 그 체감 효과는 커질 것이다.

마지막으로, 긴급차량이 신속하게 통행하지 못하는 상황이 빈번히 목격되거나 관련해서 언론 보도가 증가할수록 '시민적 불편' 또한 증가할 수 있다. 구급차 안에 타고 있는 사람이 타인이 아닌 본인이거나, 혹은 본인과 유대가 깊은 사람일수록, 해당 상황 자체에 대한 위협인식이 커질 수 있다. 이는 의료서비스를 통한 건강 및 보건 증진의 가치에 대한 시민들의 기존 인식이 회의적으로 전환될 수 있음을 시사한다.

3. 조사 내용

1) 관련 부서 및 전문가 인터뷰

(1) 서울시 북부 도로교통사업소 행정직원

해당 비대면 인터뷰에서는 가변형 차선분리대/울타리 설치에 대한 전반적인 자문을 구함과 더불어 그 실현 가능성에 대해 문의했다.

"주제 자체가 불가능해 보이지는 않으나 다양한 기관의 협조가 필요하고, 그 기관에 대한 정보를 파악하는 것에 주력할 필요가 있다. 특히, 해당 아이디어를 직접 적용하고 실행하는 것이 아닌 서울시민참여예산제를 거친다는 점에서 금전적 측면에서 실현 가능하다고 생각한다. 하지만, 해당 특수 제작 울타리 설치에 대한 자세한 예산안 편성이 필요하다."

(2) 서울시 교통운영과 담당자

해당 비대면 인터뷰에서는 고려대로에 긴급차량 우선 신호 시스템을 도입하는 문제에 관해 자문을 구했다.

"서울시는 이미 그 필요성을 체감하고 마포구와 강남구는 올해 시범사업 대상 지역으로 지정되어 진행 중이다. 해당 시스템 도입을 위해서는 최소 구 단위의 적용 검토가 필요하다. 특정 구역의 신호등 하나가 인근 도로교통과 모두 밀접히 연결되어 있기 때문이다. 따라서 특정 구간(고려대로)에만 시스템을 도입하는 것은 비현실적이다. 단말기 보급 비용이 한 대당 5,000,000원의 높은 금액이라는 점도 고려해야 한다. 예산 편성과 지역 선정에 대한 더 많은 조사가 필요해 보인다."

(3) 성북소방서 소속 구급차 운전기사

해당 비대면 인터뷰에서는 가변형 차선분리대의 현실적인 설치 필요성에 대한 의견을 조사했다.

"구급차량 운행 중, 긴급 시 구급차량이 밟고 지나갈 수 있는 유연한 소재의 중앙분리대 설치를 생각해본 적 있다. 최근 중앙분리대나 울타리는 대부분 플라스틱이나 단단한 소재로 이루어져 있기에 구조물이나 차량이 파손될 위험이 있어 구급차량이 신호에 걸릴 수밖에 없다. 해당 프로젝트의 도입 취지가 좋고, 필요성도 존재한다. 하지만 가변형 차선분리대에 대한 자세한 조사가 필요해 보이며, 설치 후 발생할 수 있는 여러 문제점에 대한 추가적인 고찰이 수반되어야 할 것이다."

2) 관계자 동행 현장 답사 및 대면 인터뷰
(1) 대면 인터뷰
① 서울시 북부 도로교통사업소 실무자

해당 대면 인터뷰에서는 고려대로에 가변형 차선분리대/울타리를 설치하는 것의 필요성과 실현 가능성, 나아가 전반적인 프로젝트의 방향성에 대한 자문을 구했다.

Q1. 고려대로에 차선분리대가 있어야 하는 이유는 무엇일까요?
관련 지침을 보면 차선분리대는 '무단횡단금지시설'로도 명칭이 되어 있다. 차선분리대 중에는 콘크리트나 쇠 같은 재질로 된 것들도 있는데, 고려대로에 있는 차선분리대는 협소한 도로에서 (차량이 지나가는 것을 완전히 막을 수는 없지만) 시각적으로 무언가 서 있으면 심리적으로 사람들이 무단횡단하는 것이 억제될 수도 있고, 차량들도 차선분리대를 부수고 가려고 하면 시설물 훼손이 되기 때문에 배상 등 법적 책임이 있을 수 있어서 그런 차량에 대해서도 교통 법규를 준수하도록 하는 기능을 하는 것이다. 이처럼 무단횡단금지가 주로 목적이고 또 6차로 정도의 좀 더 넓은 도로의 경우에는 불법유턴을 하는 차량들도 있기 때문에 그런 불법유턴 등도 억제하려는 목적이다.

Q2. 구급차 운전자분과 연락을 해보니 구급차 통행 시 현재의 차선분리대 및 울

타리가 플라스틱으로 되어 있어 구급차가 통과하지 못한다고 말씀해주셨습니다. 그래서 차선분리대 울타리를 구급차가 밟고 지나갈 수 있도록 하면 더 좋을 것 같다고 제안해주셨는데, 지금은 그렇게 하는 것이 불가능할까요?

현재 물리적으로는 불가능하지 않다. 현재의 차선분리대 울타리는 차량이 밟고 지나간다고 해서 차량이 파손되는 그러한 유형의 재질은 아니다. 말랑말랑한 재질의 플라스틱이라서 그렇다. 사람 입장에서는 딱딱하다고 느낄 수도 있겠지만 차량이 들이받는다면 차선분리대 울타리가 금속에 비해서 약하기 때문에 충분히 차량이 밟고 지나가는 것이 가능하다. 차량 자체의 위험은 없지만, 아마 구급차 운전자 분께서는 구급차가 차선분리대 울타리를 밟고 지나갔을 때 차선분리대 울타리의 기초 부분이 훼손되어서 차선분리대 울타리가 계속 도로 위에 쓰러져 있으면 쓰러진 차선분리대 울타리가 다른 차로로 침범하게 되기 때문에 그로 인해서 다른 일반 차량이 지나가다가 크고 작은 2차 사고가 발생할 수 있다는 점 등을 고려하시는 것 같다. 또 그러한 문제에 있어서 구급차 운전자에 대한 법적 보호가 현재 없을 수도 있다. 결국 구급차 운전자 입장에서는 그러한 시설물 훼손으로 인한 비용 청구 문제나 사고 위험에 대한 책임 문제가 우려되는 것이라고 본다.

Q3. 그럼 상하이동식 가변형 차선분리대 울타리를 도입, 설치하는 것 이외에 현재의 차선분리대 울타리의 재질이나 탄성을 좀 더 유연하게 만들어서 구급차가 밟고 지나가도 부서지거나 하는 문제가 없게 되면 어떨까요?

시설물의 훼손 등의 기술적인 부분과 관련해서는 최근에도 벤처기업 등이 신기술 연구, 개발을 많이 하고 있다. 그래서 차선분리대 울타리가 오뚜기처럼 쓰러졌다가도 다시 일어나는 것들도 있을 수 있다. 그러한 제품에 대한 홍보들도 있는 것으로 안다. 그런데 그것이 공신력 있는 참고자료가 된다고 보장할 수는 없어서, 그러한 것들이 과연 얼마나 실제로 입증이 되었는지는 좀 더 신중하게 지켜볼 필요성이 있다. 시설물 관리 기관 입장에서는 품질 인증도 해봐야 하고, 또 시설물이라는 것은 1년 정도의 단기간을 생각하고 설치하는 것이 아니라, 큰 이상이 없으면 최소 5~10년 정도의 유지, 관리를 바라보고 설치하기 때문에 그 정도의 기간 내에 시설물의 기능이 유지되어야 한다. 그런 부분들을 따져보고 설치해야 하는 측면이 있다. 그래서 아직은 기관에서 자체적으로 판단했을 때는 조금 조심스러운 부분이 있어서, 쓰러졌다가도 다시 일어나는 기능에 집중해서 제작된 신제품 등을 설치한 사례는 없다. 만약 쓰러졌다가도 회복되는 기능이 강화된, 또 그러한 기능과 관련해서 무단횡단금지시설 관련 규격 인증 등을 모두 통과한 제품이 있다고 한다면 기관이 설치할 수도 있다. 다만 그런 제품들도 구급차 등이 밟고 지나가도록 하려는 목적으로 개발된 것이 아니라, 어떤 이유에서 어떤 차량이 밟고 지나가는 일이 발생하더라도 회복되어 쉽게 파손되지 않는 것을 목적으로 해서 개발된 것일 수도 있다는 점도 고려해볼 필요가 있을 것 같다.

② 수원시 긴급차량 우선 신호 시스템 담당자(이병호 주무관)

해당 인터뷰를 통해 긴급차량 우선 신호 시스템에 대한 전반적인 설명과 더불어 기대효과, 소모 예산, 문제점 및 한계 등을 집중적으로 확인했고, 사업 지역인 고려대로 및 서울시 성북구에 해당 시스템의 도입 여부를 검토했다.

Q1. 조사한 바에 의하면, 이미 기존에 긴급차량 우선 신호 시스템이 존재했는데, 수원시에 도입된 긴급차량 신호 시스템은 어떤 차이가 있는지 설명 부탁드립니다. 수원시가 2020년에 전국 최초로 센터 방식의 긴급차량 우선 신호 시스템을 개발해서 운영하게 되었다. 하지만 이는 기존의 방식과는 다소 차이가 있다. 1세대 방식의 긴급차량 신호 시스템은 사람이 CCTV를 통해 긴급차량 통행 여부에 따라 신호제어기를 원격으로 조종해서 신호를 바꾸는 방식이다. 2세대 방식은 현장 방식으로, 현장에 있는 교차로마다 무선통신 설비를 설치하고 차량에는 무선통신 설비를 통신할 수 있는 OBE(GPS와 연동해 실시간 추적 가능)를 설치해서 신호를 제어하는 방식이다. 하지만 현장 방식은 하나의 교차로당 3,000~4,000만 원 정도의

설치비용이 소모되고, 수원시는 1,000개가 넘는 교차로가 있어서 예산 문제 때문에 도입하지 못했다. 그 이후 수원시에서는 센터 방식의 긴급차량 우선 신호 시스템을 개발했는데, 이는 스마트폰 앱의 GPS 추적기능을 활용해 긴급차량이 구간을 지나갈 때마다 차량의 위치를 관제하는 방식이다. 앱 실행을 유지할 시, 긴급차량이 다음 교차로에 진입하는 시간을 계산하고, 교차로 진입 전에 통행 방향(직진, 좌회전, 우회전)을 송신함으로써 병원까지의 최적 경로를 제공한다. 이는 현장에 장비를 설치하지 않아도 되고 스마트폰 앱만 있으면 되기 때문에, 예산 측면에서도 상당히 효율적인 방식이다. 스마트폰 앱 개발에 4억 원 정도의 비용이 투입되었고, 이를 통해 수원 전역에 대한 긴급차량 우선 신호를 운영할 수 있게 되었다. 해당 시스템은 비용 대비 효과가 월등하고, 확장성도 뛰어나다는 평가를 받았다.

Q2. 수원시에 도입된 긴급차량 우선 신호 시스템을 본 프로젝트의 사업 지역인 고려대로나 서울시 성북구 전체에 도입할 수 있을지 궁금합니다.

이 시스템과 관련해 다양한 행정구역에서 벤치마킹을 시도하는 것으로 알고 있다. 서울시뿐만 아니라 전국적으로 해당 시스템 도입을 검토하고 있다. 하지만 각 행정구역마다 고려 사항이 현저히 다르므로, 고려대로나 성북구 지역에 특정해서 긴급차량 우선 신호 시스템의 적용 가능성을 예단하기는 어렵다.

Q3. 해당 시스템 도입 시 중요하게 고려되어야 할 요소에는 무엇이 있을까요? 법적인 문제, 이해 당사자 문제나 도입까지 걸린 시간 등이 궁금합니다!

우선 가장 기본적으로, 신호체계 운영은 경찰에서 한다. 신호에 대한 시설정비는 지자체에서 하고, 관제하는 것은 수원시가 하지만, 신호 운영 시 차량 통행 방향, 신호 간격과 같은 요소들은 경찰에서 통제하기 때문에 경찰과의 합의가 꼭 필요했다. 또한, 해당 시스템이 신기술이다 보니 교통안전 심의를 통과해야 했다. 하지만 아무래도 신기술이다 보니 기존 방식과의 차이를 검토하고, 예상 효과 및 문제점 등을 검토하는 데 많은 시간이 소요되었다. 또한, 국가 전체의 관점에서 보면 신호체계는 정보통신 기반 시설로 분류되기 때문에, 해킹과 같은 보안상의 문제를 검토하기 위해 국정원에서 보안성 검토를 맡아야 했다. 국정원에 가서 해당 시스템에 관해 설명하고, 목적 및 기대효과 등을 설득시키는 데도 오랜 시간이 걸렸다.

Q4. 긴급차량 우선 신호 시스템 도입 후 어떤 유의미한 효과가 있었나요?
가장 대표적으로, 병원까지 환자를 이송하는 시간을 대폭 축소할 수 있었다. 병원까지 환자를 이송하는 데 걸렸던 기존 데이터와 긴급차량 우선 신호 시스템 도입 후 데이터를 비교했을 때 약 56%의 통행시간 단축 효과을 얻었다. 하나의 예로, 수원에서 가장 먼 아주대 병원 권역센터까지의 시간을 테스트했을 때 10분 정도가 걸렸다. 또한, 기존에 구급대원들이 급하게 환자를 이송하다가 교차로에서 사고가 발생하는 경우가 다수 있는데, 이런 경우 기관에서 해결하는 게 아닌 운전자 개인의 책임소재가 발생했다. 하지만 긴급차량 우선 신호 시스템을 적용하고 난 후 그다음 해에 긴급차량 교차로 사고가 한 건도 발생하지 않았다. 또한 아까 말했듯이 예산 측면에서 약 296억 원 정도의 예산 절감 효과가 있었다.

Q5. 긴급차량 우선 신호 시스템을 도입하면서 발생했던 문제점에는 어떤 것이 있을까요?
여러 가지 문제가 있었다. 우선 구급차 통행을 허용함에 따라 다른 시민들이 약간의 불편을 겪기 때문에, 수원시 차원에서 시민의식 개선을 위해서 많은 노력을 병행했다. 또한, 해당 시스템 도입에 따라 구급대원은 차량 운행에 따른 안전과 시간을 확보할 수 있어서 선호도가 높았지만, 경찰의 경우 신호를 관리하는 입장에서 차가 정체되거나, 신호가 이상하다는 등의 민원을 감수해야 해서 불편해지는 측면이 있었다. 또한, 기술적 관점에서 신호제어기와 센터 간의 온라인 연결시스템이 구축되어야 해당 시스템이 유기적으로 작동할 수 있기 때문에, 인프라를 구축하는 게 필수적이다. 다만 서울시도 해당 센터가 종로구에 있는 것으로 알아서, 추후 적용 방안은 시 차원에서 논의될 것이다. 서울시도 마찬가지로 여러 관계기관이 서로 모여서 협약 등을 통해 공식적으로 시스템을 구축해야 해서, 기관별로 여러 애로사항이 존재할 것이다. 따라서 서로 간의 이견을 좁히려는 노력이 필수적이다. 나아가, 수원시의 경우 환자 상황에 따라서 긴급차량 우선 신호 시스템을 사용하는 판단 기준이 있는데, 환자들의 부상 정도나 분류에 따라서 골든타임을 꼭 확보해야 하는 경우에만 사용하기로 기관 협의가 된 상태다. 따라서 이런 구체적인 방안을 논의하는 것이 유의미할 것이다.

3) 현장 답사

해당 현장 답사에서는 고려대로에 가변형 차선분리대를 설치하는 것이 현실적으로 가능한지, 또 그것이 설치되었을 때 발생할 수 있는 기술적인 문제점은 무엇인지 등에 관해 집중적으로 검토했다.

자료 6-1. 고려대로 일대 관계자 동행 현장 답사 모습

4) 설문조사

(1) 설문조사 개요

고려대로를 이용하는 주민들을 대상으로, 고려대로 인근 구급차량에 관한 인식 조사를 총 2회 실시했다. 설문조사는 구글폼으로 진행했으며, 설문조사에 앞서 설문자의 소속이나 프로젝트 의도, 프로젝트 내 여러 용어에 대한 의미를 밝혔다.

(2) 설문조사-1 결과

질문 항목	응답 선택지	응답 비율
Q1. 고려대로 이용 빈도	1주일에 1~2번	17.5%
	1주일에 3~4번	52.5%
	매일	17.5%
	거의 이용하지 않음	12.5%
Q2. 고려대로 인근에서 구급차량이 통행에 불편함을 겪는 것을 목격한 경험의 유무	예	82.5%
	아니오	17.5%
Q3. 위 문제의 원인	고정형 울타리로 인한 길 터주기 불가	57.5%
	신호체계의 문제	22.5%
	구급차량에 관한 시민의식 부재	12.5%
	기타	7.5%
Q4. 긴급차량 우선 신호 시스템 도입이 문제 해결에 적합한가?	매우 그렇지 않다	2.5%
	그렇지 않다	2.5%
	보통이다	15%
	그렇다	47.5%
	매우 그렇다	32.5%
Q5. 가변형 중앙분리대/울타리 설치가 문제 해결에 적합한가?	매우 그렇지 않다	2.5%
	그렇지 않다	15%
	보통이다	25%
	그렇다	22.5%
	매우 그렇다	35%
Q6. 구급차량에 관한 효과적인 시민 인식 개선 방안	SNS를 활용한 인식 개선 홍보	32.5%
	도로 현수막 설치	52.5%
	시민참여 형태의 인식 개선 교육	12.5%
	인식 개선 불필요	2.5%

자료 6-2. 고려대로 이용 실태 및 해결방안 조사

(3) 설문조사-2 결과

질문 항목	응답 선택지	응답 비율
Q1. 구급차량이 지나갈 때 혼란스러웠던 경험이 있는가?	예	86.7%
	아니오	13.3%
Q2. 어떤 점이 가장 혼란스러웠는가?	당시 도로 상황이 복잡	57.1%
	구급차량의 방향을 예상하기 어려움	28.6%
	어떻게 행동해야 할지 모름	14.3%
Q3. 구급차량 인식 개선에 대한 시민참여 공모전에 대한 참여 의향	있음	53.3%
	없음	46.7%

자료 6-3. 구급차량 관련 경험 및 후속 조치에 대한 호응 조사

(4) 설문조사([자료 6-2]) 결과 분석

설문조사 분석 결과, 먼저 '고려대로 이용 빈도' 항목에서는 응답자의 52.5%가 '1주일에 3~4번', 17.5%가 '매일' 고려대로를 이용한다고 응답해서 본 설문조사 응답자들의 과반이 고려대로를 상당히 많이 이용하는 시민임을 확인할 수 있었다. 다음으로 '고려대로 인근에서 구급차량이 통행에 불편함을 겪는 것을 목격한 경험의 유무' 항목에서는 응답자의 82.5%가 '예'라고 응답해, 실제 구급차 통행 불편 문제가 심각한 수준인 것을 확인할 수 있었다. 한편, '위 문제의 원인' 항목에서는 본 프로젝트가 문제의 원인으로 분석한 3가지 원인 중에서 응답자의 57.5%가 '고정형 울타리로 인한 길 터주기 불가 현상'을 문제의 원인으로 지목했으며, 22.5%가 '신호체계의 문제'를 문제의 원인으로 지목했다. 이를 통해 주민 과반은 고려대로 인근 구급차량의 통행 문제의 원인이 고정형 울타리 문제와 관련된다고 인식한다는 점을 확인할 수 있었다.

나머지 항목들에서는 긴급차량 우선 신호 시스템의 도입과 가변형 중앙분리대 설치가 문제 해결에 적합한지, 구급차량에 관한 시민 인식 개선 방안으로 가장 효과적인 것이 무엇인지를 각각 질문했다. 먼저 '긴급차량 우선 신호 시스템의 도입이 문제 해결에 적합한가?' 항목에서는 응답자의 47.5%가 '그렇다', 32.5%가 '매우 그렇다'라고 응답해 주민들 대다수가 긴급차량 우선 신호 시스템의 도입을 문제 해결에 적합한 방안으로 인식하고 있다는 점을 확인할 수 있었다. 다음으로, '가변형 중앙분리대/울타리 설치가 문제 해결에 적합한가?' 항목에서는 응답자의 25%가 '보통이다', 22.5%가 '그렇다', 35%가 '매우 그렇다'라고 응답해 가변형 중앙분리대/울타리 설치 역시 주민들 과반이 이를 적합한 해결방안으로 보고 있다는 점이 확인된다. 다만 가변형 중앙분리대/울타리 설치는 긴급차량 우선 신호 시스템의 도입보다는 주민들에게 더 적은 비율로 적합한 방안으로 인식되고 있다는 점도 살펴볼 수 있다. 마지막으로, '구급차량에 관한 효과적인 시민 인식 개선 방안' 항목에서는 응답자의 52.5%가 '도로 현수막 설치', 32.5%가 'SNS를 활용한 인식 개선 홍보'를 선택했다. 이를 통해 도로 현수막 설치가 가장 효과적인 시민 인식 개선 방안이 될 수 있으며, 나아가 이를 SNS를 활용한 홍보와 병행한다면 더 큰 효과를 기대할 수도 있다는 점을 예상해볼 수 있었다.

(5) 설문조사([자료 6-3]) 결과 분석

설문조사 분석 결과, 구급차가 지나갈 때 혼란스러웠던 경험이 있는 설문자는 전체 설문자 중 86.7%의 비율로 많은 사람들이 구급차 통행 시 혼란을 겪은 것으로 확인되었다. 혼란스러웠던 이유로 복잡한 도로 상황, 구급차 이동 방향에 대한 불확실성, 행동 매뉴얼 부재를 꼽았으며, 복잡한 도로 상황으로 인해 불편함을 겪은 사람의 비율이 전체 설문자의 50%를 초과했다. 따라서 본 프로젝트가 현재 진행하고 있는 구급차 운행 환경 개선이 해당 설문자들의 불편을 해소할 수 있을 것으로 예상했다. 또한, 구급차 통행 시 보행자가 어떻게 행동해야 하는지에 대한 지식이 부족한 것으로 드러나, 기존의 자료를 재배포하거나 수정해 배포하는 방안이 해당 문제를 해결하는 것에 있어 중요한 역할을 할 것이라고 예상했다.

III. 해결방안 모색

1. 선행연구 검토

해결방안을 모색하는 것에 앞서, 해당 프로젝트와 관련된 여러 학술적 자료로부터 시사점이나 보완점을 살펴보기 위해 선행연구 및 참고자료 검토 과정을 거쳤다.

광역 긴급차량 우선 신호 시스템에 관한 연구(김민 외 2024)에서 긴급차량 우선 신호 시스템 도입 후 고양시와 파주시의 지역출동 시간과 광역 출동 시간이 도입 전과 비교해 각각 50.8%, 55.8% / 55.1%, 62.5% 감축되었다는 사실을 확인할 수 있었다. 이와 같이 긴급차량 우선 신호 시스템의 필요성을 파악할 수 있었으며, 정책 확대 수준으로까지 이어지는 수요를 포착할 수 있었다. 해당 시스템이 환자의 생명을 살릴 수 있는 골든타임까지의 시간을 대폭 감소시킬 수 있다는 점에서 논문 저자

역시 해당 시스템의 확대 적용에 동의하고 있다.

긴급차량 운행 실태와 의식도 조사 분석에 관한 연구(고은정 외 2023)에서는 시민과 시스템 이해관계자의 인식 조사를 바탕으로 긴급차량 우선 신호 시스템 운영 방안에 대한 고찰을 파악할 수 있었다. 시민과 긴급차량 운전자, 관련 부서 공무원을 대상으로 한 설문조사 결과, 일반 시민 중 98.3%가 해당 시스템이 도입되어야 한다고 응답했으며, 전체 범위를 대상으로 한 설문조사 결과, 우선 신호를 적용받는 차량범위에 대한 중요도 순서로 화재출동, 응급구조, 긴급혈액운송, 현행범 검거, 환자이송 순으로 우선시되어야 한다고 응답했다. 이와 같은 설문조사의 결과로, 긴급차량 우선 신호 시스템의 도입에 대해 다양한 사회 구성원들이 동의하고 있음을 알 수 있었다. 나아가, 일반 시민의 76.3%가 긴급차량의 골든타임 확보가 교통혼잡 가중보다 '매우 중요하다'라고 응답했으며, '중요하다' 이상의 응답률은 94% 이상으로 대부분의 시민이 해당 정책의 취지에 대해 긍정적으로 반응한다는 것을 알 수 있었다. 우선 신호 시스템에 대한 양보 가능 시간은 일반 시민이 10분, 관련 부서 공무원이 5분이라고 답했다. 이와 같은 자료는 추후 프로젝트 심화 과정에 참고하거나, 직접 인식 조사를 실시 후, 해당 결과와 비교하는 것을 통해 더 많은 의견과 견해를 파악하는 것에 사용할 수 있음을 확인했다.

일반인의 구급차 이미지 인식 유형에 대한 주관성을 파악하기 위해 실시된 연구(김준형 외 2021)에서는 연구대상으로 20대 9명, 30대 25명, 40대 16명으로 구성된 남녀 50명을 선정했다. 연구방법으로는 구급차 인식에 관한 35개의 진술문을 모두 읽은 후, 본인의 주관과 일치하는 정도에 따라 가장 동의, 보통, 가장 부정과 같은 3가지 그룹으로 분류하게 했다. 이후 각 항목마다 가중치를 부과한 후 점수화하고, 변별력 있는 특성을 파악해 '응급상황 배려형', '응급환자 감별형', '구급차 신뢰형', '응급상황 공감형'의 4가지 유형으로 분류했다. 조사 결과, 대부분의 응답자는 구급차를 보며 "양보해줘야겠다는 생각이 든다", "구급차가 사이렌을 울리고 달리면 위급한 상황인 것 같다", "구급차는 신호 및 차선을 위반하더라도 빨리 가야 할 것 같다", "다른 차들이 양보하지 않아 구급차가 가지 못하는 것을 보면 안타깝다"와 같은 구급차의 필요성을 확인하는 진술문과 구급차에 대한 배려의 태도가 담긴 진술문에 가장 동의하는 모습을 보였다. 이러한 연구결과를 토대로 '긴급차량 우선 신호 시스템'과 '가변형 차선분리대/울타리'의 도입 및 설치에 대한 시민의 반응이 긍정적일 것이라고 예상했다. 대부분의 응답자가 "구급차에 대한 배려가 정당하다"라고 했으며, "구급차는 위급한 업무를 맡는 사실에 동의하고 있다"라고 한 연구결과가 도출되었기 때문이다. 반면, 구급차에 대해 부정적인 인식을 하는 응답자도 존재했다. "구급차를 보면 마음이 불안하다", "구급차는 사이렌 및 경광등을 무분별하게 사용하는 것 같다", "사람들이 구급차를 위급하지 않아도 이용하는 것 같다", "구급차의 경광등은 다른 운전자들의 시야를 방해하는 것 같다" 등의 진술문에 동의한 응답자가 4개로 분류된 유형 속, 1명 이상은 존재했다. 구급차 관련 시민 인식 개선 프로젝트 진행을 준비하는 현재 과정에서 해당 응답 결과는 개선해야 할 구급차의 부정적 인식에 대해 시사하고 있다. 이러한 응답자의 의견을 고려해 시민 인식 개선 프로젝트를 진행할 예정이다.

 2024년을 기준으로 한국도로교통공단에서 교통안전 홍보작품 공모전을 진행하고 있다. 이 공모전은 한국도로교통공단과 경찰청이 함께 진행하고 있다. 현재까지 진행된 공모전은 고령자, 일반 보행자 등 도로를 이용하는 다양한 사람들을 대상으로 진행되었다. 시민참여예산제는 기존의 정부 부서나 기관이 주관하는 사업체에 대해 수락하지 않기에 현재의 여러 공모전과 형태, 방식, 목표를 달리해 캠페인을 주최할 예정이다.

2. 해결방안 제시

1) 가변형 차선분리대 설치

(1) 고려대로 일대 현장 답사

차선분리대 개선 방향을 모색하는 과정에서 고려대로 일대의 교통환경을 확인하기 위한 현장 답사를 진행했다. 현장 답사를 통해 무엇보다도 다음과 같은 점을 확인할 수 있었다.

첫 번째로, 예상한 바와 같이 고려대로 일대는 인근에 고려대학교 안암병원이 있어 통행하는 구급차의 대수가 상당히 많다. 비록 정확한 수치 파악에는 현실적인 어려움이 있었으나, 안암병원 관계자를 통해 확인한 바에 따르면 하루에 평균 20대 이상의 구급차가 병원 응급의료센터로 출입한다.

두 번째로, 고려대로 일대는 차량의 통행량이 상당히 많은 편이다. 이에 따라 고려대로 일대를 통행하는 구급차가 많은 통행량으로 인한 차량 정체 등의 교통 상황으로 통행에 어려움을 겪는 경우가 빈번한 것으로 관찰되었다. 특히, 자료 6-4와 같이 차량 정체가 정지 신호와 결합할 경우 이러한 어려움은 가중되는 것으로 보인다.

자료 6-4. 고려대로 일대의 구급차가 정지해 있는 모습

　세 번째로, 고려대로 일대는 차량뿐만 아니라 보행자 또한 많은 지역이며, 안암역 근처에는 교차로 또한 있기 때문에 보행자의 무단횡단 행태가 상당히 우려되는 지역이기도 하다. 이러한 점들을 고려할 때 보행자의 무단횡단 및 차량의 불법유턴(U-turn) 등을 막기 위한 시설인 차선분리대 자체를 고려대로 일대에서 제거하는 것은 현실적으로 바람직하지 않다는 점이 확인된다. 따라서 차선분리대를 유지해 무단횡단 및 불법유턴 등을 방지할 수 있도록 하면서도, 구급차가 원활히 반대 방향으로 통행할 수 있게 해야 한다고 판단된다.

　네 번째로, 고려대로 일대에서 개선된 차선분리대를 도입, 설치할 구역을 특정하는 것이 중요하다. 현재 고려대로 일대에 설치된 모든 차선분리대를 개선하는 방향도 고려했으나, 이러한 방향은 실현 가능성 내지 비용 효율성 차원에서 적합하지 않다고 판단했다. 이에 따라 고려대로 일대에 설치된 차선분리대 중 개선이 가장 필요한 일부만을 개선하는 것이 현실적이라고 판단했다.

　다섯 번째로, 현재 고려대로 일대에 설치된 차선분리대의 경우 차선분리대의 구성 요소(부분)[1]에 따라 재질의 탄성력, 복원력 등에 차이가 존재한다. 특히 차선분리대의 지주와 횡대 중 횡대의 재질이 지주의 재질에 비해 탄성력과 복원력 등의 기능이 떨어지는 것으로 파악되었다. 자료 6-5에서 확인할 수 있는 것처럼 고려대로 일대에 설치된 차선분리대 훼손의 대다수는 횡대 부분의 훼손이다. 따라서 차선분리대의 횡대 부분의 제조 과정에서 기술적인 변화를 가하는 것이 현실적이라고 파악된다.

자료 6-5. 고려대로 일대의 파손된 차선분리대 모습

여섯 번째로, 고려대로 일대의 상·하행 차선 간 차량의 교통량에는 차이가 있는 것으로 파악되었다. 객관적 수치로서 파악된 바가 아니기에 한계는 있으나, 안암병원 측으로 향하는 상행 차선의 차량 교통량이 반대 차선, 즉 하행 차선의 차량 교통량에 비해 많은 것으로 파악되었다. 이에 따라 본 프로젝트에서 고안했던 구급차의 반대 차선(하행 차선)

---

[1] 차선분리대는 크게 '지주'라는 부분과 '횡대'라는 주요 부분으로 구성된다. 자료 6-5에서 볼 수 있듯이, '지주'는 차선분리대의 세로 부분을, '횡대'는 차선분리대의 가로 부분을 말한다.

통행이 현실적으로 가능할 것으로 예상된다.

(2) 연결구를 이용한 차선분리대

본 프로젝트에서는 차선분리대의 기술적 개선으로서, 기술특허가 적용된 차선분리대의 도입을 제안한다. 구체적으로, 차선분리대 제조 업체인 '세이프라인㈜'가 개발한 '연결구를 이용한 독립형 무단횡단금지 차선분리대'를 고려대로 일대에 도입, 설치하고자 한다. 이하에서는 세이프라인㈜가 작성한 「연결구를 이용한 무단횡단금지 차선분리대 규격서」를 검토하는 방식으로 논의를 진행할 것이다. 해당 차선분리대의 특징적인 구조를 그림으로 나타내면 자료 6-6과 같다.

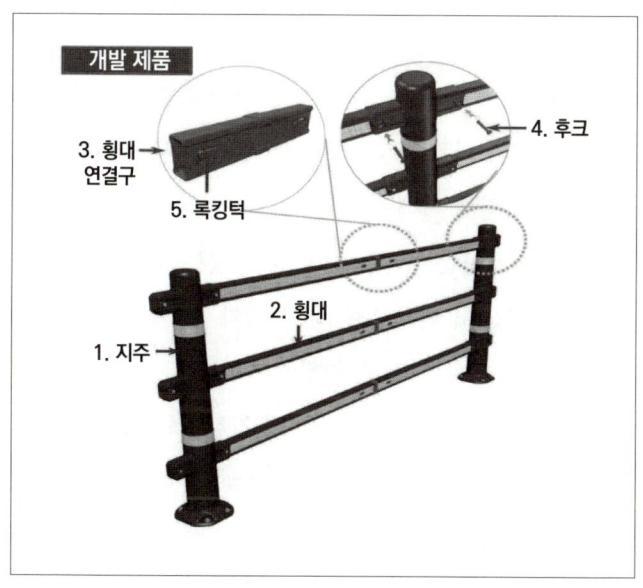

자료 6-6. 연결구를 이용한 무단횡단금지 차선분리대 제품 구조

이러한 차선분리대 제품에는 자료 6-7의 기술(특허, 성능 인증)이 적용되었다. 자료와 같이 연결구를 이용한 무단횡단금지 차선분리대 제품에는 특허(제10-1757260호)와 성능 인증(19-AGK0080)이 적용되었다. 특허로서 '연결구를 이용한 독립형 무단횡단금지 펜스 및 이의 시공방법'이라는 기술에 주목할 필요가 있다.

적용기술	인증(등록)번호	기술명(발명, 고안명칭)/품명(품목)	발행기관
특허	제10-1757260호	연결구를 이용한 독립형 무단횡단금지 펜스 및 이의 시공방법 / 차선분리대	특허청
성능 인증	19-AGK0080	연결구를 이용한 무단횡단금지 차선분리대 / 차선분리대	중소벤처 기업부

자료 6-7. 연결구를 이용한 무단횡단금지 차선분리대 제품에 적용된 기술

본 프로젝트와 관련해 특허 제10-1757260호를 적용한 차선분리대 제품의 주요한 2가지 특징이 있다. 첫 번째로, 횡대는 연결구를 이용한 조립형태로 강한 외력에 의해 분리되는 형태로 제품의 파손을 최소화할 수 있다. 제품의 연결구는 록킹턱과 탄성 연결부의 구조로서, 록킹턱에서 1차 충격이 흡수되고 탄성연결부에서 2차 충격이 흡수된 후 횡대가 분리되는 기능을 통해서 이러한 특징이 실현된다. 구급차가 차선분리대를 밟고 지나가는 과정을 '강한 외력'이 가해지는 상황이라고 본다면, 이러한 상황에서 '연결구를 이용한 조립형태'를 통해 횡대가 자동으로 분리되는 형태로 제품의 파손이 최소화된다는 점은 매우 유의미하다.

두 번째로, 지주 중앙 분산식 횡대구조로 횡대의 처짐을 방지하고 이탈을 최소화한다. 이는 구급차가 차선분리대를 밟고 지나가는 직접적인 과정에서뿐만 아니라, 그러한 과정의 반복이 일으킬 수 있는 횡대의

항상성과 내구성의 훼손으로부터도 해당 제품이 상당히 자유로울 수 있음을 시사한다. 이러한 특징은 차선분리대의 수명 내지 교체 주기 등을 늘려 본 프로젝트의 효과성 및 실현 가능성을 효과적으로 만드는 것이라고 본다.

(3) 개선된 차선분리대의 고려대로 설치

개선된 차선분리대를 고려대로 일대에 도입하려면 무엇보다 고려대로 일대의 구체적 교통환경과 상황, 맥락을 최대한 고려하고 반영해야 한다. 현장 답사 과정에서 확인한 점들, 그중에서도 ① 고려대로 일대의 차량 통행량, ② 개선된 차선분리대의 설치 구역 특정 문제를 중심으로 해서 개선된 차선분리대를 고려대로에 설치하는 데 있어 반드시 고려해야 할 점들을 다음과 같이 도출할 수 있다.

첫 번째로, 고려대로 일대는 구급차 통행량이 상당하므로 개선된 차선분리대를 활용해 통행하는 구급차의 통행 또한 적지 않을 것이라고 예상할 수 있다. 따라서 개선된 차선분리대를 설치한다면 그 향상된 기능이나 역할이 충분히 오랜 기간 지속될 수 있도록 설계 및 제작해야 한다. 즉, 새로운 차선분리대는 내구력을 충분히 확보해야 한다. 그래야만 다른 차량으로 인해 통행이 어려운 구급차가 긴급 상황에서 개선된 차선분리대를 밟고 지나가는 방식의 통행을 하더라도, 개선된 차선분리대를 빈번하게 교체해야 하는 불편이나 예산 비용상의 비효율이 없게 될 것이기 때문이다. 앞서 살펴본 '연결구를 이용한 독립형 무단횡단 금지 차선분리대'는 그 기능적 특수성으로 인해 이러한 요구 사항을 충분히 만족하는 것으로 보인다.

두 번째로, 현장 답사를 통해 고려대로 일대의 교통 환경, 특히 신호

체계, 차선의 개수를 우선 고려해 차선분리대의 개선이 긴요하다고 판단된 구역을 특정했다. 먼저, 신호체계를 고려해야 하는 이유는 신호등이나 교차로 인근에서 정지 신호로 인해 구급차가 불가피하게 정지해야 하는 경우가 많기 때문이다. 다음으로, 차선의 개수를 고려해야 하는 이유는 통행량이 많은 지역에서는 차선의 개수가 적을수록 차량의 정체가 심각해지기 때문이다. 이 2가지 주요 교통 환경 요소를 고려해 '스타벅스 안암역점(카페)'에서 '아이덴티티 고대점(콘택트렌즈 전문)'에 이르는 구간에 설치된 차선분리대를 개선이 필요한 곳으로 설정했다(자료 6-8 참조).

자료 6-8. 고려대로 일대의 차선분리대 개선 필요 구간

세 번째로, 특정 구간의 차선분리대만 개선된 차선분리대로 교체할 시에는 구급차 운전자가 그러한 특정 구간을 식별하는 것에 어려움을 겪을 수 있다는 문제가 있다. 따라서 구급차 운전자는 차선분리대가 개선된 구간을 충분히 파악, 식별할 수 있도록 하는 '충분한 수준의 식별 가능성'을 확보하는 것이 대단히 중요하다. 식별 가능성을 충분히 보장하기 위해서는 다양한 효과적인 방안들이 필요할 것으로 생각되지만, 본 프로젝트에서는 2가지를 제안한다.

① 개선된 차선분리대를 설치한 구간 자체가 다른 구간과 시각적으로 구별될 수 있도록 한다. 이러한 구별을 위해서는 차선분리대의 색상 자체를 달리하는 것이 효과적일 것으로 판단된다. 현재 고려대로에 설치된 차선분리대의 색상은 형광 노랑이므로, 차선분리대의 색상으로 적합한 색상 중에서 형광 노랑과 분명히 구별될 수 있는 색상으로 설치한다면 식별이 가능할 것으로 예상된다.

② 위의 ①의 방안과 병행해 구급차 운전자와 다른 차량 운전자, 보행자 등에게 이러한 사실을 지방자치단체 및 관련 기관 등 공공기관의 공고, 캠페인 등의 방식으로 널리 알려 그 작동의 원리와 취지 등을 분명하게 인지할 수 있도록 하는 것이다.

물론 ①과 ②의 방안은 단기간에 실현될 수 있는 성질의 것이 아니므로, 상당 기간에 걸친 노력이 요구될 것으로 보인다.

(4) 해결방안의 이행 근거
① 「소방기본법」 규정

본 프로젝트가 제안하는 해결방안을 이행하기 위한 법적 근거로서 「소방기본법」 제2조의2(국가와 지방자치단체의 책무), 제6조(소방업무에 관한 종합계획의 수립·시행 등), 제21조(소방자동차의 우선 통행 등)를 살펴볼 필요가 있다. 이하의 「소방기본법」 규정들은 구급차량의 전반적인 통행 환경 개선을 위한 국가와 지방자치단체, 그리고 시민들의 의무를 규정함으로써 본 프로젝트의 해결방안 이행의 필요성을 정당화한다. 따라서 이하의 규정들은 고려대로 일대에 구급차 통행 개선을 위한 차선분리대 개선 조치를 비롯한 해결방안의 이행을 법적으로 뒷받침한다고 볼 수 있다.

소방기본법

제2조의2(국가와 지방자치단체의 책무) 국가와 지방자치단체는 화재, 재난·재해, 그 밖의 위급한 상황으로부터 국민의 생명·신체 및 재산을 보호하기 위하여 필요한 시책을 수립·시행하여야 한다.
[본조신설 2019. 12. 10.]

제6조(소방업무에 관한 종합계획의 수립·시행 등) ① 소방청장은 화재, 재난·재해, 그 밖의 위급한 상황으로부터 국민의 생명·신체 및 재산을 보호하기 위하여 소방업무에 관한 종합계획(이하 이 조에서 "종합계획"이라 한다)을 5년마다 수립·시행하여야 하고, 이에 필요한 재원을 확보하도록 노력하여야 한다. 〈개정 2015. 7. 24, 2017. 7. 26〉

② 종합계획에는 다음 각 호의 사항이 포함되어야 한다. 〈신설 2015. 7. 24〉
1. 소방서비스의 질 향상을 위한 정책의 기본방향
2. 소방업무에 필요한 체계의 구축, 소방기술의 연구·개발 및 보급
3. 소방업무에 필요한 장비의 구비
4. 소방전문인력 양성
5. 소방업무에 필요한 기반조성
6. 소방업무의 교육 및 홍보(제21조에 따른 소방자동차의 우선 통행 등에 관한 홍보를 포함한다)
7. 그 밖에 소방업무의 효율적 수행을 위하여 필요한 사항으로서 대통령령으로 정하는 사항

③ 소방청장은 제1항에 따라 수립한 종합계획을 관계 중앙행정기관의 장, 시·도지사에게 통보하여야 한다. 〈신설 2015. 7. 24, 2017. 7. 26〉

④ 시·도지사는 관할 지역의 특성을 고려하여 종합계획의 시행에 필요한 세부 계획(이하 이 조에서 "세부 계획"이라 한다)을 매년 수립하여 소방청장에게 제출하여야 하며, 세부 계획에 따른 소방업무를 성실히 수행하여야 한다. 〈개정 2015. 7. 24, 2017. 7. 26〉

⑤ 소방청장은 소방업무의 체계적 수행을 위하여 필요한 경우 제4항에 따라 시·도지사가 제출한 세부 계획의 보완 또는 수정을 요청할 수 있다. 〈신설 2015. 7.

24, 2017. 7. 26〉

⑥ 그 밖에 종합계획 및 세부 계획의 수립·시행에 필요한 사항은 대통령령으로 정한다. 〈신설 2015. 7. 24〉

[전문개정 2011. 7. 14]

제21조(소방자동차의 우선 통행 등) ① 모든 차와 사람은 소방자동차(지휘를 위한 자동차와 구조·구급차를 포함한다. 이하 같다)가 화재진압 및 구조·구급 활동을 위하여 출동을 할 때에는 이를 방해하여서는 아니 된다.

② 소방자동차가 화재진압 및 구조·구급 활동을 위하여 출동하거나 훈련을 위하여 필요할 때에는 사이렌을 사용할 수 있다. 〈개정 2017. 12. 26〉

③ 모든 차와 사람은 소방자동차가 화재진압 및 구조·구급 활동을 위하여 제2항에 따라 사이렌을 사용하여 출동하는 경우에는 다음 각 호의 행위를 하여서는 아니 된다. 〈신설 2017. 12. 26〉

1. 소방자동차에 진로를 양보하지 아니하는 행위
2. 소방자동차 앞에 끼어들거나 소방자동차를 가로막는 행위
3. 그 밖에 소방자동차의 출동에 지장을 주는 행위

본 프로젝트에서 이행하고자 하는 해결방안과 관련해 이상의 「소방기본법」 규정들을 구체적으로 살펴보자면, 제2조의2(국가와 지방자치단체의 책무)는 구급차량의 전반적인 통행 환경 개선을 위한 국가와 지방자치단체의 의무를 총괄적으로 명시하고 있다. 따라서 이를 통해 국가와 지방자치단체(서울시, 성북구 등)가 교통안전시설물 및 도로안전시설물, 그리고 그와 관련한 시민 인식의 문제 등을 전반적으로 개선해야 하는 의무를 정당화할 수 있다. 제6조(소방업무에 관한 종합계획의 수립·시행 등)는 소방청장의 소방업무에 관한 종합계획의 수립·시행, 그리고 시·도지사의 세부 계획 수립 및 그에 따른 소방업무의 성실한 수행 의무를 명시하고 있다. 따라서 이 규정 역시 차선분리대 설치, 긴급차량 우선 신호 시스템의 도

입, 시민 인식 개선 등을 소방청장의 종합계획 및 시·도지사의 세부 계획에 포함하도록 하고, 성북구 소재 소방서와 서울시 공공기관 등이 이를 위한 의무를 성실히 수행하도록 하는 근거가 될 수 있다. 제21조(소방자동차의 우선 통행 등)는 민간 차량과 시민들이 긴급 시에 소방자동차의 통행을 방해하지 않아야 한다는 의무를 명시하고 있다. 따라서 이 규정은 특히 구급차의 통행과 관련한 시민 인식 개선을 위한 유의미한 근거 규정이 될 수 있다.

② 「도로교통법」 규정

한편, 구급차 통행 개선을 위해 특히 고려대로 일대의 차선분리대를 개선하는 조치와 관련해 이하의 「도로교통법」 규정을 참조할 필요가 있다. 이하의 규정 중 특히 제29조(긴급자동차의 우선 통행)는 도로교통법상 '긴급자동차'에 해당하는 소방차의 예외적인 통행 방식을 예외적으로 규정하고 있어 본 프로젝트가 차선분리대의 개선을 통해 의도하는 구급차의 통행 방식의 타당성을 정당화한다.

도로교통법

제2조(정의) 이 법에서 사용하는 용어의 뜻은 다음과 같다.
22. "긴급자동차"란 다음 각 목의 자동차로서 그 본래의 긴급한 용도로 사용되고 있는 자동차를 말한다.
　가. 소방차
　나. 구급차
　다. 혈액 공급차량
　라. 그 밖에 대통령령으로 정하는 자동차

제13조(차마의 통행) ③ 차마의 운전자는 도로(보도와 차도가 구분된 도로에서는 차도를 말한다)의 중앙(중앙선이 설치되어 있는 경우에는 그 중앙선을 말한다. 이하 같다) 우측 부분을 통행하여야 한다.
제29조(긴급자동차의 우선 통행) ① 긴급자동차는 제13조 제3항에도 불구하고 긴급하고 부득이한 경우에는 도로의 중앙이나 좌측 부분을 통행할 수 있다.

「도로교통법」 제29조는 차마의 운전자가 도로의 중앙 우측 부분을 통행해야 한다는 제13조의 규정에도 불구하고, 소방차를 포함한 긴급자동차는 '긴급하고 부득이한 경우'에는 도로의 중앙이나 좌측 부분을 통행할 수 있도록 하는, 즉 긴급자동차의 통행에 관한 예외 규정이다. 이를 통해 긴급하고 부득이한 경우에 구급차는 도로의 우측 부분뿐만 아니라 중앙이나 좌측 부분을 통행하는 것도 법적으로 허용된다는 점이 확인된다. 따라서 고려대로 일대의 차선분리대를 개선한다면 이에 힘입어 구급차 운전자가 긴급하고 부득이한 경우에 실질적으로 도로의 중앙이나 좌측 부분을 통행하는 것이 가능해질 것이다. 기존에는 아무리 긴급하고 부득이한 경우라고 하더라도 차선분리대의 파손 위험으로 인해 구급차 운전자가 법적으로 규정된 바와 같이 도로의 중앙이나 좌측 부분으로 통행하는 것에는 실질적인 어려움이 있었다. 그러나 만약 앞서 언급한 바와 같이 차선분리대를 개선한다면 제29조가 긴급자동차에 관한 특별한 통행을 규정한 바처럼 구급차가 도로 중앙의 차선분리대를 지나서 실질적으로 도로의 중앙이나 좌측 부분을 통행하는 것도 현실적으로 가능해질 것이라고 본다.

2) 긴급차량 우선 신호 시스템 도입

(1) 해결방안에 대한 조사 과정: 관계자 비대면(대면) 인터뷰 및 현장 답사

고려대로 일대의 구급차 통행 문제를 해결하기 위해 제시한 긴급차량 우선 신호 시스템의 작동 원리 및 목적을 구체화하기 위해 현장 답사 및 관계자 인터뷰를 통해 각종 정보를 수집했다. 우선 서울시 교통운영과 담당자와의 비대면 인터뷰를 통해 다음과 같은 정보를 수집할 수 있었다.

첫째, 서울시에서는 이미 긴급차량 우선 통행의 필요성과 어려움에 대한 공감대를 형성하고 있다. 특히 긴급차량을 운전하는 구급대원의 심리적 압박과 더불어, 교차로 진입 시 발생할 수 있는 사고에 대한 우려 등의 문제점이 지적되었다. 사업 지역은 다를지라도, 본 프로젝트의 문제의식과 해결방안의 도입 취지가 일맥상통하는 부분이다.

둘째, 서울시의 마포구와 강남구가 올해 시범사업 대상 지역으로 지정되어 시스템 도입이 진행 중이었다. 다만 신호등과 연결된 인근 도로 교통이 모두 밀접히 연결되어 있기에, 도입을 위해서는 최소 구 단위의 적용이 필요하다는 점을 확인할 수 있었다.

앞의 비대면 인터뷰를 통해 얻은 정보를 바탕으로, 사업 지역으로 선정한 고려대로의 교통 상황 및 신호기 위치를 확인할 필요성이 제기되어 현장 답사를 진행했다. 답사 결과, 고려대로 내 차량 신호의 개수는 안암역 교차로의 신호기 4대를 포함해 총 10대였으며, 특히 안암역 교차로 인근은 보행자 통행이 빈번함에 따라 구급차 통행이 지연되는 구간임을 재확인했다.

이후, 해결방안으로 제시한 긴급차량 우선 신호 시스템의 구체적인 내용과 도입 시 고려 사항에 대한 자문을 구하고자 국내 최초로 센터 방식의 긴급차량 우선 신호 시스템을 도입한 수원시 이병호 주무관과의 대면 인터뷰를 진행했다. 인터뷰를 통해 시스템의 구체적인 작동 원리, 기존 긴급차량 신호 시스템과의 차이, 시스템 개발 및 도입에 소모되는 예산과 더불어 핵심 고려 사항 등을 파악했으며, 요약하면 다음과 같다.

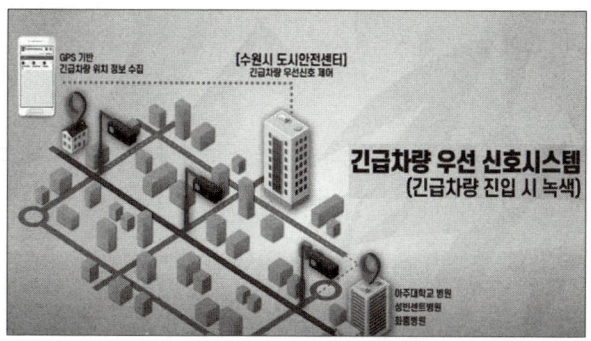

자료 6-9. 수원시 센터방식 긴급차량 우선 신호 시스템 작동 원리

첫째, 수원시에 최초로 적용된 '센터 방식'의 시스템은 기존의 1세대 방식(사람이 신호기를 원격으로 제어)이나 2세대 방식(각 교차로와 긴급차량마다 무선통신 장비를 설치해 신호 통신)과 달리 자료 6-9에 보이는 것처럼, GPS 기반의 스마트폰 앱을 통해 긴급차량이 구간을 지나갈 때마다 센터에서 차량의 위치를 관제하는 방식이다.

둘째, 시스템 개발 및 적용에 투입된 총예산은 4억 원 정도다. 기존의 현장 방식이 교차로마다 OBE(무선통신 설비)를 설치하는 데 발생한 비용이 3,000~4,000만 원인 것을 고려하면, 약 1,000개가 넘는 교차로가 있는 수원시의 경우에 기존의 방식과 비교했을 때 약 296억 원(수원시 기준)의 예산 절감 효과를 가진다.

셋째, 시스템 도입을 위해서 관련 기관과의 적극적인 논의 및 협의가 요구된다. 특히 신호체계를 통제하는 경찰청이나 신호등이 정보통신 기반 시설이라는 점에서 국정원의 보안성 검토를 받아야 한다. 이 외에도 교통안전 심의 등의 절차를 거쳐야 한다.

해당 인터뷰를 통해 긴급차량 우선 신호 시스템을 도입하는 데 필요한 핵심 사항들을 확인하고, 기존 조사 내용과의 공통점과 차이점을 파악함으로써 고려대로 내 긴급차량 우선 신호 시스템의 도입을 점검하는 계기가 되었다.

이후 긴급차량 우선 신호 시스템 적용의 정당성을 확보하기 위해 고려대로 일대의 교통량 데이터를 확보하고자 시도했다. '서울시 교통정보센터(TOPIS)'와 '공공 데이터포털', '서울 열린데이터 광장'의 '도심지점별 교통량 통계'와 '2023 서울특별시 교통량 조사자료' 등의 데이터를 확인할 수 있었으나 성북구의 경우 성북동, 하월곡동, 돈암동, 정릉동, 장위동 등 도심, 간선, 혹은 도시고속 지점의 구체적인 데이터가 존재할 뿐, 고려대로라는 짧고 한정적인 구간의 데이터는 존재하지 않았다.

(2) 해결방안의 기대효과

고려대로 일대의 구급차 통행 문제를 해결하기 위해 긴급차량 우선 신호 시스템의 도입을 해결방안으로 제시하고 있는 만큼, 해당 시스템의 적합성과 실현 가능성을 검토할 필요가 있다. 하지만 지금까지 현장 조사 및 각종 전문가 인터뷰를 진행하며 '고려대로'라는 한정적 구간에 해당 시스템을 그대로 도입하는 방안은, 예상되는 효과에도 불구하고 여러 한계점을 지닌다는 점을 파악할 수 있었다.

우선 시스템 도입을 통한 기대효과는 이병호 주무관과 소방대원과의 대면 인터뷰를 통해 어느 정도 예측할 수 있었다. 이병호 주무관에 의하면, 시스템 도입 전후 이동시간을 비교해서 측정한 결과, 시스템 도입 이후 약 56%의 통행시간 단축을 얻었다고 한다. 이는 기존에 긴급차량이 1km를 이동할 때의 평균 통행시간이 3분 20초였다면, 시스템 도입 후에는 1분 27초가 된다는 것을 의미한다. 이러한 시간 단축 성과는 일분일초가 급한 응급환자의 병원 이송 과정의 신속성을 향상함으로써 국민과 환자의 생명권을 보호하고, 공공 안전의 가치를 증진하고자 하는 본 프로젝트의 취지와 닿아 있다.

다음으로, 성북소방서의 구급대원들과의 대면 인터뷰를 통해 긴급차량 우선 신호 시스템 도입에 대한 견해를 들을 수 있었다. 다음은 인터뷰 일부를 발췌한 것이다.

"긴급 신호 시스템의 작동 원리를 영상으로 사전에 확인했는데, 통계상으로 해당 시스템을 사용하는 서에서는 교차로 교통사고가 적고, 병원까지 빠르게 이동할 수 있다는 점에서 엄청난 장점이라고 생각한다. 또한 우리가 긴급차량이기는 하더라도 10대 중과실에 대해서는 완전히 자유로울 수 없는데, 신호 시스템을 적용하게 되면 정상적으로 파란불일 때 주행하게 되는 거라 법적인 문제에서 면제가 될 수 있다는 점에서 환자뿐만 아니라 구급대원들에게 큰 이점이 있다고 생각한다."

자료 6-10. 성북소방서 구급대원들과의 인터뷰

앞의 인터뷰 내용에서 확인할 수 있듯이, 해당 시스템의 도입은 우리가 가졌던 문제의식인 환자의 생명권 보장과 더불어, 핵심 이해 당사자인 구급차 운전자의 고충과 딜레마를 완화할 수 있다는 점에서 뛰어난 문제 해결방안으로 적용될 수 있다.

3) 구급차 관련 시민 인식 개선 프로젝트 개최

본 프로젝트에서 구급차 관련 시민 인식 개선 프로젝트의 대상을 세 범위 - 고려대로를 주로 이용하는 운전자, 고려대로 인근 주민, 고려대학교 재학생, 교직원 및 시관리자로 분류했다.

(1) 고려대로 운전자

해당 도로를 자주 이용하거나 이용 경험이 있는 사람들을 대상으로 구급차 관련 인식 개선 프로젝트를 진행할 예정이다. 가변형 차선분리대를 기존 차선분리대를 구분할 수 있게 다른 색상으로 제작할 예정이며, 해당 변경 사항을 운전자들이 알 수 있도록 도로 부근에 현수막을 설치하거나 구급차 통행 시 행동 매뉴얼을 팸플릿, PDF 형식으로 제작해 긴급한 상황에 신속히 대처할 수 있도록 한다.

(2) 고려대로 인근 주민

본 프로젝트의 범위에 적용되는 도로 부근의 생활 주민, 거주 주민에게 구급차 통행 시 행동 매뉴얼을 팸플릿, PDF 형식으로 제작해 긴급한 상황에 신속히 대처할 수 있도록 한다. 또한, 구청에서의 오프라인 교육을 통해 노년층의 도로 안전 환경을 마련한다.

(3) 고려대학교 재학생 및 교직원, 관리자

고려대로 인근 거주, 생활 주민만큼 고려대로 이용률이 높을 수도 있다는 점과 고려대학교 학생들이 주로 이용하는 횡단보도가 해당 프로젝트의 적용 범위와 일치한다는 점에서 기인해 대상자들에게 구급차 관련 인식 제고 교육을 실시한다. 학교 차원에서의 교육은 참여율과 파급력이 비교적 높을 것이라고 예상하며, 도로 안전 환경에 동조해 지역사회에 일조하는 현상을 기대한다. 해당 교육은 온라인 교육, 교내 캠페인 개최를 통해 이루어질 예정이다.

(4) 구급차 인식 개선 관련 슬로건 및 공모전 개최

언급한 세 범위의 대상자 이외에도 고려대로를 이용하는 다양한 사람들이 구급차 인식 개선과 관련해 직접 참여할 기회를 제공한다. 안전한 도로 환경을 마련할 수 있게 해당 프로젝트에서 우수한 성과를 기록한 인원들에게는 상금을 통해 보상하고, 추후 더 높은 참여율로 인한 프로젝트의 지속가능성을 확보할 수 있다.

해당 사업과 유사한 사업으로, 한국도로교통공단에서 실시하는 교통안전 홍보작품 공모전이 있으며, 경찰청과 협업 중이다. 이미 다른 정부 기관에서 진행 중인 사업은 시민참여예산제에 자동 탈락된다는 점에서, 해당 프로젝트는 기존의 프로젝트와 방향성을 달리할 필요가 있다. 기존 사업은 광범위한 도로 안전에 대한 공모전을 진행했기에, 특정 주제(구급차)로 범위를 한정한 해당 프로젝트와는 접점이 크지 않을 것이라고 예상했다. 또한, 공모전 외에도 다양한 교육 제공과 교육 자료 배포를 통해 프로젝트의 목표를 달성할 수 있을 것이라고 기대한다.

3. 프로젝트의 실현 가능성 및 적합성

1) 가변형 차선분리대 설치

앞서 언급한 고려대로 일대의 여러 교통 상황과 맥락, 그리고 개선된 차선분리대의 효과, 구급차 통행에 관한 법률 규정 등을 고려할 때 차선분리대 개선은 고려대로 일대 구급차 통행 문제 해결에 '적합한' 해결책이라고 본다. 본 프로젝트에서 제안하는 차선분리대의 개선을 통해 구급차가 고려대로 일대를 긴급하게 통행할 시에 어려움 없이 차선분리대를 넘어 반대 차선으로 통행해 병원 응급의료센터까지 기존보다 더 신속하게 도달할 수 있게 될 것이라고 기대한다. 또한 이러한 해결방안은 문제 해결을 위한 '실현 가능한' 해결책이라고 본다. 실현 가능성을 검토하기 위해서는 무엇보다도 예산의 문제가 고려되어야 한다. 본 프로젝트에서 설정한, 차선분리대의 개선이 필요한 구간에 설치된 차선분리대의 수(연결형 기준)는 약 20개 정도다. 세이프라인 주식회사가 판매하는 차선분리대(SDC-104, Φ180×2000×900mm, 연결형)는 130,500원에 판매되고 있는 것으로 확인되므로, 고려대로 일대의 설정 구간에 차선분리대를 교체해 설치하는 데는 2,610,000원이 예산으로 소요될 것이다. 이러한 금액은 지방자치단체 등 공공기관에서 충분히 지출로 감당할 수 있는 금액일 것으로 예상한다. 따라서 본 프로젝트의 해결방안은 적합성과 실현 가능성을 충족한다고 본다.

2) 긴급차량 우선 신호 시스템

본 프로젝트의 사업 지역이 '고려대로'라는 사실을 고려했을 때, 해당 시스템이 그대로 도입되기에는 여러 문제점이 발생할 수 있고, 시스템 도입에 따른 기대효과가 현격히 축소될 수 있다는 한계를 가진다.

첫째, 고려대로의 구간 길이는 총 1km가 되지 않는다. 하지만, 해결방안으로 제시한 긴급차량 우선 신호 시스템의 기존 적용 지역은 수원시 전체로, 고려대로라는 짧은 구간에 한정적으로 해당 시스템을 적용하는 것은 설득력이 현저히 떨어진다. 긴급차량 우선 신호 시스템의 경우 긴급차량이 진행하는 모든 방향의 신호를 제어하는 것이기 때문에 반드시 인접한 다른 신호체계와의 연결성을 고려해야 하는데, 고려대로라는 특정 구간에만 해당 시스템을 도입한다는 것은 잘못된 접근이라는 것이다. 실제로 해당 문제는 초기 서울시 교통운영과 담당자와의 인터뷰를 통해 확인된 바 있다.

둘째, 본래 시스템이 가지는 사업의 기대효과와 고려대로 구간의 공간적 특징을 동시에 고려했을 때, 기대효과가 상당히 축소되는 측면이 있다. 우선 예산 효율의 관점에서, 수원시 긴급차량 우선 신호 시스템 모델은 그 적용 범위가 커질수록 사업 예산의 총량을 획기적으로 줄일 수 있다는 이점을 가진다. 이병호 주무관과의 인터뷰에서 확인할 수 있듯이, 해당 시스템은 스마트폰 앱 개발에 필요한 4억 원의 초기비용만을 투입하면, 이후 적용 지역을 확대하더라도 각 구급차에 해당 앱이 설치되어 있기만 하다면 센터와의 통신을 통해 정상적으로 시스템을 운용할 수 있다. 하지만 고려대로는 구간 길이가 매우 제한적이기 때문에, 단순히 해당 지역에만 적용되는 시스템을 도입하기 위해서 4억 원의 앱 개발을 시도하는 것은 오히려 막대한 예상 손실 효과를 불러올 것이다. 마찬가지로, 고려대로 구간이 짧다는 점을 고려했을 때, 시스템 도입 후 예상되는 시간 단축의 효과가 상대적으로 미미할 것이다. 이병호 주무관과의 인터뷰에서 언급된 수원시 아주대 병원의 경우, 시스템 도입 이후 총 이동시간이 약 10분 정도가 걸렸다고 했는데, 이는 단순히 걸린 시간만 고려하더라도 사업의 적용 범위가 수원시 전체이기 때문에 가능한 시간이지만, 고려대로의 경우 1km 남짓의 구간이기에 차량이 정체된다고 하더라도 예시에서 드러난 경우만큼의 시간 단축 효과는 발생하지 않을 것이다.

이러한 요소들은 해결방안의 도입을 추진하기 위해서 핵심적으로 요구되는 관련 기관과의 협의에 있어 사업 근거에 대한 설득력을 상실할 수 있는 요소다. 이를 차치하더라도, '고려대로'라는 공간에 해당 시스템을 적용하는 것이 상당한 문제점을 안고 있음을 시사한다. 따라서 사업 지역을 최소한 구 단위로 확보하기 위해 '성북구' 전체로 수정하는 등의 접근이 필요해 보인다.

3) 구급차 관련 시민 인식 개선 프로젝트

현수막 설치 및 디지털 및 종이 팸플릿 제작에는 큰 비용이 소요되지 않을 것이라고 예상했다. 대형 현수막 가격의 대체로 100,000원인 것을 확인했다. 또한, 오프라인 교육의 경우, 기존의 무료로 이용할 수 있는 구청의 여러 교육과 병합해 이용할 수 있게 해서 무료로 교육을 제공하는 방안을 고안했다. 학교와 연계한 교육의 경우 역시 온라인 시스템 유지 및 보수의 일부 비용을 제외하고는 큰 비용 소모가 없을 것이라고 예상했다.

IV. 총평

1. 프로젝트의 한계 및 제언

해당 프로젝트를 계획하고 구성하는 과정에서 1번 사업 - 가변형 차선분리대 설치, 2번 사업 - 긴급차량 우선 신호 시스템 도입에 대한 2가지 한계가 존재한다. 우선, 재정 측면에서 단체나 기업, 정부로부터 지원을 받는 것이 필수적이라는 것이다. 금액적인 측면을 해결한다면 해당 사업은 규모가 확대될 가능성이 있으며, 건전한 공공사업이 될 수 있을 것이다. 나아가, 제도적인 측면에서의 한계점이 존재한다. 도로 안전을 위해 설치된 설치물이나 신호 시스템은 개인이 주체가 되어 변경할 수 없으며, 국가 기관과의 협업이 필수적이다. 재정과 제도의 한계를 모두 극복하기 위해 해당 사업에 있어 시민참여예산제는 필수적이다. 추가로, 신호 시스템의 유기적인 연결성을 고려했을 때, 기존의 '고려대로'라는 제한적인 공간보다는 '성북구' 전체로 사업을 확대하는 방안이 기대효과를 극대화할 것이다.

2. 참여예산 제안의 필요성

1) 서울시 시민참여예산 사업 선정의 평가항목 및 지표

본 프로젝트의 서울시 시민참여예산 사업 제안이 서울시 사업으로 선정되는 데 있어 다음의 7가지 평가항목 및 지표가 고려되어야 한다. 7가지 평가항목은 ① 필요성, ② 시급성, ③ 공공성, ④ 효과성, ⑤ 목표달성도, ⑥ 성평등, ⑦ 사업비 적정성 항목으로 구성된다.

항목	평가 지표	배점					점수
		1	2	3	4	5	
필요성	이 사업은 시민참여예산제도 취지와 효과 등을 감안할 때 꼭 필요한 사업입니까?	그렇지 않다				그렇다	
시급성	이 사업은 내년에 바로 해야 하는 시급한 사업입니까?	그렇지 않다				그렇다	
공공성	이 사업은 공익목적 달성이나 사회적 약자에 도움을 주는 사업인가요?	그렇지 않다				그렇다	
효과성	이 사업은 사업계획이 타당한 근거가 있는 사업입니까?	그렇지 않다				그렇다	
목표 달성도	이 사업은 사업기간 동안 목표달성이 가능한 사업입니까?	그렇지 않다				그렇다	
성평등	이 사업은 남녀 성평등 제고에 도움이 되는 사업입니까?	그렇지 않다				그렇다	
사업비 적정성	이 사업의 경우 사업목적을 달성하는데 필요한 사업비가 적당한 규모입니까?	그렇지 않다				그렇다	

자료 6-11. 2024년 서울시 참여예산 분과위원회 심사평가표(안)

2) 7가지 평가지표의 충족 여부 검토

본 프로젝트는 서울시 시민참여예산 사업 제안 중 '자유제안'으로서 '교통/안전' 분야로 분류될 것이다. 본 프로젝트의 성격 및 현재 프로젝트의 진행 상황에 비춰 7가지 평가항목 및 지표 중 4가지, ① 필요성, ② 시급성, ③ 공공성, ④ 효과성을 토대로 본 프로젝트가 7가지 평가지표를 충족하는지 여부를 검토함으로써 참여예산 제안의 필요성을 정당화한다.

우선 일상생활에서 마주하는 사회적 문제로서 구급차 통행 문제를 개선하기 위해 주변 교통 환경을 개선하려는 프로젝트는 '시민참여예산제도의 취지와 효과 등을 감안할 때 꼭 필요한 사업'이다(① 필요성 충족). 구급차 통행 문제가 일으키는 사회적 문제는 시민의 생명권 및 건강권 등의 중대한 사안과 직결된다는 점에서 이는 '내년에 바로 해야 하는 시급한 사업'이다(② 시급성 충족). 구급차 통행 문제의 해결로 인한 수혜는 누구나 기대하고 누릴 수 있는 성질의 것이라는 점에서 이는 '소수의 시민이 아닌 불특정 다수를 위한 공익목적 달성에 도움을 주는 사업'이다(③ 공공성 충족). 구급차 통행 문제의 해결을 위한 방안으로 고려하고 있는 주변 교통 환경 개선 조치(차선분리대 개선, 신호 시스템 개선)로 기대되는 효과를 고려한다면 프로젝트의 '사업계획이 실제로 효과를 나타낼 수 있는 사업'이다(④ 효과성 충족).

물론 위와 같은 평가는 현재로서는 가정과 추측에 근거한 것으로서 다소 부정확하나, 이는 앞으로의 프로젝트 진행을 통해 점차 명확해질 수 있을 것이다. 또한 앞서 다루지 않은 평가지표 항목들을 고려함에 있어서도, 앞으로의 프로젝트 진행 과정에서 이를 어떻게 고려할 수 있는지에 대한 관심이 필요할 것이다.

참여예산 제안서

시정 분야	☐ 경제/노동 ■ 교통/안전 ☐ 주거/생활 ☐ 환경 ☐ 문화/체육/관광
사업명	고려대로 일대 구급차 운행 환경 개선 사업
사업 위치	서울시 성북구 고려대로
소요예산	사업비: 424,610,000원
사업 기간	2026. 1. 1 ~ 2026. 12. 31
사업 목적 (제안 배경)	〈제안 배경〉 안암역 일대(고려대로)는 차선이 좁고 적은 것이 특징이다. 해당 도로 부근에는 고려대학교 안암병원이 있으며, 해당 도로를 주행해야 하는 구급차에는 좁고 적은 차선이 원활한 운행 환경을 저해하고 있다. 차선의 문제와 더불어 짧은 신호 시간과 구급차에 대한 시민들의 인식 부족이 이러한 상황을 심화시키고 있다. 따라서 해당 사업은 고려대로 일대에서 구급차가 더 신속하게 해당 도로를 통과할 수 있게 하며, 도로 안전 개념을 구체화한다. 〈사업 근거〉 「소방기본법」 제2조의2(국가와 지방자치단체의 책무), 제6조(소방업무에 관한 종합계획의 수립·시행 등), 제21조(소방자동차의 우선 통행 등) 「도로교통법」 제29조(긴급자동차의 우선 통행)
사업 내용	〈사업의 주요 내용〉 우선, 고려대로의 일부 구간에 특허기술이 도입된 차선분리대를 도입한다. 현재 설치된 차선분리대 중 횡대 부분에 연결구를 활용해 횡대의 탄력성과 복원력을 강화한 특허기술이 적용된 제품을 고려대로에 도입, 설치할 예정이다. 해당 프로젝트를 통해 구급차는 긴급한 상황에 차선분리대와 차선을 넘어 목적지까지 신속하게 이동할 수 있을 것이다. 나아가, 고려대로 일부 구간에 긴급차량 우선 신호 시스템을 도입한다. 가변형 차선분리대의 설치에도 불구, 긴급차량의 전후에 위치한 차량과 반대편 차량의 존재는 가변형 차선분리대의 사용에 있어 그 효율을 하락시킬 것이다. 따라서 긴급차량과 더불어 주변 차량의 통행을 원활하게 하도록 긴급차량 우선 신호 시스템을 도입할 예정이다. 마지막으로, 구급차에 대한 시민들의 인식을 제고한다. 여기서 시민에 대한 정의를 3가지로 분류했다. ① 고려대로 인근 주민, ② 고려대로 주행 운전자, ③ 고려대학교 학생. 해당 시민들이 구급차에 대한 대처 요령과

사업 내용	적절한 인식을 배울 기회를 제공할 예정이다. 대처 요령 팸플릿 및 영상 제작, 도로 안전 및 구급차 인식 관련 공모전 개최, 가시적인 위치에 구급차 인식 관련 현수막 설치를 통해 해당 프로젝트를 진행할 예정이다. 〈사업 추진 절차〉 가변형 차선분리대 제작의 경우, 국가조달청(나라장터)에서 해당 제품과 관련해 특허를 받은 업체의 차선분리대를 구입할 예정이다. 긴급차량 우선 신호 시스템의 경우, 비록 설치 구간이 길지 않지만, 여러 신호체계가 얽혀 있어 그 변경이 복잡하기에 주변 구역 신호체계 담당자 및 부서와 협력해 해당 위치에 시스템을 도입할 예정이다. 구급차에 대한 시민 인식 제고 프로젝트의 경우, 성북구청에서 구급차와 도로 안전에 관한 포스터 및 슬로건 공모전을 개최하며 해당 도로 관련 부서는 고려대로에 구급차에 대한 인식, 대처 요령 등이 적힌 현수막을 부착한다. 또한 고려대학교와 협력해 영상 제작, 자체 홍보를 통해 구급차에 대한 학생들의 인식 제고 캠페인을 실시한다. 〈사업비 세부 내역〉 | 항목	단가(원)	예상 수량	총액(천 원)
---	---	---	---
차선분리대 설치	130,500	20	2,610,000
긴급차량용 신호 수신기 (스마트폰 앱 개발)	400,000,000	1 (앱 개발 시 일괄 보급 가능)	400,000,000
공모전 상금	10,000,000	2	20,000,000
현수막 설치	100,000	10	2,000,000	
사업 효과	본 사업을 통해 달성하고자 하는 목표는 긴급차량 운행 환경 개선이다. 긴급차량이 해당 도로를 신속하게 통과하는 것을 통해 시민들의 생명권을 보호할 수 있도록 하고, 도로 안전에 관한 시민들의 인식 제고를 기대한다. 사업의 안정적인 유치 후에는 사업 대상과 장소에 대한 범위를 확대할 예정이다. 사업 대상의 경우, 기존의 응급차량에서 경찰차량, 소방차량 등 다양한 분야에서 신속한 운행 환경이 있어야 하는 차량에 해당 사업을 적용할 것이다. 사업 범위의 경우, 성북구 내 해당 프로젝트가 있어야 하는 장소를 물색해 개선된 운행 환경을 더 넓은 지역에 적용할 것이다.

PART 07

도미솔

성북구 도로 경계석 미끄럼 방지 솔루션

홍성호 | 양민주 | 김도경 | 김동현 | 김교현

I. 프로젝트 개요

1. 사업의 필요성 및 사전 조사

1) 경계석 미끄럼 방지 테이프 사업의 정의 및 필요성

'경계석 미끄럼 방지 테이프 사업'은 일반적으로 대리석으로 만들어진 도로와 인도 간 경계석의 미끄럼 문제를 인식하고 이를 예방하기 위한 사업이다. 장마철이나 눈이 내리는 겨울철에는 경계석이 평상시에 비해 훨씬 미끄럽기에 미끄럼 사고 발생 확률이 높아, 도로 경계석에 미끄럼 테이프(이하 같은 의미로써 '스티커' 포함)를 부착함으로써 사고 발생률을 낮추고자 한다. 미끄럼 사고가 일어났을 때 쉽게 다칠 수 있는 아이와 노인을 포함해 남녀노소가 많이 지나다니는 유동인구가 많은 곳에 미끄럼 방지 사업을 시행함으로써 많은 사람들에게 도움을 주는 것을 이번 사업의 목표로 설정하고자 한다.

실제 설문조사에서 대중교통에서 하차하거나, 급한 사정으로 서두르는 경우에 도로 경계석에서 미끄러질 뻔한 경험이 있다고 응답한 사람이 다수다. 이에 우리는 도로 경계석에서 발생하는 미끄럼 사고를 예방하고, 스티커 부착으로 인해 단가는 낮추지만, 높은 효율성을 추구하고자 한다. 기존에 도로 경계석의 단면을 태워, 한 겹을 벗겨내 거칠게 만드는 버닝이라는 사업도 있지만, 스티커 부착보다 단가가 높고 실효성 측면에서 유의미한 효과를 발견하기 어려워서 스티커라는 효율적인 수단으로 미끄럼 방지에 확실한 효과를 내고자 한다. 여기서는 버닝과 비교 실험 후 분석을 통해 스티커 부착의 효율성을 증명해보고자 한다.

자료 7-1. 차도와 보도를 구분하는 경계석인 도로 경계석

2) 기후 변화와 미끄럼 사고

지구는 매년 최고기온을 경신하고 있으며, 2024년이 가장 더운 해로 꼽혔다. 주요 온실가스 중 하나인 이산화탄소는 날이 갈수록 증가하고 있으며, 지속적 온난화로 인한 극한 이상기후도 이어지고 있다. 이런 상황 속에서 여름철 예고 없는 비와 장마가 쏟아지고, 겨울철 눈도 예측이 불가할 정도로 많은 양이 내림에 따라 도로 미끄럼 빈도가 잦아지고 있다. 그뿐만 아니라 도로 위에서 발생하는 블랙아이스 사고도 문제다. 블랙아이스는 도로 표면에 얇게 형성된 얼음층으로, 운전자에게 잘 보이지 않아 예기치 못한 사고를 유발한다. 특히 겨울철 도심과 교외를 막론하고 이러한 사고가 빈번히 발생하며, 심각한 부상과 사회적 비용을 초래하는 주요 원인 중 하나로 지목되고 있다. 비록 해당 사례가 도보가 아닌 도로에서 발생한 것이지만, 공통으로 얇고 보이지 않는 얼음층이 문제라는 점에서 도보 안전에도 시사점을 준다. 이러한 상황을 고려할 때, 보행환경에서도 유사한 사고를 예방하기 위해 미끄럼 방지 테이프 부착과 같은 예방 조치가 필요하다.

3) 경계석 미끄럼 방지 테이프 사전 설문조사 및 필요성

성북구 거주 중인 10대부터 60대까지 약 80명을 대상으로 현장 설문조사 결과, 응답자의 74.4%가 지난 1년 동안 우천 후, 눈 내림 이후 및 기타 사유로 도로 경계석에서 미끄러짐을 경험한 적이 있다고 응답했다. 반면, 미끄러짐을 경험하지 않은 응답자는 25.6%에 불과하다. 이는 성북구 내 도보 환경이 많은 이들에게 안전하지 않아 왔음을 시사한다.

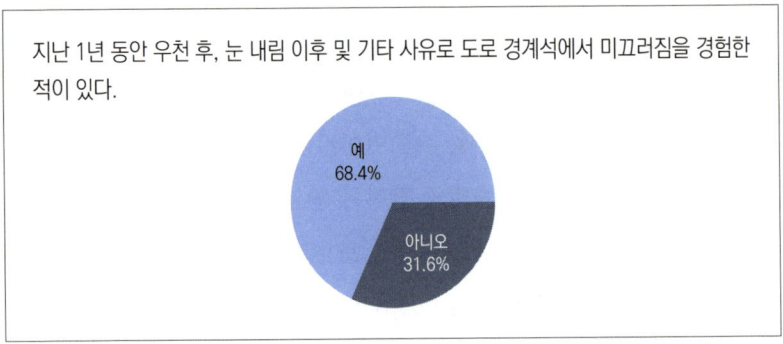

자료 7-2. 성북구 주민 대상 사전 설문조사

특히 도로 경계석에서의 미끄럼 사고는 겨울철이나 비가 온 후에 더욱 빈번하게 발생한다. 청소년들은 이러한 환경에서 주로 거주, 통학, 활동을 하게 되므로, 예상치 못한 사고의 위험에 노출되어 있다. 또한 성북구는 노인 인구 비중이 높은 구로 복지시설, 노인 시설이 다수 존재한다. 청소년뿐만 아니라 노인분들도 예상치 못한 사고 위험에 노출되어 있고, 자칫 대형 사고로 이어지기 쉬우므로 이러한 결과는 성북구 주민의 보행 안전을 확보하기 위한 미끄럼 방지 조치의 필요성을 명확히 보여준다.

따라서 성북구 주민과 청소년의 안전한 보행환경을 보장하기 위한 대비가 필수다. 미끄럼 방지 테이프 부착은 단순한 시설 개선이 아니라, 보행자의 신체적 안전을 지키고 사회적 참여를 촉진하는 중요한 역할을 할 수 있다.

4) 조례를 통해 살펴본 프로젝트의 필요성

서울특별시 성북구 보행권 확보 및 보행환경 개선에 관한 조례

제5조(보행환경 개선사업 추진)
구청장이 시행하는 보행환경개선사업은 보행자가 물리적 장애를 받지 않고 안전하고 편안하게 활동하여 사회적 참여를 보장받을 수 있도록 다음 각 호의 사항을 최대한 포함하여 추진할 수 있도록 한다.
제2항. 보도 위에 시설된 도로부속시설물 등에 대한 재배치, 보도 포장정비 및 관리, 주차 금지에 대한 사항
[해설과 설명] 제5조 제2항은 보도의 포장 정비 및 관리와 관련된 내용으로, 미끄럼 방지 테이프 부착이 이와 직접적으로 연결될 수 있다. 이는 보도 표면의 안전성을 높이는 조치로, 겨울철 미끄러짐 사고를 예방하는 데 중요한 역할을 한다.

제3항. 차도·보도에 설치된 노점상, 노상적치물 정비로 보행자가 안전하게 걸을 수 있도록 쾌적한 보행환경 조성
[해설과 설명] 제5조 제3항은 차도와 보도에 설치된 노점상 및 노상 적치물을 정비해 보행자의 안전한 이동을 보장해야 한다고 명시한다. 미끄럼 방지 테이프는 안전한 보행환경을 유지하고 개선하기 위한 일환으로 볼 수 있다.

제6조(쾌적한 보행공간 확대)
구청장은 보행자의 통행과 활동이 많은 도로를 대상으로 도로 공간을 다음 각 호에 따라 조정하거나 개선할 수 있다.

제4항. 보행자 교통사고가 많은 지역은 통행방법 등 교통체계 및 도로구조를 개선할 수 있다.
[해설과 설명] 제6조 제4항에서는 보행자 교통사고가 많이 발생하는 지역의 도로 구조를 개선할 필요가 있다고 규정한다. 미끄럼 방지 테이프 부착은 이러한 사고 예방 조치에 해당할 수 있으며, 특히 겨울철 미끄러짐 사고를 줄이는 데 기여할 수 있다.

제7조(보행약자 보행여건 개선)
구청장은 보행약자의 통행과 활동에 지장이 없도록 다음 각 호에 따라 보행 여건을 개선한다.
[해설과 설명] 제7조는 고령자, 장애인과 같은 보행 약자의 편의를 증진하기 위해 보행 여건을 개선할 것을 강조한다. 미끄럼 방지 테이프 부착은 보행 약자의 안전한 이동을 보장하는 데 중요한 역할을 할 수 있다.

미끄럼 방지 테이프 부착은 「서울특별시 성북구 보행권 확보 및 보행 환경 개선에 관한 조례」를 근거로 정당성을 확보할 수 있다.

2. 이해 당사자 파악

본 사업의 이해 당사자로는 지방자치단체 및 정부 기관, 스티커 제조 업체, 그리고 보행자를 꼽을 수 있다. 본 사업의 이해 당사자로는 지방자치단체 및 정부 기관, 스티커 제조 업체, 그리고 보행자를 꼽을 수 있다.
먼저, 지방자치단체 및 정부 기관은 이 문제의 핵심 이해 당사자다. 인도의 안전성을 확보하고 사고를 예방해야 할 의무가 있으며, 이를 실현할 수 있는 역량을 갖춘 주체이기 때문이다. 다음으로, 스티커 제조 업체는 미끄럼 방지 스티커를 설계하고 생산하는 주체로, 그들의 제품 품질과 내구성에 따라 사고 발생 가능성이 달라질 수 있다. 따라서 이들도 중요한 이해 당사자로 볼 수 있다. 또한, 보행자 역시 핵심 이해 당사자다. 보행자가 스티커를 어떻게 인식하고, 이를 통해 안전이 얼마나 향상되었는지에 따라 사업의 성공 여부가 결정되기 때문이다. 이 외에도 환경 단체와 보험사를 간접적인 이해 당사자로 들 수 있다. 미끄럼 방지 스티커 부착으로 보행자의 안전성이 향상될 수 있지만, 스티커 폐기물이 증가한다면 환경 단체의 관심사가 될 수밖에 없다. 또한, 도로 경계석에서 발생하는 미끄럼 사고는 보험사의 보상 실적과도 연관될 수 있으므로, 보험사 역시 간접적인 이해 당사자로 고려될 수 있다.

3. 사업 개요

도로 경계석의 미끄럼 방지를 본 사업의 주요 목표로 설정했다. 먼저, 해당 사업을 선제적으로 시행한 김포시청과 영월군청의 사례를 조사하고, 두 기관과 면담을 통해 보다 정확한 정보를 수집했다. 이후, 본 사업의 진행 구역이 될 성북구청과 동대문구청과도 면담을 진행하며 사업의 방향을 구체화했다.

초기 목표는 지하철역 앞 횡단보도의 도로 경계석으로 설정하고 사전 답사를 진행했으나, 대부분의 도로 경계석에 이미 버닝 처리가 되어있음을 확인했다. 이에 따라 목표를 지하철역 인근(출구별 100m 이내) 버스정류장 앞 도로 경계석으로 변경했다. 이후, 버스정류장 앞 도로 경계석의 버닝 여부를 조사한 뒤, 교내에서 미끄럼 방지 스티커를 설치하고 실험을 진행했다. 실험은 마찰 저항 계수를 측정하는 방식으로 이루어졌으며, 이를 바탕으로 예산을 산정할 수 있었다.

II. 문제 발굴

1. 현장 답사

1) 지하철 답사

미끄럼 사고는 유동인구가 많은 대중교통 근처에서 발생하기 쉽다고 판단해 유동인구가 많은 지하철역 앞 횡단보도의 도로 경계석 상태를 확인하고자 답사에 나섰다. 답사 결과는 다음의 표와 같다.

역이름	출구 번호 및 장소	개수	버닝 여부
안암역	2번, 3번 출구 앞 사거리	59개	○
고대역	4번, 5번 출구 횡단보도	14개	×
보문역	사거리 횡단보도	51개	○ (8번 출구 방면 12개 ×)
한성대입구역	2번 출구	20개	○
	3번 출구	16개	○
	4번 출구	5개	○
	5번 출구	23개	○
	6번 출구	22개	○

성신여대입구역	2번 출구	15개	×
	3번 출구	14개	×
	5번 출구	17개	○
	6번 출구	12개	○
길음역	2번 출구	34개	○
	3번 출구	5개	×
	4번 출구	6개	○
	5번 출구	7개	○
	7번 출구	4개	×
	8번 출구	6개	○
월곡역	2번 출구	6개	○
	3번 출구	17개	○ (10개 ×)
상월곡역	2번 출구	8개	○
	3번 출구	9개	○
돌곶이역	1번 출구	9개	○
	2번 출구	8개	○
	3번 출구	6개	○ (1개 ×)
	4번 출구	10개	○
	6번 출구	10개	○
	7번 출구	8개	○
	8번 출구	8개	○
석계역	4번 출구	14개	○
	5번 출구	6개	○ (10개 ×)
	7번 출구	12개	○

지하철 답사 결과, 지하철역 앞 횡단보도의 대부분이 이미 버닝 처리되어 있음을 확인했다. 버닝 처리된 경계석 위에 미끄럼 방지 스티커도 부착하는 것은 비교적 비효율적인 방법이라고 판단했다.

이에 따라, 지하철역 인근(출구별 100m 이내) 버스정류장 도로 경계석을 사업 대상으로 선정했다. 해당 구역의 도로 경계석 또한 유동인구가 많을 것으로 예상되었고, 성북구와 동대문구 내 모든 버스정류장을 답사하는 것은 현실적으로 어려웠기 때문이다. 특히, 버스 출입문은 도로 경계석보다 높은 위치에 있어, 버스정류장에서 미끄럼 사고가 발생할 경우 큰 부상으로 이어질 가능성이 높다는 점도 고려했다.

자료 7-3. 지하철역 인근 버스정류장 도로 경계석

2) 버스정류장 답사

버스정류장 답사 결과는 다음과 같다.

지하철역	출구 번호	경계석 길이	개수	버닝 여부	비고
안암역	1번 출구	1m 3cm	5	○	
	2번 출구	1m 3cm	6	○	의자 없는 정류장
	3번 출구	1m 3.7cm	6	○	의자 없는 정류장
고려대역	1번 출구	1m 3cm	6	×	
	3번 출구	1m 3cm	6	×	의자 없는 정류장, 마을버스 정류장
	4번 출구	1m 3cm	6	×	
	5번 출구	1m 3cm	6	×	
	6번 출구	1m 3cm	6	×	
보문역	2번 출구	1m 3cm	5	○	
	3번 출구	1m 3cm	10	○	의자 없는 정류장
	4번 출구	1m 3cm	6	○	
	5번 출구	1m 3cm	5	×	의자 없는 정류장
	7번 출구	1m 3cm	6	×	의자 없는 정류장
성신여대 입구역	1번 출구~ 7번 출구 사이	1m 3cm	39	×	3개 정류장 연이어 있음

지하철역	출구 번호	경계석 길이	개수	버닝 여부	비고
성신여대 입구역	3번 출구	1m 3cm	3	×	의자 없는 정류장, 마을버스 정류장
	5번 출구	1m 3cm	6	×	의자 없는 정류장
	6번 출구	1m 3cm	6	×	의자 없는 정류장
한성대 입구역	1번 출구~ 2번 출구 사이	1m 3cm	6	×	의자 없는 정류장, 마을버스 정류장
	3번 출구	1m 3cm	5	○	
	5번 출구	1m 2.7cm	6	×	의자 없는 정류장
	6번 출구	1m 2.7cm	6	×	의자 없는 정류장
	7번 출구	1m 3cm	5	×	의자 없는 정류장, 마을버스 정류장
길음역	1~4번 출구	1m 1.5cm	21	○	3개 연이어진 정류장, 마을버스 정류장 포함
	1~4번 출구	1m 1.5cm	6	×	
	5~7번 출구	1m 1.5cm	28	×	4개 연이어진 정류장
	8~10번 출구	1m 1.5cm	17	×	

월곡역	3번 출구	1m 3cm	6	○	
	4번 출구	1m 3cm	9	×	
	5번 출구	1m 3cm	6	○	
상월곡역	1번 출구	1m 3cm	6	×	
	1번 출구	1m	5	○	
	2번 출구	1m 3cm	6	○	
	3번 출구	1m 3cm	6	×	
돌곶이역	1번 출구	1m 1cm	7	○	
	2번 출구	1m 1cm	6	○	
	3번 출구	1m 1cm	6	×	
	5번 출구	1m	6	○	
	7번 출구	1m 1cm	6	○	
	8번 출구	1m 1cm	6	○	
석계역	5번 출구	1m 1cm	6	×	
	5번 출구	1m 1cm	6	×	
	6번 출구	1m 1cm	6	○	
	7번 출구	1m 1cm	6	○	

　버스정류장 도로 경계석의 경우 버닝 처리가 되어 있지 않은 경계석이 다수이며, 버닝 처리가 되어 있더라도 경계면이 마모되어 충분한 미끄럼 방지의 효과를 발휘하지 못한 상황이었다. 일반 경계석 및 겉면이 닳은 경계석은 폭우 및 폭설이 발생할 경우 미끄러짐 사고를 유발할 가능성이 높다. 따라서 우리는 이를 문제상황으로 여기고, 지하철역 인근 버스정류장의 도로 경계석에 미끄럼 방지 스티커를 부착함으로써 이 문제를 해결하고자 한다.

III. 해결방안 모색

지하철역 인근 버스정류장 도로 경계석에 미끄럼 방지 스티커를 부착하는 것을 해결책으로 제시했으나, 이를 어떻게 실행할 것인지, 그리고 실질적인 효과가 있는지에 대한 추가적인 조사가 필요했다. 이에 따라 여기서는 설문조사와 면담 조사를 통해 프로젝트 진행의 방향성을 설정하고, 이후 교내 실험을 통해 스티커의 효과성을 검증하는 과정을 담고 있다.

1. 설문조사

우리는 먼저 설문조사를 실시해 각 연령층의 미끄럼 방지 스티커에 대한 필요성과 선호도를 파악하고자 했다. 설문은 다음과 같은 3가지 문항으로 구성되었다.

① 최근 1년 이내 도로 경계석에서 미끄러진 경험이 있는가?
② 미끄럼 방지 스티커를 어디에 부착하는 것이 가장 적절한가?
③ 스티커의 색상은 어떤 것이 적절한가?

설문조사 결과, 첫 번째 문항에 대해서는 응답자의 68.35%가 도로 경계석에서 미끄러진 경험이 있다고 응답했다. 두 번째 문항에서는 초등학교(28.4%)와 버스정류장(26.2%)이 가장 높은 응답률을 기록했으며, 다음으로 지하철(19.1%), 유치원(13.5%)이 뒤를 이었다. 세 번째 문항의 응답자 대다수가 형광색 또는 검은색과 노란색이 교차한 색상을 선호했다.

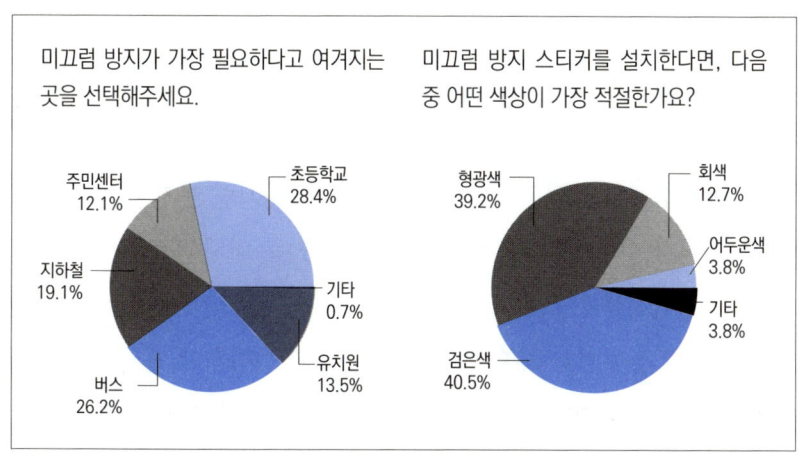

자료 7-4. 성북구 주민 대상 사전 설문조사

2. 면담 조사

1) 김포시청 및 영월군청

미끄럼 방지 스티커 부착 사업을 먼저 시행한 김포시청과 영월군청과 면담을 진행했다.

김포시청은 사우역과 구례역을 중심으로 사업을 진행했으며, 구역 선정 시 별도의 주민 의견 수렴 절차 없이 '위험한 소지가 큰 장소'를 기준으로 선정했다고 밝혔다. 영월군청 역시 시가지 중심으로 유동인구를 고려해 사업을 진행했으며, 심미성보다는 안전성을 우선해 눈에 띄지 않는 색상의 스티커를 부착했다고 설명했다. 두 기관 모두 1,000만 원 이하의 소규모 예산으로 사업을 진행했으며, 김포시청은 지속적인 스티커 관리가 이루어지고 있지만, 영월군청은 후속 관리 없이 계단 등으로 사업을 확장하고 있는 것으로 확인되었다.

2) 성북구청

본 사업의 실시 구역인 성북구청과 면담을 진행한 결과, 성북구청은 미끄럼 방지 대책으로 스티커 부착이나 버닝 처리가 아닌, 미끄럼 방지 가공이 된 경계석을 설치하고 있다고 밝혔다. 미끄럼 방지 가공 경계석은 표준 저항 수치에 맞춰 제작된다. 구청에서는 버닝에 드는 인건비보다 가공된 경계석을 교체하는 것이 효율적이라고 생각해 이와 같은 결정을 내린다고 설명했다. 다만, 계단에는 미끄럼 방지 스티커를 부착한 사례가 있으며, 보행자가 계단의 단차를 쉽게 구분할 수 있도록 눈에 띄는 색상의 스티커를 사용한다고 전했다.

3) 동대문구청

추가적인 행정 자문을 위해, 성북구와 인접한 동대문구청과도 인터뷰를 진행했다. 동대문구는 경계석 미끄러짐 사고로 인한 배상 책임 보험 접수 사례가 존재한다고 밝혔으며, 이를 예방하기 위해 미끄럼 방지 가공 경계석을 설치하고 준공 검사 시 이를 확인하고 있다고 설명했다.

기존 경계석 중 표면이 마모된 경우에는 현장 가공을 통해 미끄럼 방지를 보완하고 있으며, 현재까지 스티커 부착이나 버닝 처리는 시행하지 않았으나 버닝 처리는 계획 중이라고 전했다. 스티커의 비용 측면에서는, 물량이 소량일 경우 인건비 50~60만 원, 대량(300개 이상)일 경우 개당 2,000원 수준의 비용이 소요된다고 밝혔다.

면담 조사 결과, 구청 측의 사업 방향과 시민들의 요구가 차이를 보이는 부분이 존재했다. 대표적으로 스티커 색상과 디자인 관련 문제가 이에 해당했다. 설문조사 결과, 시민들은 눈에 띄는 색상의 스티커(검은색-

노란색 조합 39.53%, 형광색 30.23%)를 선호했다. 반면, 사업을 실제로 시행한 구청들은 눈에 띄지 않는 어두운 색상(회색, 어두운색 등)으로 스티커를 제작했다. 구청의 입장에 따르면, 밝은 색상의 스티커는 보행자가 피해서 걷는 경향이 있어 오히려 사고 위험을 증가시킬 수 있기 때문이라고 한다. 이에 논의를 거친 결과, 어두운 색상의 스티커를 사업에 적용하는 것으로 결정했다.

3. 스티커 선정

스티커를 선택할 때 여러 기준이 고려되었다. 첫 번째 기준은 색상이었다. 색상이 너무 튀면 주변 환경과 조화를 이루지 못하고 심미성을 해칠 수 있기 때문에, 상대적으로 어두운 계열의 스티커가 선호되었다. 두 번째 기준은 가격이었다. 버닝과 비교했을 때, 스티커의 가장 큰 강점 중 하나는 비용이 저렴하다는 점이다. 하지만 아무리 성능이 좋은 스티커라도 가격이 높다면 실용성이 떨어질 수밖에 없어서, 상대적으로 저렴한 제품이 먼저 고려되었다. 세 번째 기준은 친환경성이었다. 스티커는 쉽게 부착하고 제거할 수 있다는 장점이 있지만, 그만큼 쓰레기가 많

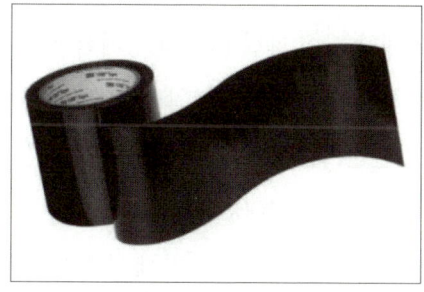

자료 7-5. 아스팔트아트사의 미끄럼 방지 스티커   자료 7-6. 3M사의 미끄럼 방지 스티커

이 발생할 수 있다는 단점도 존재한다. 따라서 한번 사용된 스티커가 친환경적으로 폐기될 수 있다면, 다른 제품에 비해 경쟁력을 가질 수 있다고 판단했다. 이러한 기준을 바탕으로 다음과 같은 여러 종류의 스티커를 검토하고 비교 분석을 진행했다.

미끄럼 방지 스티커는 3M사의 제품을 선택했다. 3M사의 스티커는 색상과 디자인이 단조로워 주변 환경과 자연스럽게 어우러지며, 심미적으로 부담스럽지 않다는 장점이 있다. 또한, 아스팔트아트사의 제품과 달리 직접 재단이 가능해 경계석의 길이에 맞춰 유연하게 부착할 수 있다는 점에서 실용성이 높다고 판단했다. 이러한 이유로 최종적으로 3M사의 제품을 선택하게 되었다.

4. 실험

1) 교내 경계석 미끄러짐 실험 및 효율성 측정

미끄럼 방지 테이프의 효과를 비교하기 위해 교내의 일반 경계석, 버닝 처리가 된 경계석 그리고 미끄럼 방지 테이프를 부착한 경계석 간의 마찰 계수를 비교해보고자 했다. 이를 위해 우선 체인지 메이커스로부터 허가를 받아 SK 미래관과 문과대학 사이 계단 아래의 경계석과 민주광장 횡단보도 앞 경계석에 미끄럼 방지 테이프를 부착했다. 우리 조에서는 3M사의 공식 대리점인 세인안전기술에서 판매하는 미끄럼 방지 테이프를 구매해 사용했다. 테이프의 규격은 100mm×9m다.

경계석별 미끄러짐 실험은 정지 마찰계수 식을 이용해 진행되었다. 정지 마찰계수는 마찰력이 있는 바닥재 위에 놓인 물질의 질량으로 수

평방향으로 물질에 힘을 가했을 때 물질이 움직이기 시작할 때의 마찰력을 나눈 값이다. 이를 수식으로 나타내면 다음과 같다.

$$\mu(\text{정지마찰계수}) = \frac{F(\text{마찰력})}{N(\text{수평 방향으로 가해지는 힘})}$$

1. 준비물: 실험할 바닥재, 일정한 무게의 물체, 추와 줄, 힘 측정기(스프링 저울).
2. 방법
   바닥재 위에 물체를 놓고 줄을 신발 끝에 연결한다.
   스프링 저울로 물체를 일정한 속도로 끌어당기며 필요한 힘을 측정한다. 마찰계수: 측정된 힘(F)을 물체 무게(N)로 나누어 계산(공식: $\mu = F/N$)

여기서 수평방향으로 가해지는 힘은 물질의 무게 단위인 kg에 중력 가속도인 9.8m/s^2을 곱한 값이다. 마찰력 역시 kg으로 측정한 값에 9.8m/s^2을 곱한 값이다. 따라서 정지마찰계수를 구할 때 중력가속도의 값이 약분되므로 kg으로 측정한 마찰력을 kg으로 측정한 물질의 무게로 나눈 값을 사용한다.

위의 식을 이용해 수평 끌기 실험을 진행해보았다. 사람들이 실제로 걸을 때의 마찰계수를 측정하기 위해 질량을 가진 물질로 신발을 채택했다. 267g의 신발 안에 500g의 추 2개를 넣어 총 1,267g의 무게를 가진 신발을 물질로 사용했다. 이후 각 바닥재 위에 신발을 위치시키고, 신발에 용수철 저울을 수평방향으로 연결해 신발이 움직이기 전까지 서서히 힘을 높여가며 당긴다. 그리고 그때의 마찰력을 측정해 마찰계수를 측정해보았다. 실험은 총 세 번 진행되었다. 가장 먼저 일반 경계석, 버닝 처리가 된 경계석, 미끄럼 방지 스티커를 부착한 스티커에서 진행했고, 그 이후 세 바닥재에 물을 넓게 펴 바른 뒤 한 번 더 진행했다.

2) 실험 과정

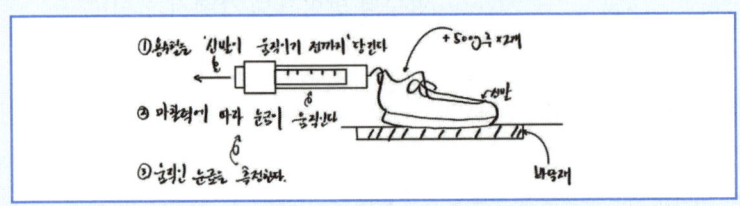

3-1. 테이프
- 3M: 고강도 미끄럼 방지 테이프 700 시리즈 중 쓰리엠 610 논슬립 테이프 100mm×6, 18m

3-2. 측정할 것 & 전제 조건과 추가 조건
- 구하고자 하는 것: 마찰계수 (μ)
- 전제 조건: 신발의 무게(g): 1,267g(신발 무게 267g + 추의 무게 500g×2)
- 추가 조건
  눈을 추가로 뿌린다. 물을 추가로 뿌린다. 무가공, 버닝 경계석에서도 위의 조건을 추가한다.
  테이프 부분에 인위적으로 마모한다. 이때 인위적인 마모는 테이프에 100번 직접 긁듯이 밟음으로써 손상을 가하는 것으로 상정한다.

3-3. 테이프 부착 장소와 고려한 점
- 부착 장소
  - SK 미래관, 문과대학 사이 계단 아래(→ 7개)
  - SK 미래관, 문과대학, 국제대학, 민주광장 사이 로터리(→ 6개, 추가 여분)
  - SK 미래관, 학생회관, 민주광장 사이 로터리(→ 14개) 총 27m의 테이프를 부착함.

- 고려한 점
  - 부착하기 전 경계석의 습기 또는 이물질 등을 제거
  - 직선형이 아닌 커브 형태의 경계석 또는 규격에 맞지 않는 길이의 경계석은 그에 알맞게 테이프 절단

3) 실험 결과

다음 조건을 상정해서 적용한 실험 결과 수치는 다음 표에 정리해 제시했다.

(단위: kg)

구분	무가공	버닝	테이프
무처리	0.65	0.7	1.2
눈	0.45	5.5	1
물	0.65	0.6	1.1

조건	테이프(μ테이프)	무가공 경계석(μ무가공)	버닝 경계석(μ버닝)
기본 조건	$1.2/1.265 \approx 0.95$	$0.65/1.265 \approx 0.51$	$0.7/1.265 \approx 0.55$
눈 조건	$1.0/1.265 \approx 0.79$	$0.45/1.265 \approx 0.36$	$0.55/1.265 \approx 0.43$
물 조건	$1.1/1.265 \approx 0.87$	$0.65/1.265 \approx 0.51$	$0.6/1.265 \approx 0.47$

계산된 마찰계수와 식은 위와 같다.

결과를 보고 내릴 수 있는 결론은 다음과 같다.

- 테이프의 마찰계수는 일반 경계석과 버닝에 비해 각각 약 1.86배 및 1.36배 더 높은 것으로 나타났다.

- 눈과 물 조건을 추가로 적용했을 때도, 테이프의 효과는 무가공, 버닝보다 눈에서는 약 2.19배, 1.83배, 물에서는 약 1.71배, 1.85배로 미끄럼 방지에 더 높은 효과를 보였다.
→ 현 미끄럼 방지 테이프 사업의 필요성을 부각하는 결과

- 테이프에 일정량의 직접적 충격을 주었음에도 불구하고, 결과의 차이가 거의 나타나지 않았다.
→ 더 강한 충격을 주어야 하는지에 대해서 고려해볼 필요가 존재한다.
→ 하지만 여태 보행자들이 지나면서 부가한 다른 충격을 고려했을 때, 테이프가 어느 정도 밟는다고 해서 효과가 낮아지지 않는다는 강한 내구성을 반증하는 결과이기도 하다.

따라서 테이프는 미끄럼 방지 효과에서 우위를 가지며, 특히 경계석 또는 버닝과 같은 기존 방식보다 더 큰 효과를 나타냄을 수치상으로 입증할 수 있었다. 이 외에도 내구성, 설치 용이성, 디자인 적합성 측면에서도 긍정적인 결과를 얻었다. 이를 통해 본 사업의 도입 취지와 추진 가치가 충분함을 강조할 수 있다.

4) 예산 측정

이제 지금까지 조사한 내용을 바탕으로 예산을 추정해본다. 지금까지 우리가 사용한 미끄럼 방지 테이프의 가격은 9m에 41,500원이다. 그리고 도로 경계석은 6호선 근방과 4호선 근방의 경계석을 모두 합쳐 355m다. 이를 이용해 성북구 지하철 역 근처 버스정류장 도로 경계석

에 사용되는 미끄럼 방지 스티커의 비용은 다음과 같은 식을 이용해 구할 수 있다.

$$\text{스티커 비용} = \text{스티커 가격} \times \frac{\text{도로경계석 총길이}}{\text{스티커 한 묶음당 길이}}$$

이를 통해 구한 총 미끄럼 방지 스티커 비용은 약 1,636,898원이다. 우리는 미끄럼 방지 테이프의 가격뿐만 아니라 그것을 설치하는 데 드는 인건비도 고려해야 한다. 테이프를 부착하는 작업이 어렵지 않은 일이라는 점을 고려해, 인건비는 시간당 1만 원으로 책정했다. 테이프 부착에 걸리는 시간은 7조가 현장 답사를 하면서 걸리는 시간과 실제 설치 시간을 고려해 약 8시간으로 설정했다. 마지막으로 테이프 설치에 약 3명의 인원이 필요할 것으로 결정했다. 인건비는 다음과 같은 식을 이용해 구해진다.

$$\text{인건비} = \text{시간당 임금} \times \text{노동자 수} \times \text{시간}$$

이를 통해 구한 인건비는 240,000원이다. 따라서 초기 투자비용은 총 1,876,898원이다. 하지만, 본 사업은 1년만 하고 끝내는 것이 아니라 향후 꾸준히 진행될 사업이라고 가정하면, 추후 감가상각과 재정비 비용을 고려한 현재가치를 구해야 한다. 이를 위해 먼저 한 번 설치한 미끄럼 방지 테이프가 3년간 지속된다고 가정했다. 즉, 3년이 지나면 테이프가 모두 감가상각되어 그 기능을 잃는다고 가정한 것이다. 이를 통해 구한 1년간 감가상각률은 54%다. 이때, 미끄럼 방지 테이프가 70% 이상 감가상각이 되면 안전을 위해 새로운 테이프로 교체한다고 가정했다. 이 경우 미끄럼 방지 테이프는 2번 감가상각이 되면 78.84% 만큼 닳아 새로운 테이프로 교체해야 한다.

하지만, 모든 테이프가 매년 똑같이 감가상각되지 않는다. 여기서 감가상각은 확률적으로 발생하는 것이다. 이에 감가상각의 발생이 포아송 분포를 따른다고 가정했다. 포아송 분포는 주어진 기간 동안 평균적으로 발생하는 사건에 대한 분포이며, 포아송 분포의 확률질량함수는 다음과 같다.

$$\Pr[X=x] = \frac{\lambda t^x \times e^{-\lambda t}}{x!}$$

위의 식은 주어진 t기 이내에 본 사건이 발생할 확률을 의미한다. 이때 시간의 기준은 1년이다. 따라서 주어진 식에서 t는 1이며, 감가상각은 평균적으로 1년에 한 번 발생한다고 가정해 λ는 1로 설정했다. 1년에 한 번 재정비를 진행하는 데 새로운 테이프로 교체되기 위해서는 1년간 2번 이상의 감가상각이 발생해야 한다. 따라서 1년간 2번 이상의 감가상각이 발생할 확률인 $\Pr[X \geq 2]$는 약 26.42%로 구해진다. 이에 따라, 설치된 전체 미끄럼 방지 테이프 중 26.42%만 재정비된다고 가정했다. 추가로, 안전을 위해 설치된 지 2년이 된 미끄럼 방지 테이프는 감가상각이 충분히 발생하지 않아도 교체하는 것으로 가정했다. 또 인건비의 인상률은 약 2.5%, 시간 할인율은 3%로 가정했다. 이를 종합해 해당 사업이 앞으로 꾸준히 진행되는 데 필요한 예산의 현재가치를 구하는 식은 다음과 같은 단계를 거쳐 구했다.

- 1단계

  T = 초기투자비용, $P = \Pr[X \geq 2]$, B = 스티커 비용 × P, $W = wage$ × (1 + 임금인상률), $N = 1$

  로 설정한다.

- 2단계

  $C = \dfrac{B + W \times \text{노동자 수} \times \text{시간}}{(1 + \text{시간 할인율})^N}$ 로 설정한 뒤, $T = T + C$로 설정한다.

- 3단계

  B = (스티커 비용 − B) + $B \times P$, $N = N + 1$, $W = W \times$ (1 + 임금 인상률)

  로 설정한 뒤 2단계로 돌아간다.

이 과정을 C > 0.0001일 때까지 반복한다.

위의 과정은 다음과 같은 매트랩 코드를 실행해 구했다.

자료 7-7. 매트랩 코드

위의 과정을 통해 구한 총비용의 현재가치는 약 81,022,608원이다.

Ⅳ. 총평

1. 한계점과 의의

본 사업은 원만한 합의와 충분한 실험을 통해 효용성이 검증되었으나 다음과 같은 한계를 지니고 있다.

우선 참신성과 창의성이 다소 저하되는 문제가 있다. 초반에는 디자인을 고려하자는 의견이 제시되었다. 예산의 문제를 해결하기 위해 지역 광고 또는 성북구 트레이드 마크 추가 삽입 등 기존의 미끄럼 방지의 기능을 넘어 사업의 경제적 문제를 해결하는 등의 아이디어가 나타났으나, 업체 연락의 어려움과 생산 과정의 복잡함, 디자인 구성의 어려움과 조사 능력의 한계로 인해 자연스레 의견이 도태되었다. 또한 이를 노인 복지관, 지역 구청과의 추가적 연계로 이어보자는 의견도 있었으나 이 또한 사라지게 되었다.

그리고 테이프의 마모 이후 처리와 쓰레기 문제가 있다. 테이프는 약 2~3년의 사용 후 마모되면 교체가 불가피하다는 특징을 가진다. 물론 버닝을 통해 도로 경계석 미끄럼 방지를 해도 장기간 야외 노출 시 무뎌진다는 특징을 가지기는 하지만, 테이프는 교체 시 막대한 양의 쓰레기가 발생한다는 단점이 존재한다. 그래서 앞서 언급한 테이프 참신성 중, 친환경과 관련해 테이프를 제작하자는 의견이 제시되기도 했다. 처음 스티커를 주문 제작할 때, 환경에 무해한 생분해성 요소를 포함하거나 시간이 지나면서 자연스럽게 녹아 쓰레기를 남기지 않는 방식 등, 환경적 요인을 고려한 아이디어를 적용하고자 한 만큼 해결방안을 발전시킬 때도 이러한 환경 문제를 최소화하는 방향이 필요하다.

마지막으로 한정된 조사로 인해 사업 장소가 성북구 내부에 국한된다는 문제가 존재한다. 특히 조사 범주의 한계로 인해 지하철역 근처의 버스정류장에만 사업이 실시되기에, 아파트와 주택 같은 주민 다수 거주 지역, 경사진 구간과 같은 실제 미끄럼 다발 구역, 약자들이 다수 통행하는 복지관 또는 학교 등에도 장소를 선정해보려고 했으나, 조사 참여 인원이나 시간의 제한 등 조사 자원의 한계로 인해 많은 지역에 확장하는 보편성이 다소 저하된다고 할 수 있다.

　앞의 한계점을 보완할 수 있는 연구와 아이디어는 지속적으로 생성되어야 한다. 하지만 이러한 한계에도 불구하고, 시민참여예산제의 취지에 따라 본 사업은 충분히 구민들에게 큰 도움이 될 것이다. 일상생활에서 우수한 미끄럼 방지 효과를 기대할 수 있을 뿐만 아니라, 버닝과 같이 미끄럼 방지를 위한 다른 사업보다 경제성, 지역 적합성, 문제 해결성 등의 측면에 있어 실험적으로 우위를 지니고 있음을 증명했다. 이를 통해 이전에 미끄럼 방지 사업을 진행한 구청들의 내구성과 같은 테이프의 문제의 고정관념을 타파하는 계기가 되었다. 대기와 공기는 일반적으로 큰 의미를 두고 살아가지 않지만, 인간의 생존에 꼭 필요한 것처럼, 본 사업도 구민에게 큰 인식을 부여하지 못하더라도 삶에 녹아들어 매 순간 안전을 책임지는 역할을 충분히 수행할 것이라고 기대한다.

　"작은 것이 큰 변화를 만든다"라는 말이 있다. 작아 보이는 이러한 사업들이 모여 실질적으로는 구민들의 안전에 긍정적인 영향을 미치고, 이념적으로는 시민참여 정치의 중요성에 대해 다시 바라보고 관점을 돌리는 계기가 될 것이다. 본 사업을 통해 구민들의 삶을 보호하고, 의견 제시의 중요성을 통해 모든 구민이 자신의 지역에 더욱 관심을 두고 문제를 탐구해 해결책을 제시하는 민주주의 사회가 될 수 있기를 희망한다.

참여예산 제안서

시정 분야	☐ 경제/노동 ■ 교통/안전 ☐ 주거/생활 ☐ 환경 ☐ 문화/체육/관광
사업명	도로 경계석 미끄럼 방지 사업
사업 위치	※ 상세 위치가 있는 경우: 서울시 성북구
소요예산	사업비: 총 1,877,000원
사업 기간	2026. 1. 1 ~ 2026. 12. 31
사업 목적 (제안 배경)	미끄럼 방지 테이프 부착으로 보행자의 안전을 증진하고, 특히 겨울철 미끄러짐 사고를 예방하기 위함이다. 아래는 관련한 조례 사항이다. **서울특별시 성북구 보행권 확보 및 보행환경 개선에 관한 조례** **제5조**(보행환경 개선사업 추진) 구청장이 시행하는 보행환경개선사업은 보행자가 물리적 장애를 받지 않고 안전하고 편안하게 활동하여 사회적 참여를 보장받을 수 있도록 다음 각 호의 사항을 최대한 포함하여 추진할 수 있도록 한다. **제2항.** 보도 위에 시설된 도로부속시설물 등에 대한 재배치, 보도 포장정비 및 관리, 주차 금지에 대한 사항 [해설과 설명] 제5조 제2항은 보도의 포장 정비 및 관리와 관련된 내용으로, 미끄럼 방지 테이프 부착이 이와 직접적으로 연결될 수 있다. 이는 보도 표면의 안전성을 높이는 조치로, 겨울철 미끄러짐 사고를 예방하는 데 중요한 역할을 한다. **제3항.** 차도·보도에 설치된 노점상, 노상적치물 정비로 보행자가 안전하게 걸을 수 있도록 쾌적한 보행환경 조성 [해설과 설명] 제5조 제3항은 차도와 보도에 설치된 노점상 및 노상적치물을 정비해 보행자의 안전한 이동을 보장해야 한다고 명시한다. 미끄럼 방지 테이프는 안전한 보행환경을 유지하고 개선하기 위한 일환으로 볼 수 있다. **제6조**(쾌적한 보행공간 확대) 구청장은 보행자의 통행과 활동이 많은 도로를 대상으로 도로 공간을 다음 각 호에 따라 조정하거나 개선할 수 있다. **제4항.** 보행자 교통사고가 많은 지역은 통행방법 등 교통체계 및 도로구조를 개선할 수 있다.

사업 목적 (제안 배경)	**[해설과 설명]** 제6조 제4항에서는 보행자 교통사고가 많이 발생하는 지역의 도로 구조를 개선할 필요가 있다고 규정한다. 미끄럼 방지 테이프 부착은 이러한 사고 예방 조치에 해당할 수 있으며, 특히 겨울철 미끄러짐 사고를 줄이는 데 기여할 수 있다. **제7조**(보행약자 보행여건 개선) 구청장은 보행약자의 통행과 활동에 지장이 없도록 다음 각 호에 따라 보행 여건을 개선한다. **[해설과 설명]** 제7조는 고령자, 장애인과 같은 보행 약자의 편의를 증진하기 위해 보행 여건을 개선할 것을 강조한다. 미끄럼 방지 테이프 부착은 보행 약자의 안전한 이동을 보장하는 데 중요한 역할을 할 수 있다.
사업 내용	**〈사업의 주요 내용〉** 성북구 지하철역 출구 근방 버스정류장 도로 경계석에 미끄럼 방지 테이프를 부착한다. 경계석 하나당 테이프의 길이는 경계석의 길이에 맞춰 약 1m로 설정한다. 미끄럼 방지 테이프는 일반 도로 경계석뿐만 아니라 마모되어 표면이 매끄러워진 버닝 경계석 위에도 부착이 가능하다. 이를 통해 폭우 및 폭설 발생 이후 버스로 승하차 시 성북구 시민들의 미끄러짐 사고를 방지할 수 있다. 선별된 버스정류장 경계석 길이의 합은 다음과 같다. **4호선: 총 194m** 한성대입구역: 총 34m 성신여대입구역: 총 88m 길음역: 총 72m **6호선: 총 184m** 보문역: 총 32m 안암역: 총 17m 고려대역: 총 30m 월곡역: 총 21m 상월곡역: 총 23m 돌곶이역: 총 37m 석계역: 총 24m

사업 내용	〈사업비 산출〉 경계석 총길이는 355m이며, 3M 미끄럼 방지 스티커의 가격은 9m에 41,500원이다. 이를 통해 스티커 부착 대상이 되는 경계석에 모두 스티커를 부착했을 때, 스티커 비용은 약 1,636,898원이다. 스티커 부착 작업에 드는 시간당 임금을 1만 원, 필요한 노동자 수를 3명, 설치에 드는 총시간을 8시간이라고 가정하면, 인건비는 240,000원이다. 이를 합치면 초기 사업비는 1,876,898원이다. 만약 사업을 지속적으로 시행한다면, 향후 사업에 드는 비용의 현재가치는 약 81,022,608원이다. ※ 사업주제를 달성하기 위한 구체적인 제안 (추진 절차, 사업비 – 세부 항목 정리 등 세부적으로 정리)
사업 효과	장마철이나 눈이 내리는 겨울철에는 경계석이 평상시에 비해 훨씬 미끄러우므로 미끄럼 사고 발생 확률이 높아 도로 경계석에 미끄럼 테이프를 부착함으로써 사고 발생률을 낮추고자 한다. 미끄럼 사고가 일어났을 때 쉽게 다칠 수 있는 아이와 노인을 포함해 남녀노소가 많이 지나다니는 유동인구가 많은 곳에 미끄럼 방지 사업을 함으로써 많은 사람들에게 도움을 줄 수 있다.

참고문헌

PART 01. Mak-ing Change

지속가능한 환경을 위한 성북구 내 폐현수막 재활용 및 친환경 현수막 확대 방안

김대우·박천학·지건태·이정민. 2024. "취지 좋지만… '폐현수막 재활용 사업' 등 포기 속출".『문화일보』. 6월 14일. https://munhwa.com/news/view.html?no=2024061401071027306001.

김현종. 2021. "'공유우산' 1회 탄소 배출 692g 줄어 … 우산, 빌려 쓸 수 없나요".『한국일보』. 8월 31일. https://www.hankookilbo.com/News/Read/A2021082616210002954.

서울특별시 옥외광고물 등의 관리와 옥외광고산업 진흥에 관한 조례 제28조 제6항.

서울특별시 성북구 현수막의 친환경 소재 사용 및 재활용 활성화 조례안.

유호경. 2024. "미국 유럽에는 없는 현수막, 한국은 공해 수준".『이코리아』. 4월 9일. https://www.ekoreanews.co.kr/news/articleView.html?idxno=72748.

윤수영. 2023. 환경운동 캠페인 골칫덩이 폐현수막. 유레카, (476), 108-109.

이수연. 2024. ""친환경 현수막 쓰나요?" … 정당들 '반전' 답변은."『뉴스펭귄』. 2월 15일. https://www.newspenguin.com/news/articleView.html?idxno=16057.

조강희. 2024. "[에코 스토리] 현수막 난무하는 선거는 이제 그만!".『인천일보』. 4월 25일. https://www.incheonilbo.com/news/articleView.html?idxno=1246295.

행안부·환경부. 2024. "폐현수막으로 우산 제작 등 … 재활용 사업에 15억 원 지원".『대한민국 정책브리핑』. 4월 8일. https://m.korea.kr/news/policyNewsView.do?newsId=148927974#policyNews.

PART 02. Into The Unknown

서울 성북구 교통약자 이동권 확충을 위한 프로젝트

김동식, 허레이. 2021. 보행특별시 구축을 위한 서울 지하철역 지하출입구 배치유형에 따른 보행환경 평가. 한국실내디자인학회 논문집 제30권 제1호(통권 제144호). 85-98(14p).

박민기. 2023. 이용자 통행실태를 반영한 서울시 지역 간 대중교통 이동성 평가. 석사학위, 서울시립대학교 도서과학대학원. DBpia.

박준환, 김준기, 김순관. 2008. 서울시 대중교통 통행패턴 분석을 통한 대중교통 카드데이터 활용방안. 대한교통학회 학술대회지, 59. 683-691.

윤수민 외. 2021. 노인의 시지각 특성을 반영한 지하철역 사인시스템 평가. 보행환경 평가. 한국실내디자인학회 논문집 제30권 제4호(통권 제147호). 77-85(9p).

윤수민 외. 2021. 고령자 시지각특성을 고려한 지하철역 사인시스템의 유니버설 디자인 평가. 한국실내디자인학회 2021년도 춘계학술발표대회 논문집. 61-64(4p).

이석희 외. 2013. 지하철역 승강장 유도 사인시스템에 관한 연구: 지하철 길 찾기 시 이용객의 공간 인지적 특성을 중심으로. 한국HCI학회 학술대회자료. 1,152-1,155(4p).

PART 03. SafeRide

안전한 공유 모빌리티 사용을 위한 앱 UX 개선: 서울특별시 공공자전거 '따릉이'를 중심으로

대법원 2023. 6. 29. 선고 2022도13430 판결.

도로교통법 시행규칙 [별표 28] 운전면허 취소·정지처분 기준 제2조 제2호.

도로교통법 제2조 제19호·제19의2호·제20호·제21호·제21의2호.

박지민. 2024. 공유킥보드 업계 전격 비교! 평균 연봉 1위는 어디?. 『잡플래닛』. 5월 24일. https://www.jobplanet.co.kr/contents/news-6394

여객자동차 운수사업법 시행령 [별표 6] 과태료의 부과기준 제2조 (처)목.

오철. 2023. '전기자전거 시대 준비한다' … 영역 넓히는 e-모빌리티 기업들. 『전기

신문』. 6월 20일 https://www.electimes.com/news/articleView.html?idxno=321709.

이재영. 2024. '자전거 짠테크' 가능해진다…공공자전거 타면 연 최대 7만 원. 『연합뉴스』. 4월 15일. https://www.yna.co.kr/view/AKR20240415062500530.

이준문. 2024. 전동킥보드, 라스트 마일 교통수단으로서 출퇴근 필수 교통수단으로 자리 잡다. 『뉴스 탭』. 11월 9일. https://www.newstap.co.kr/news/articleView.html?idxno=227934.

자전거 이용 활성화에 관한 법률 제2조 제1호·제1의2호.

조성아 & 김광호. 2024. 전국 27만 대 공유전동킥보드 … 사고건수 7년 만에 20배↑. 『대한경제』. 10월 3일. https://www.dnews.co.kr/uhtml/view.jsp?idxno=202410031353073700927.

SBS 뉴스. 2024. '킥라니 사망' 느는데…9살이 찍어도 "열려요". 『SBS 뉴스』. 9월 26일. https://news.sbs.co.kr/news/endPage.do?news_id=N1007813545#openPrintPopup.

PART 04. 우리의 손짓은 신화가 되리라
고려대학교 청각장애인 학우를 위한 가수 공연 AI 수어 통역/자막 지원사업

김하얀. 2020. "통합교육 환경에서 청각장애인이 경험한 장애의 의미". 국내석사학위논문 한국교원대학교 대학원. 충청북도.

문영민, 김원영. 2015. 시·청각장애인의 문화예술 접근성 연구 - 공연예술 접근성을 중심으로-. 재활복지, 19(2), 99-128.

정원지, 이재현, 김세비, 정철. 2022. 대학축제 체험이 학교생활 만족도, 대학축제 만족도, 교우관계 증진 및 재참여의도에 미치는 영향. 예술과 과학기술, 18(4), 77-106.

SBS 뉴스. 2017. 대학축제에 등장한 수화통역사…배려심에 '환호' 『SBS 뉴스』. 6월 5일. https://news.sbs.co.kr/news/endPage.do?news_id=N1004230820.

성북마을. 2022. 현장스케치-성북세계음식축제 누리마실 '우리를 구할 가장 가벼운

맛'. 성북구사회적경제센터. 10월 5일. https://sbnet.or.kr/57934/.

PART 05. 같이 탑시다
성북구 마을버스 노선도 개선 프로젝트

국토교통부. 2022. 제4차 교통약자 이동편의 증진계획(2022~2026) - 모든 사람이 차별 없이 편리하게 이동할 수 있는 환경 조성. 국토교통부.

국토연구원. 2024. 활력 있는 초고령 사회를 위한 대중교통 역할 강화 방안 (보도자료). 국토연구원. http://www.krihs.re.kr.

김태선. 2016. 서울 시내버스 노선도 디자인의 신체기능 요구수준 분석 - 시각 및 인지기능을 중심으로 -. 한국디자인문화학회지, 22(2), 205-214.

김태희, 김승인, Tae-Hee Kim, Seung-In Kim. 2018. 사용자 경험 디자인을 기반으로 한 버스정류장 정보 디자인 가이드라인 제안 연구 - 서울시를 중심으로. 디지털융복합연구, 16(1), 351-356.

김혜란, 심지섭, 이진희, 김민영. 2024. 활력 있는 초고령 사회를 위한 대중교통 역할 강화방안. 국토정책Brief, (978호). 국토연구원. http://www.krihs.re.kr.

법제처. 2024. 교통약자의 이동편의 증진법 [법률 제20335호]. 국가법령정보센터. https://www.law.go.kr.

법제처. 1988. 대한민국헌법 [헌법 제10호]. 국가법령정보센터. https://www.law.go.kr.

빈미영, 김병관, 김도균, 김현주, & 이채원. 2023. 고령자의 대중교통 정보 이용 격차 해소 방안 연구 (정책연구 2023-18). 경기연구원. ISBN 979-11-6853-184-0. http://www.gri.kr.

서울디자인재단. 2017. 2017 서울 시내버스 정보 디자인 가이드라인 개발 결과 보고서. https://www.publicdesign.kr/archv/view/menu/892?thisPage=1&idx=1000004982.

서울특별시. 2024. 서울특별시 교통약자의 이동편의 증진에 관한 조례 [조례 제9195호]. https://www.law.go.kr.

송민정, 구하나, Min Jung Song, & Ha Na Gu. 2016. 서울 시내버스 노선도에 관한 연구. 커뮤니케이션 디자인학연구, 54, 136.

최민지, 손다정, 백진경, Min Ji Choi, Da Jung Son, & Jin Kyung Paik. 2013. 서울시 버스 노선도의 서체와 글자크기에 따른 정보전달 효과 및 표현방법별 선호도 조사. 디자인융복합연구, 12(4), 229.

최평천. 2023. 노후 시내·마을버스 교체 때 저상버스 의무 도입. 『연합뉴스』. 1월 17일. https://www.yna.co.kr/view/AKR20230117042500003.

한국교통안전공단, 동해엔지니어링㈜, & 주식회사 엘알에스. 2022. 2021년 교통약자 이동편의 실태조사 연구 최종보고서. 국토교통부.

PART 06. 고대로 병원으로

고려대로 일대 구급차 운행 환경 개선 프로젝트

고은정·이주영·조준한. 2023. 긴급차량 운행실태와 의식도조사 분석을 통한 우선 신호 운영방안 연구, 한국ITS학회논문지. 제22권 제1호, 143-160. https://www-earticle-net-ssl.oca.korea.ac.kr/Article/A425184

김민·황재성·이철기·최병권. 2024. 광역 긴급차량 우선 신호 시스템 효과분석 연구 : 경기도를 중심으로. 한국ITS학회논문지. 제23권 제4호. 67-76. https://www-earticle-net-ssl.oca.korea.ac.kr/Article/A453915

김준형·문준영·최은숙·우일웅·심경율. 2021. 일반인의 구급차 이미지에 대한 인식유형. 한국응급구조학회지(구 한국응급구조학회논문지). 제25권 제1호. 159-175. https://www-earticle-net-ssl.oca.korea.ac.kr/Article/A394149

박종관. 2023. 청주서부소방서, 긴급출동 통행 방해차량 강제돌파 훈련 및 소방차 길터주기 훈련 실시. 『서울일보』. 12월 7일. https://www.seoulilbo.com/news/articleView.html?idxno=649503.

서울특별시. 2024. 2024년 시민참여예산 운영계획.

세이프라인㈜. 2022. 연결구를 이용한 무단횡단금지 차선분리대 규격서.

혁신 24 정부 홈페이지. https://www.innovation.go.kr/ucms/bbs/B0000076/view.

do?nttId=11014&searchWrd=&menuNo=300210&searchCnd=1&pageIndex=1.

유성열. 2022. 광명소방서, 119소년단 소방차길터주기 캠페인 전개. 『광명포스트』. 11월 30일. https://www.thegmpost.com/news/articleView.html?idxno=12726.

이승철. 2015. 일산소방서, 긴급차량 길터주기 훈련 실시. 『일간경기』. 7월 15일. https://www.1gan.co.kr/news/articleView.html?idxno=51341.

임양춘. 2023. 경산소방서, 소방차 길 터주기 훈련 전개. 『구미뉴스』. 8월 23일. http://www.guminews.co.kr/bbs/board.php?bo_table=news&wr_id=87699.

장은재. 2023. 안덕119센터, '소방차 길터주기' 시민참여 동승체험 추진. 『헤드라인 제주』. 5월 17일. https://www.headlinejeju.co.kr/news/articleView.html?idxno=515100

PART 07. 도미솔

성북구 도로 경계석 미끄럼 방지 솔루션

오상훈. 2024. 40여 대 추돌 사고 원인이 블랙아이스? 미끄러졌을 때 대처법은…. 『헬스조선』 1월 4일. https://m.health.chosun.com/svc/news_view.html?contid=2024010402415.

오영균. 2024. 도로 위 암살자 "블랙아이스" 주의보 … 5년간 4,609건 발생. 『뉴스핌』. 1월 22일. https://www.newspim.com/news/view/20240122000836.

참여한 사람들

PART 01. Mak-ing Change
지속가능한 환경을 위한 성북구 내 폐현수막 재활용 및 친환경 현수막 확대 방안

최락헌 정치외교학과 18		정예림 정치외교학과 23	
유시은 정치외교학과 23		김경민 정치외교학과 23	
권밀루 정치외교학과 23			

PART 02. Into The Unknown
서울 성북구 교통약자 이동권 확충을 위한 프로젝트

김지원 정치외교학과 24		이남경 정치외교학과 24	
박진휘 정치외교학과 24		박정훈 정치외교학과 24	
김도윤 정치외교학과 24			

PART 03. SafeRide
안전한 공유 모빌리티 사용을 위한 앱 UX 개선: 서울특별시 공공자전거 '따릉이'를 중심으로

박용준 정치외교학과 19		박성민 정치외교학과 21	
김유환 정치외교학과 21		천 위 정치외교학과 22	
안석주 정치외교학과 23			

PART 04. 우리의 손짓은 신화가 되리라

고려대학교 청각장애인 학우를 위한 가수 공연 AI 수어 통역/자막 지원사업

김시온 정치외교학과 23   박세진 정치외교학과 23
신유성 정치외교학과 24   이채현 정치외교학과 24

PART 05. 같이 탑시다

성북구 마을버스 노선도 개선 프로젝트

박지하 정치외교학과 23   김석규 정치외교학과 23
김지호 정치외교학과 23   박상민 정치외교학과 23

PART 06. 고대로 병원으로

고려대로 일대 구급차 운행 환경 개선 프로젝트

고영민 통일외교안보전공 19   박재한 정치외교학과 20
양경준 미디어학부 20   강서현 보건정책관리학부 23
정하은 정치외교학과 24

PART 07. 도미솔

성북구 도로 경계석 미끄럼 방지 솔루션

홍성호 정치외교학과 20   양민주 미디어학부 22
김도경 정치외교학과 23   김동현 정치외교학과 24
김교현 정치외교학과 24

교실 밖의 정치학
우리가 만든 참여예산

제1판 1쇄 2025년 9월 15일

편저자	강우창, 김수민, 정종락
펴낸이	장세린
편집	배성분
디자인	김진나

펴낸곳	(주)버니온더문
등록	2019년 10월 4일(제2020-000051호)
주소	서울특별시 용산구 청파로93길 47
홈페이지	http://bunnyonthemoon.kr
SNS	https://www.instagram.com/bunny201910/
전화	010-3747-0594 팩스 050-5091-0594
이메일	bunny201910@gmail.com

ISBN   979-11-93671-22-1 (93340)

책값은 뒤표지에 있습니다.
파본은 구입하신 서점에서 교환해드립니다.